❖ Só ❖

Clássicos Ateliê

Direção
Ivan Teixeira e Paulo Franchetti

Conselho Editorial
Antônio Medina Rodrigues
Dácio Antonio de Castro
José De Paula Ramos Jr.

Antônio Nobre

❖ Só ❖
Seguido de Despedidas

Apresentação e Notas
Annie Gisele Fernandes
Helder Garmes

Ilustrações
Marcelo Salum

Ateliê Editorial

Direitos reservados e protegidos pela Lei 9.610 de 19.2.98.
É proibida a reprodução total ou parcial sem autorização,
por escrito, da editora.

Dados Internacionais de Catalogação na Publicação (CIP)
(Câmara Brasileira do Livro, SP, Brasil)

Nobre, Antônio, 1867-1900.
 Só – seguido de Despedidas / Antônio Nobre;
apresentação e notas Annie Gisele Fernandes,
Helder Garmes; ilustrações Marcelo Salum. –
São Paulo: Ateliê Editorial, 2009.

 ISBN 978-85-7480-463-7
 Bibliografia.

 1. Poesia portuguesa I. Fernandes, Annie Gisele.
II. Garmes, Helder. III. Salum, Marcelo. IV. Título.
V. Título: seguido de Despedidas.

09-10286 CDD-869.1

Índices para catálogo sistemático:
1. Poesia: Literatura portuguesa 869.1

Direitos reservados à
Ateliê Editorial
Estrada da Aldeia de Carapicuíba, 897
06709-300 – Cotia – SP – Brasil
Telefax: (11) 4612-9666
www. atelie.com.br
atelie@atelie.com.br

Impresso no Brasil 2009
Foi feito o depósito legal

Sumário

Antônio Nobre 11

SÓ
Memória 51

ANTÔNIO 55
Antônio 57

LUSITÂNIA NO BAIRRO LATINO 71

ENTRE DOURO-E-MINHO 89
Purinha 91
Canção da Felicidade 100
Para as Raparigas de Coimbra 102
Carta a Manoel 107
Saudade 117
Viagens na Minha Terra 121
Os Figos Pretos 129
Os Sinos 132

LUA-CHEIA 137
Da Influência da Lua 139
D. Enguiço 141
O Meu Cachimbo 145
Balada do Caixão 149
Febre Vermelha 151
Poentes de França 154
À Toa 158
Ao Canto do Lume 161

❖ Só ❖

Lua Quarto-Minguante 165
  Os Cavaleiros 167
  A Vida 173
  Adeus! 178
  Ladainha 184
  Fala ao Coração 186
  Menino e Moço 187
  O Sono de João 189
Sonetos 193
  1. Em horas que lá vão, molhei a pena 195
  2. Em certo Reino, à esquina do Planeta 196
  3. Na praia lá da Boa Nova, um dia 197
  4. Ó Virgens que passais, ao Sol-poente 198
  5. Íamos sós pela floresta amiga 199
  6. Os meus pecados, Anjo! os meus pecados! 200
  7. Meus dias de rapaz, de adolescente 201
  8. Poveirinhos! meus velhos Pescadores! 202
  9. Quando vem Junho e deixo esta cidade 204
  10. Longe de ti, na cela do meu quarto 205
  11. Altos pinheiros septuagenários 206
  12. Não repararam nunca? Pela aldeia 207
  13. Falhei na vida. Zut! Ideais caídos! 209
  14. Vou sobre o Oceano (o luar de lindo enleva!) ... 210
  15. O meu beliche é tal qual o bercinho 211
  16. Aqui, sobre estas águas cor de azeite 212
  17. Vaidade, meu Amor, tudo Vaidade! 213
  18. E a Vida foi, e é assim, e não melhora 214
Elegias 215
  A Sombra 217
  Pobre Tísica! 219
  S.ta Iria 222
  Enterro de Ofélia 224
  Na Estrada da Beira 226

❖ Sumário ❖

Ca (ro) Da (ta) Ver (mibus) 233
Certa Velhinha 238

MALES DE ANTO 245
Males de Anto 247

DESPEDIDAS

SONETOS 275
1. Lógica 277
2. Ao Cair das Folhas 278
3. Não me esqueço de si, minha Mãe, fora 280
4. Nossos amores foram desgraçados 282
5. Placidamente, bate-me no peito 284
6. Aparição 285
7. Todas as tardes, vou Léman acima 287
8. Léman azul, que, mudo e morto, jazes 290
9. Em St. Maurice (aqui perto) há um convento 292
10. Senhora! a todas as novenas ides 294
11. Há já duzentos sóis, há quatro luas 296
12. Monólogo d'Outubro 297
13. Pedi-te a fé, Senhor! pedi-te a graça 299
14. O mar que embala, às noites, o teu sono 300
15. Mamã 302
16. Há vinte anos já, que andas na Terra 303
17. Riquinha 305
18. O Teu Retrato 307
19. Sestança 308
20. Emílias 310
21. O coração dos homens com a idade 312
22. O Senhor, cuja Lei é sempre justa 313
23. Adeus a Constança 314
24. Antes de Partir 316
25. Meu pobre amigo! Sempre silencioso! 318

OUTRAS POESIAS 321
Eu chegara da França uns quatro dias antes 323

Ladainha da Suíça 325
Confissão Duma Rapariga Feia 329
Afirmações Religiosas 330
Ares da Andaluzia 333
Contas de Rezar 337
A Ceifeira 341
Sensações de Baltimore 342
Ao Mar 344
Dispersos 346

O Desejado 355
[Prefácio] de José Pereira Sampaio 357
Lisboa à beira-mar, cheia de vistas 363
Ainda bem, Senhor! que deste a Noite ao Mundo 372
Era uma vez, o moço Anrique que vivia 376
Senhora minha, perdão 381
Vai alta a Lua branca, serena, silenciosa 389
Morrera já o Sol; os altos castanheiros 393
Ó Senhora d'altas Esferas! 394
Vem entrando a barra a galera "Maria" 399
Só as entende (capitães, não as sentis) 401
Ó Lisboa! num século bem perto 403
Lá vem, lá vem minha Amada 411
Já se ia em pleno dia. Pela cidade os galos 415
– Quatorze luas já foram passadas 416
Saí, um dia a barra à procura de glória 421
– Quem é, Teresa, que bate à porta? 438
Por uma tarde de chuvinha miúda e vento 441
Anrique, até que enfim cedes às mágoas! 443

Bibliografia Básica 447

Vocabulário Auxiliar 451

Antônio Nobre

Annie Gisele Fernandes
Helder Garmes

No Meio do Caminho, uma Vida

"Continuo mal e não posso mais estar aqui. Os ares são fortes demais. Morro, se continuo. Incharam-me os pés e as mãos, perdi todo o apetite e sustento-me de leite de manhã e pelo dia adiante de uma colher de sopa, de Madeira, de hora em hora"[1]. Assim começava uma pequena nota que Antônio Nobre escreveu para sua irmã Maria, em 16 de março de 1900, quando se encontrava em Seixo, na região do Minho, em Portugal. Devem ter sido suas últimas palavras escritas, pois morreria dois dias depois.

Sua morte não abalou a nação ou sequer a pequena elite que constituía a classe literária portuguesa. Poucos a lamentaram naquela altura. Todavia, alguns anos depois, muitos seriam aqueles que reconheceriam no frágil rapaz com quem um dia se depararam um talento incomum na elaboração de uma verdadeira leitura simbólica da cultura popular lusitana.

Antônio Pereira Nobre nasceu no Porto no dia 16 de agosto de 1867 e morreu com apenas 33 anos, vítima de

1. Guilherme de Castilho (org., introd. e notas), *Antônio Nobre – Correspondência*, Lisboa, Imprensa Nacional/Casa da Moeda, 1982, pp. 487-488.

tuberculose. Após passar a infância em Leça da Palmeira, pequeno lugarejo no norte de Portugal, partiu aos 21 anos para a Universidade de Coimbra, para cursar Direito. Nada na vida acadêmica era, no entanto, ao gosto do jovem Antônio Nobre, que assim definiu a Universidade: "O tom de Idade Média que existe em tudo isto é tal que eu por momentos chego a crer que o Dante escreveu o *Inferno* o mês passado"[2].

Além da decepção causada pelo arcaísmo das solenidades acadêmicas de Coimbra, Nobre sentiu-se sozinho e desamparado, num ambiente rude, composto por pessoas que lhe eram estranhas. No entanto, passado esse primeiro momento de reação e aversão à vida universitária, conheceu Alberto de Oliveira, com quem teve fortes laços de amizade. A eles se juntaram Vasco da Rocha e Castro, Antônio Homem de Melo (o Toy), Agostinho de Campos, D. Francisco de Souza e Holstein, Mário Duarte, Fernando de Brederode, José de Figueiredo, Manuel Teles (o destinatário do poema "Carta a Manoel"), entre outros, e da união desses jovens resultou o grupo literário que concebeu a revista *Boemia Nova*, cujo primeiro número foi dado a público em fevereiro de 1889. As "duas faces" da estadia de Antônio Nobre em Coimbra – a da repulsa inicial e a da posterior empatia por Coimbra, que ocorre quando ele tem ao seu redor essa roda de amigos fiéis – estão claramente evidenciadas no poema "Carta a Manoel" (do *Só*).

Nesse ano surgem, em Coimbra, três outras revistas – *Os Insubmissos* (fevereiro), *Nem Cá, nem Lá* (fevereiro) e *Boemia Velha* (março) – que se ocuparão em atacar umas às outras, mas principalmente a *Boemia Nova* – cuja principal rival era *Os Insubmissos*. No âmbito literário, a questão que merece

---

2. Guilherme de Castilho, *António Nobre*, 3. ed., Lisboa, Editorial Presença, 1988, p. 27, "Coleção Poetas".

Reprodução fotográfica do retrato de Antônio Nobre feito em Paris por Carlos Reis, que o assinou como Martin, uma vez que o fez como Nobre quis e não como ele, Carlos Reis, o desejava.

destaque e que se estendeu por alguns números dessas duas últimas revistas é a que envolve a precedência do emprego do alexandrino com a cesura deslocada e pela qual se debateram Francisco Osório e Alberto Osório de Castro – respectivamente de *Os Insubmissos* e *Boemia Nova*. Com a publicação de *Oaristos*, em 1890, Eugênio de Castro reclamará para si a descoberta dessa inovação.

Antônio Nobre foi alvo constante das revistas opositoras. Em todas elas é referido como aquele que costuma "olhar superiormente para tudo isto". Além disso, em *Os Insubmissos* e em *Nem Cá, nem Lá*, Nobre foi insistentemente acusado de ir "roubando os versos ao Junqueiro", pelo emprego de tom declamatório e pela proximidade de metáforas e de alguns versos seus com os de Guerra Junqueiro.

Esse agitado ano de 1889, que foi o primeiro de Nobre na Universidade, ficou marcado ainda por sua reprovação no curso de Direito. Após esse grande desgosto, voltou a Leça e ao Seixo, onde passou as férias de verão, "cicatrizando, a pouco e pouco, o fundo golpe que o Pedro e o resto da quadrilha... [lhe] vibraram, de alto a baixo, nas matas escuras do 1º ano jurídico..."[3].

Ao fim das férias, já no ano de 1890, Nobre retornou a Coimbra para uma segunda tentativa, mas novamente a sua concentração nos estudos se viu abalada, não mais por intrigas entre grupos literários, mas pelo amor a Margarida de Lucena, a "mais linda flor dos campos", a *Purinha*. Em acréscimo a essa dispersão inicial, os 130 alexandrinos de "Males de Anto", poema que Nobre compôs às vésperas dos exames, contribuíram para que se repetisse o desfecho do período letivo anterior: a reprovação. Embora essas "dispersões"

3. Guilherme de Castilho, *António Nobre*, p. 35.

❖ Apresentação ❖

tivessem ocupado o lugar do estudo, para Guilherme de Castilho não se deveu a elas a segunda reprovação de Nobre. Para o biógrafo do poeta, foi "a atitude de superioridade desdenhosa de Antônio Nobre diante da mesquinhez do meio, o seu desprezo instintivo por todos os formalismos convencionais, as suas originalidades, as suas ostentações, a sua *bizarria*" que o distanciaram do meio universitário, caracterizado por "uma turma de capelos doutorais para quem o pecado de ser diferente do rebanho era a mais grave injúria aos obsoletos e imutáveis pergaminhos que regiam a *alma--mater* de então"[4].

No ano seguinte, Antônio Nobre partiu para Paris na busca de obter na Sorbonne aquilo que lhe fora negado pela universidade coimbrã. Apesar da distância que o separava de Portugal e das saudades que já sentia, a impressão que teve da universidade francesa foi assaz diferente, considerando seu ambiente arejado e progressivo, sem o rígido formalismo de Coimbra.

Nos seus dois primeiros anos em Paris, Nobre conheceu Eça de Queirós – o seu ídolo na juventude – e sentiu afrouxarem-se os laços de amizade com Alberto de Oliveira. O mais relevante desse período, entretanto, foi que compôs a maior parte dos poemas que constituem o *Só*. Familiarizara-se com a obra de Verlaine e com o Simbolismo – que naquele momento atingia o seu auge – e acabou publicando o *Só* já no segundo ano de sua estadia em Paris, mais exatamente em outubro de 1892, pela Léon Vanier.

Regressou a Portugal e ali permaneceu até novembro de 1893. Durante essa temporada, ocorreu, em julho, seu rompimento definitivo com Alberto de Oliveira. Teve tempo ainda

4. *Idem*, p. 40.

❖ Só ❖

de reencontrar, nas férias de verão, a sua *Purinha*, Margarida de Lucena.

Essa longa estadia em Portugal, que implicou a perda de um ano escolar completo, deveu-se às dificuldades financeiras pelas quais a família Nobre passou nessa época. No entanto, no dia 11 de novembro, Nobre voltou à capital francesa, com o objetivo primordial de concluir o curso e estar apto para se inscrever num concurso, que se realizaria dentro de um ano, para ingresso na carreira diplomática.

Tendo obtido o diploma de bacharel em outubro do ano seguinte e o de licenciatura em janeiro de 1895, Antônio Nobre estava pronto para os concursos que seriam realizados em maio desse mesmo ano e para deixar definitivamente Paris. No entanto, antes de seu retorno a Portugal, vendeu à Livraria Aillaud os direitos da segunda edição do *Só*, por mil francos.

O concurso foi realizado e Nobre obteve o segundo lugar, mas, apenas um mês após a publicação dos resultados, novamente o acometeu a "constipação" que o acompanhava, de maneira constante, desde junho de 1892. Depois de aceitar a vaga de cônsul no posto de Pretória, a sua nomeação foi retardada pelos entraves burocráticos e, enquanto esperava, a doença que iria vitimá-lo tempos depois manifestou-se de forma mais intensa. Mais uma vez, Nobre decepcionou-se ao ver seus projetos serem adiados indefinidamente.

Após um tempo de repouso no Seixo – que não lhe trouxe melhoras – a conselho dos médicos da família, seu irmão Augusto Nobre, reconhecendo a gravidade do caso, convenceu Antônio a ir para a Suíça. Outra vez, via-se na necessidade de deixar sua pátria, o que muito o abalou. A partir daí, viveu os cinco anos de vida que lhe restavam numa constante peregrinação na tentativa de restabelecer a saúde perdida.

❖ Apresentação ❖

Em setembro de 1895, chegou à estância de cura Davos-Platz, na Suíça, mas, sentindo-se prostrado devido à imagem que aí viu – tísicos em decadência física evidente –, transferiu-se, a conselho médico, para o lugarejo de Clavadel, situado nas proximidades de Davos-Platz, onde lhe foi revelado o verdadeiro estado de sua saúde. Na ilusão de que o local onde estava e a solidão que aí existia impediam a sua melhora porque o faziam sofrer, Antônio Nobre voltou a Davos-Platz, agora familiarizado com a doença e suas manifestações.

Em janeiro de 1896, não percebendo grandes – nem mesmo pequenos – sinais de melhora e sofrendo imensamente com o exílio, acreditou que o mais sensato seria regressar a Portugal, o que ocorreu em maio. No entanto, antes de partir recebeu uma carta de sua então noiva Margarida de Lucena, anunciando, por imposição da mãe que soubera do mal incurável de Antônio, o rompimento definitivo do romance.

Ao deixar Davos-Platz, Nobre ainda permaneceu algum tempo em Bex, em Genebra e em Lausanne, antes do tão desejado regresso às terras portuguesas. Ao fim de quase um ano na Suíça, retornou a Portugal em meados de julho de 1896, ainda muito doente e mais desiludido da vida do que estava antes do exílio.

Sua permanência em Portugal foi marcada por constantes viagens – Foz do Douro, Seixo, Casais, Monte Estoril, Lisboa – sempre em busca de um clima melhor. Em janeiro de 1897, Antônio Nobre iniciou a realização de um sonho antigo: prestou serviços como tirocinante (isto é, uma espécie de iniciante, estagiário, aprendiz) na Secretaria do Ministério dos Negócios Estrangeiros. No entanto, o esforço físico que as deslocações diárias em cumprimento das atividades exigiam acabaram por comprometer ainda mais a sua já debilitada saúde e, como consequência, teve que abandonar o tirocínio. Diante do agravamento da doença, novas peregrinações por Portugal ocorreram: Casais, Monte Estoril, Lisboa.

Em maio de 1897, aconselhado por médicos e amigos, Nobre partiu em viagem, por mar, rumo aos Estados Unidos. Em julho regressou a Portugal e instalou-se em Casais. Depois foi a Foz e a Lisboa e, no início de 1898, foi para Funchal, na Ilha da Madeira, onde permaneceu até abril de 1899, quando, de volta a Lisboa, teve nova esperança com o sistema de cura de um médico lisboense. Pouco tempo depois, viu findar mais uma esperança e, novamente, foi a Suíça, onde esteve durante algum tempo, até que os médicos evidenciaram a necessidade de voltar a Portugal.

Já bastante próximo do fim, Antônio Nobre ficou algum tempo em Monte Estoril, antes de ir para Foz, ao lado do irmão Augusto. Data dessa época a sua intenção de publicar em livro aquelas poesias que só haviam vindo a lume através de revistas. Saindo de Foz, foi ainda uma vez ao Seixo, mas, ao sentir aproximar-se o fim, regressou a Foz e morreu, como observamos no início deste texto, na manhã seguinte, em 18 de março de 1900.

A Vida Encenada

Em 1884, quando da morte de Eduardo Coimbra, amigo de juventude de Nobre, o então futuro autor de *Só* assim conclui uma carta endereçada a Alberto Baltar: "Paz aos mortos, deixemo-los". Os leitores portugueses, no entanto, jamais seguiram tal conselho no que diz respeito ao poeta Antônio Nobre, pois este nunca foi deixado em paz pelos leitores e

❖ Apresentação ❖

pela crítica, no bom e no mau sentido. No bom sentido, à medida que sua obra passou a ser referência obrigatória para quem pretende refletir sobre a literatura e a cultura portuguesas do final do século XIX. No mau sentido, à medida que o eu-poético criado por Nobre passou a ser sistematicamente tomado pela crítica menos rigorosa como sinônimo do próprio cidadão Antônio Nobre, o que produziu e ainda produz leituras bastante equivocadas de seus versos e de sua pessoa.

Isso se deve ao fato de o modo de composição do poeta integrar intencionalmente alguns aspectos de sua vida à sua obra. Há inúmeras referências em sua poesia que podemos identificar como advindas do seu universo pessoal e familiar: os lugares a que se refere nos poemas, as personagens de que fala, os sentimentos ali presentes (em consonância com o que vivia o poeta) e, sobretudo, a configuração do eu-poético do *Só*, não por acaso designado de Antônio ou Anto. Vale lembrar que muitas dessas referências biográficas estão notificadas na presente edição no glossário disposto ao final do volume e nas notas apensas ao final de cada poema. Todavia, elas não funcionam para justificar o valor literário dos poemas, pois em que contribuiria para a beleza e qualidade do texto saber, por exemplo, que o nome Carlota presente no poema "Antônio" era o mesmo da empregada da família de Antônio Nobre? Recorrer a referências biográficas é um modo de atribuir verossimilhança ao texto, isto é, fazer com que ele se pareça com a realidade, sem pretender efetivamente reproduzi-la. Em Nobre, tais referências cumprem sobretudo um propósito de dar estatuto de tópica literária a aspectos prosaicos e cotidianos da vida, valorizando a "alma popular" (*Volksgeist*).

Muitas vezes rotulado equivocadamente de romântico tardio, Nobre, em sua poética, visa de fato a construção de uma espécie de grande alegoria da nação portuguesa. O que no romantismo é evasão puramente subjetiva, fuga para um mundo idealizado e pessoal, em Nobre é estratégia para a elaboração de uma identidade coletiva. Em seu saudosismo e em seu enaltecimento da cultura popular portuguesa, procura identificar seu eu-poético com todos aqueles que, tal como esse, padecem fisicamente, sofrem pela condição de excluídos da esfera de decisões, mas que sabem, por outro lado, valorizar aquilo que é fundamental, a solidariedade coletiva. Portanto, o que na poesia de Nobre parece apenas evasão do indivíduo, seja para o passado perdido da infância, seja para a paz que só a morte futura poderia oferecer, é sobretudo a ilustração da necessidade que os seus contemporâneos, desiludidos com os rumos nacionais, tiveram de reviver o passado glorioso da nação ou de sonhar o futuro utópico do Quinto Império.

Tudo em Nobre é coletividade, a começar pelo gosto por longas descrições de festas populares, do interior das casas, das paisagens, dos hábitos e atividades do povo etc. Descrever e evocar, aqui, é uma forma de estar em contato com as pessoas e com as coisas, com as figuras sociais e com os hábitos culturais, com a história e com as diversas formas de viver.

Também o poema em tom de narrativa oral é outra constante em Nobre. Uma narração que prima pela contemplação e, em especial, pela evocação das coisas, pessoas, lugares e fatos ausentes. A evocação é um procedimento presentificador, isto é, ao evocar "Ó bandeiras! ó sol! foguetes! ó toirada! / Ó boi negro entre as capas vermelhas! / Ó pregões d'água fresca e limonada!" (do poema "Lusitânia no Bairro Latino", incluído no *Só*), Nobre não faz mais do que colocar à nossa frente elementos que caracterizam uma festa popular portuguesa. Quase nada se diz dissertativamente sobre ela. Ficamos impactados com sua presença na medida em que o poeta nos coloca diante dela, como se estivesse diante de nossos olhos.

❖ Apresentação ❖

O tom de narrativa oral é um elemento estruturante característico das composições mais bem acabadas do poeta. Muitas delas são constituídas como se fossem histórias contadas oralmente por um "narrador" que tem a sua volta seus ouvintes. Não foi por acaso que, da primeira para a segunda edição do *Só*, Nobre trocou o poema que serve de introdução ao livro. Na primeira edição aparecia uma versão do poema "Memória" que assim dizia:

MEMÓRIA

À MINHA MÃE

AO MEU PAI

Aquele que partiu no brigue *Boa Nova*,
E na barca *Oliveira*, anos depois, voltou;
Aquele Santo (que é velhinho e já corcova)
Uma vez, uma vez, linda menina amou:

Tempos depois, por uma certa lua-nova,
Nasci eu... O velhinho ainda cá ficou,
Mas ela disse: – "Vou, ali adiante, à *Cova*,
Antônio, e volto já..." E ainda não voltou!

Antônio é vosso. Tomai lá a vossa obra!
"Só" é um poema-nato, o *lua*, o santo, a cobra!
Trouxe-o dum ventre: não fiz mais que o escrever...

Lede-o e vereis surgir do poente as idas mágoas,
Como quem vê o sol sumir-se, pelas águas,
E sobe aos alcantis para o tornar a ver!

Como podemos constatar, trata-se de um soneto. Se comparado com o poema "Memória" que abre a segunda edição, constituído por dezoito dísticos, com rimas emparelhadas, temos uma clara opção de Nobre de imprimir um ritmo mais coloquial e narrativo ao trocar um poema pelo outro.

❖ Só ❖

O conteúdo de ambos é semelhante, porém não idêntico. Vale ressaltar aqui dois aspectos importantes. O primeiro diz respeito à poética romântica. Quando, no segundo poema, suprime a ideia de que o livro *Só* é "um poema-nato", que o trouxe no ventre – "não fiz mais que o escrever" –, opta pela exclusão do postulado romântico da escrita espontânea, pura expressão do sentimento. No lugar de tal ideia irá comparar-se a Virgílio, o poeta clássico da literatura italiana, notando que havia composto seus versos no exílio. Traz, portanto, uma referência histórica e clássica para a sua caracterização, que aponta para um trabalho formal do texto, distinto daquele proposto pela estética romântica.

Outro aspecto importante diz respeito ao destinatário do texto. No soneto acima o leitor está indeterminado. Qualquer um poderia ser o seu leitor. Na segunda edição, entretanto, refere-se aos "bons Portugueses" como seus leitores, em letra maiúscula, notando ser o *Só* "o livro mais triste que há em Portugal". Assim, Nobre restringe o seu diálogo à nação portuguesa, integrando explicitamente seu texto à tradição literária daquele país. Há, portanto, uma adesão consciente do poeta ao universo da literatura e da cultura portuguesas. Seu eu-poético é um português que fala para portugueses. Se na primeira edição essa dimensão coletiva do eu-poético já se encontrava presente, na segunda edição torna-se explícita, como a chamar a atenção do leitor para não tomar como pessoal aquilo que é da ordem do coletivo. O poema "Memória", portanto, funciona como um alerta, como um indutor da leitura do texto no sentido de sua representatividade cultural e nacional.

Insistimos nesse aspecto coletivo da obra de Antônio Nobre pelo fato de acreditarmos ser essa também a motivação maior que os brasileiros têm para ler sua obra. O drama pessoal do eu-poético pode ter similares entre os poetas brasileiros. O

❖ Apresentação ❖

drama coletivo de Antônio, no entanto, não tem paralelo em nossa literatura, já que trata da história e do destino da nação portuguesa visto da perspectiva do final do século XIX. A verdade é que não temos na literatura brasileira um caso em que a sobreposição entre a encenação do drama pessoal e a do drama nacional encontre-se tão magistralmente entrelaçada como em Antônio Nobre. Daí o interesse em estudarmos sua poesia, que nos traz não apenas os sentimentos inspirados pelo contato com a cultura popular portuguesa, mas sobretudo as relações que esses estabelecem com o imaginário político e social daquela nação.

Em última instância, a leitura da obra de Antônio Nobre pode nos levar à reflexão sobre alguns aspectos do vínculo afetivo que estabelecemos com a própria identidade nacional brasileira e o modo como a imaginamos e construímos.

A Obra

Plena de sensibilidade e de arguta consciência estético-formal, a obra de Antônio Nobre atravessou mares e movimentos literários, arrancando de autores como Fernando Pessoa, Mário de Sá-Carneiro, Florbela Espanca, Manuel Bandeira e Cecília Meirelles textos de sincero reconhecimento de sua grandiosidade poética.

A primeira poesia de Nobre de que se tem notícia é "Intermezzo Ocidental"[5], datada de 30 de maio de 1882 e publicada nos *Primeiros Versos*. Já no ano seguinte, participava ele como colaborador da revista literária *Mocidade de Hoje*. A colabo-

5. Segundo Maria Ema Tarracha Ferreira, de Nobre "são conhecidos outros versos, anteriores ao 'Intermezzo Ocidental', escritos por Nobre

❖ Só ❖

ração de Antônio Nobre nessa revista dá-se, principalmente, através de sonetos que cuidavam de apresentar – acentuando – as qualidades literárias dos seus companheiros, também iniciantes na produção literária.

Após várias colaborações em revistas e após ter sido um dos pilares de *Boemia Nova* e de *Os Nefelibatas*, o poeta, como vimos, passa a estudar em Paris, onde publica o *Só*, o único de seus livros editado durante a sua vida. Postumamente, foram publicados *Despedidas*, *Primeiros Versos* e *Alicerces Seguido de Livro de Apontamentos*.

Despedidas foi a primeira das publicações póstumas, vinda a lume em 1902 por iniciativa de Augusto Nobre. Tal publicação cumpria a vontade de Antônio Nobre, que morrera sem concretizar o propósito de publicar as poesias que compusera depois da primeira edição do *Só*, entre 1895 e 1899, e que não incluíra na segunda edição daquela obra, datada de 1898. É a época que compreende o início da sua peregrinação em busca de saúde até o período que antecede a sua morte. Esse livro contém 36 peças, com destaque para o famoso poema inconcluso "O Desejado".

Primeiros Versos veio a público em 1921, também por iniciativa do irmão do poeta e também para atender à vontade de Antônio Nobre, que, pouco antes de morrer, havia decidido publicar os poemas não incluídos no *Só*, embora já conhecidos através de jornais e revistas da época. Esse livro é composto por 85 poemas, escritos entre 1882 e 1889, período que abrange tanto a primeira fase da produção poética de Nobre, conhecida como a "fase de Leça" – à qual pertence a maioria

e [...] Eduardo Coimbra destinados a um jornalinho manuscrito, de que ambos eram redactores, *Tremulante*..." (cf. "Introdução", em António Nobre, *Só*, Biblioteca Ulisseia de Autores Portugueses, [s.d.], p. 50).

❖ Apresentação ❖

dos poemas que integram *Primeiros Versos* –, assim como a segunda, designada como a "fase de Coimbra".

Em *Alicerces Seguido de Livro de Apontamentos*, publicado em 1983, sob organização de Mário Cláudio, estão reunidos quatro poemas publicados no *Só*, 29 em *Primeiros Versos* e 53 "inéditos em livro". Essa obra resulta da transcrição integral do "caderno manuscrito de capa de oleado"[6] – intitulado *Alicerces* –, que reúne as composições datadas de 1882 a 1886.

O Livro Só

Embora haja peças isoladas de grande qualidade nos livros póstumos, é o *Só*, sem dúvida, a grande obra do poeta, a obra que foi integralmente concebida e posteriormente revisada por Nobre. O *Só* é um livro-objeto, no sentido que os simbolistas o conceberam, isto é, um livro de poemas em que a disposição dos versos na página, o tipo e o corpo das letras, os espaços em branco, o papel, a capa, as ilustrações, enfim, tudo foi pensado em conjunto para criar uma obra integral, composta de materiais, palavras e ideias.

O livro teve apenas duas edições em vida do poeta. A primeira, de 1892, já aqui mencionada, contendo 28 poemas e 22 sonetos, foi dada a lume em Paris por Léon Vanier, o editor

---

6. Cf. Mário Cláudio, *Alicerces Seguido de Livro de Apontamentos*, Lisboa, Imprensa Nacional / Casa da Moeda, 1983, p. 11. O caderno mencionado encontra-se no Espólio de Antônio Nobre da Biblioteca Pública Municipal de Matosinhos. Segundo Paula Morão (em *O Só de António Nobre. Uma Leitura do Nome*, Lisboa, Caminho, 1991), ao apresentar os poemas seguidos de notas e variantes, Mário Cláudio ruma em direção de uma edição crítica para *Primeiros Versos*.

dos grandes nomes do Simbolismo francês. Seis anos depois, em 1898, Nobre publica uma segunda edição, acrescida de seis novos poemas, mas suprimindo quatro sonetos. Assim, na segunda edição, temos 34 poemas e dezoito sonetos.

Os novos poemas que integraram a segunda edição foram escritos durante os anos de 1892 a 1895: "Canção da Felicidade" e "Viagens na Minha Terra", datadas de 1892; "D. Enguiço" e "Adeus", de 1893, e "Saudade" e "Ladainha", de 1894.

A grande diferença entre as duas edições não está, porém, no número de poemas (a primeira tem cinquenta e a segunda, 52 poemas), mas na sua ordenação. Enquanto, em 1892, os poemas vieram a público justapostos, em 1898 eles são organizados, ou agrupados, em núcleos. Tal medida teve por objetivo criar uma maior coesão entre os poemas que constituem o livro, apontando para uma vontade clara do poeta de fazer do *Só* um texto único e integrado. Desse modo, as composições ali presentes podem e devem ser lidas umas em relação às outras, sendo ainda recomendável interpretá-las tendo em vista o lugar que ocupam no livro.

As oito seções – ou núcleos – que integram o *Só* a partir de sua segunda edição são, respectivamente, "Antônio", "Lusitânia no Bairro Latino", "Entre Douro-e-Minho", "Lua-Cheia", "Lua Quarto-Minguante", "Sonetos", "Elegias" e "Males de Anto". Como prefácio ou coisa equivalente aparece o poema "Memória". A partir da quarta edição, datada de 1921, as seções são antecedidas não só pelo poema "Memória", mas também por aquele "Memória à minha Mãe, ao meu Pai", acima reproduzido, que fora excluído do livro pelo próprio poeta. Tal procedimento é enfaticamente rejeitado por parte da crítica nobriana, com a qual nos alinhamos, sobretudo porque não leva em conta a concepção do livro realizada pelo próprio autor.

❖ Apresentação ❖

Essa organização dos poemas em núcleos é utilizada por alguns críticos para corroborar o argumento de que o *Só* pode ser lido não apenas como a biografia do sujeito poético, mas também como a história coletiva do povo português. Nesse caso, os núcleos são considerados como "estações" da vida do indivíduo, cuja identidade se confunde com o coletivo.

Antônio: Um Eu-poético Coletivo

É possível dizer que todos os poemas do livro traçam um percurso do eu-poético. Tal percurso partiria do eu-poético coletivo Antônio para o eu-poético existencial Anto. Definido nos dois primeiros poemas do livro como um exilado e, portanto, predominando o sentido social e político dessa figura, Antônio caminhará no decorrer do livro para uma perspectiva mais intimista e existencial de Anto, sem abandonar o sujeito socialmente definido.

Se tomarmos as mencionadas seções em que o livro está dividido, podemos afirmar que as três primeiras, "Antônio", "Lusitânia no Bairro Latino" e "Entre Douro-e-Minho", juntamente com os versos introdutórios "Memória", formam um conjunto de poemas que define claramente o eu-poético coletivo e nacionalmente marcado de Antônio.

Em "Memória" já nos é anunciada toda a trajetória do eu-poético. Poema de teor narrativo, tematiza a condição solitária de Antônio, que vê sua mãe e depois seu pai o abandonarem:

Em vão corri mundos, não vos encontrei
Por vales que fora, por eles voltei.

E assim se criou um anjo, o Diabo, o *lua*:
Ai corre o seu fado! a culpa não é sua!

Na gênese do eu-poético está o abandono. O seu destino já aqui se delineia como dramático, pois Antônio, ao apresentar em seguida seus versos, nos diz: "Mas, tende cautela, não vos faça mal... / Que é o livro mais triste que há em Portugal". Este último verso, por sinal, transformou-se no grande bordão de venda do livro quando de seu lançamento.

Em "Antônio" irá dizer:

Nasci, num Reino d'Ouro e amores
À beira-mar.
[...]
Sou neto de Navegadores
Heróis, Lobos d'água, Senhores
Da Índia, d'Aquém e d'Além-mar!

E assim começa o longo poema "Lusitânia no Bairro Latino":

.... Só
Ai do Lusíada, coitado,
Que vem de tão longe, coberto de pó,
Que não ama, nem é amado,
[...]

É o "lusíada", isto é, o português em sua identidade nacional mais profunda, que traz consigo um sentimento de não-reconhecimento da realidade em que atualmente se encontra. Reparemos que emprega um elemento gráfico para marcar a solidão do eu-poético, colocando a palavra "só" isolada no final de um verso inteiro de reticências, alinhando-a com "pó". Assim, temos neste início do livro um eu-poético que se

❖ Apresentação ❖

define por sua nacionalidade, a portuguesa, e por sua condição solitária, de isolamento.

No retrato que faz da identidade nacional portuguesa, há valorização do elemento genuinamente popular:

> Terra encantada, cheia de Sol,
> Ó campanários, ó Luas-Cheias,
> Lavadeira que lavas o lençol,
> Ermidas, sinos das aldeias,
> Ó ceifeira que segas cantando,
> Ó moleiro das estradas
> Carros de bois, chiando...
> [...]
> Ó padeirinhas a amassar o pão,
> Velhinhas na roca a fiar,
> Cabelo todo em caracóis!
> Pescadores a pescar
> Com a linha cheia de anzóis!

Nobre vê com bons olhos tudo aquilo que diz respeito aos valores do trabalhador português – em geral, representado na figura do pescador ou do marinheiro – e condena a indiferença das autoridades e mesmo a dos artistas em relação à miséria que caracteriza este mesmo trabalhador: "Qu'é dos Pintores do meu país estranho, / Onde estão eles que não vêm pintar?"

Assim, na valorização que Nobre faz da cultura popular portuguesa está embutida uma crítica a essa mesma cultura. O encanto que a cultura popular portuguesa exerce sobre Nobre passa pela constatação da ignorância de educação formal da população, passa pela notificação da ingenuidade social e política que denotam e ainda pela observação da excessiva religiosidade desse povo. Tudo isso parece colocar Portugal fora do tempo, fora da história, fazendo lembrar a afirmação de Antero de Quental sobre o descompasso do país em relação ao resto da Europa:

> Para vivermos livres dos solavancos horríveis do torvelinho social resolvemos nós o problema de um modo todo nosso e a que, ao menos, se não negará originalidade – viver fora da história e do progresso. Era para nós que, há mais de trezentos anos, Sancho Pança inventava os seus provérbios[7].

A par da elaboração de uma visão positiva da cultura popular portuguesa, Nobre aponta aqueles elementos que fazem dela uma cultura *naïfe*, descompassada com o que então se considerava progresso. A solidão sugerida pelo título do livro poderia em última análise ser interpretada, portanto, como o isolamento de uma cultura que ficou à margem do processo histórico-cultural da Europa.

Anto: O Eu-poético Intimista

A partir de "Lua Quarto-Minguante" e depois em "Sonetos", "Elegias" e "Males de Anto", a roupagem social do eu-poético começa a perder expressão, mantendo, todavia, a perspectiva intimista, presente desde o início do livro. A partir daqui, acentua-se o perfil familiar, existencial e mesmo psicanalítico do eu-poético, recolhido cada vez mais em espaços de intimidade: a torre, o quarto, a cova.

A própria designação da seção, "Lua Quarto-Minguante", que sucede à seção "Lua-Cheia", já revela uma retração, um

---

7. Antero de Quental, *apud* Alberto Ferreira, *Bom Senso e Bom Gosto: Questão Coimbrã*, Lisboa, Portugália, 1966, vol. 1, p. CXXIII.

❖ Apresentação ❖

recolhimento, que pode ser associado a uma postura mais intimista ou mesmo à morte. Aquela seção encontra-se praticamente no meio do livro, distribuindo assim os textos de forma equânime.

O primeiro poema dessa seção é "Os Cavaleiros", que encena o diálogo entre o Vento e o Cavaleiro, ambos andando em vão, em busca da Ventura. A perspectiva nada otimista que se abre aqui será a tônica do livro até o seu final, contrapondo-se às tênues expectativas manifestas em "Lusitânia no Bairro Latino" ou em "Purinha", por exemplo.

Mas será nas "Elegias" que um clima plenamente mórbido irá predominar, seção que abre com o poema "A Sombra", escrito no período que esteve em Coimbra, em 1888. A esse seguem os poemas "Pobre Tísica", "Sta. Iria", "Enterro de Ofélia", "Na Estrada da Beira", "Ca (ro) Da (ta) Ver (mibus)", fechando com "Certa Velhinha". Os títulos já sugerem a predominância do tema da morte, que "Na Estrada da Beira" ganha expressão maior, tratando da transitoriedade da vida.

Tudo isso encaminha o livro para o seu contundente final, a seção "Males de Anto", que contém um único poema, homônimo à seção. Esse encontra-se dividido em duas partes numeradas: "1. A ares numa aldeia" e "2. Meses depois, num cemitério". Enquanto a primeira parte é um longo poema narrativo que descreve a agonia do eu-poético Anto, um jovem estudante moribundo, amante de Garrett e de Shakespeare, objeto dos cuidados de sua ama Carlota e dos amigos da família, a segunda parte apresenta uma estrutura dramática, encenando o sepultamento de Anto na mesma cova em que estava enterrada a sua mãe.

Na primeira parte, o descompasso entre a cultura letrada do eu-poético e a cultura popular de Carlota e dos vizinhos

❖ Só ❖

molda todo o encanto do poema. Atribuindo a doença de Anto ao seu apego aos livros, Carlota assim diz:

> Mas uma coisa que lhe faz ainda pior,
> Que o faz saltar e lhe enche a testa de suor,
> É um grande livro que ele traz sempre consigo,
> E nunca o larga: diz que é o seu melhor amigo,
> E lê, lê, chama-me: "Carlota, anda ouvir!"
> Mas... nada oiço. Diz que é o Sr. Shakespeare.

A ignorância literária de Carlota é aqui agenciada para trazer à primeira instância a sinceridade de seus sentimentos. Tudo gira em torno da figura maternal de Carlota, que é retratada de modo idealizado no que diz respeito aos seus sentimentos em relação a Anto e de modo irônico e, portanto, socialmente "realista" no que diz respeito à educação formal que lhe falta.

Já na segunda parte, as personagens em cena são Anto, novamente Carlota, o Povo, a Sra. Júlia, o Zé dos Lodos, o Sr. Delegado, o Sr. Abade, a Mulher do Moleiro, o Astrônomo, o Coveiro, o Cego de Casal e a Mãe de Anto. Todos são tipos populares, que surgiram no decorrer do livro e agora reaparecem para seu desfecho. A cena se passa num cemitério, quando Anto chega para se hospedar no "Hotel da Cova". Como na primeira parte, em tudo há ironia e tragédia. Mas agora a ironia não se faz pela ignorância de uns em relação ao código cultural do eu-poético, mas sim pelo eufemismo com que a morte é tratada: um hotel-cemitério.

Notemos que Nobre trabalha com o corpo das letras, ao colocar os versos alinhados mais à esquerda em corpo menor, hierarquizando assim as falas tal qual numa canção: aquelas em corpo maior fazem o solo, enquanto as em corpo menor funcionam como segunda voz. A primeira voz narra os acon-

❖ Apresentação ❖

tecimentos, enquanto a segunda faz na maior parte das vezes comentários sobre a lua. A relação entre essas duas vozes se dá apenas por analogia, a partir da ambientação do poema.

Ao final, Anto vai se hospedar bem na cova/quarto onde se encontrava sua mãe. Se lembrarmos que no poema introdutório do livro, "Memória", a mãe do eu-poético vai até um lugar que se chama Cova e não volta mais, podemos ler nesse desfecho uma referência clara à mesma mãe, que agora acolhe o filho que abandonara no início do livro. Ambos encontram-se na cova.

É difícil não psicanalizar o final do livro e não ver na morte de Antônio, agora Anto, o retorno ao ventre materno. É como se o livro, ao se fechar, reiniciasse a saga de Anto, criando um tempo cíclico.

Paula Morão lembra-nos que Anto é a abreviação carinhosa e familiar do nome Antônio. Daí a ideia do eu-poético Antônio, que traz consigo forte carga social e coletiva, ganhar, na figura de Anto, uma dimensão mais afetiva, peculiar e existencial.

Um outro aspecto interessante é que, na estruturação do livro, alguns poemas revelam maior importância que outros. Tanto "Males de Anto" como "Antônio" e "Lusitânia no Bairro Latino" são seções que coincidem integralmente com o título do poema que contêm. As três seções não apresentam outros poemas que não aquele homônimo ao título. Isso acaba por valorizá-los, pois indica a importância que Nobre deu a tais poemas, colocando-os em diálogo com o conjunto do livro, sem subordiná-los a uma seção.

Se procurarmos resumir nossa leitura do conjunto do livro a partir desses três grandes poemas, podemos constatar que partimos do lusíada Antônio, passamos pelo conflito do exilado presente em "Lusitânia no Bairro Latino" e chegamos a Anto e seus males sem grandes delongas, isto é, nestes três poemas está reproduzida a linha de força que nos é apontada por Paula Morão no seu livro.

O *Só* tem sido, desde a sua publicação, objeto de muitas investigações. Dentre os temas ali abordados, destacam-se o exílio, o saudosismo, a mitografia, a biografia (individual e coletiva), o neogarrettismo (apego ao popular e ao país de origem), a obsessão pela morte, a doença, a volúpia do sofrimento, o tédio à vida, o avatar do poeta como desgraçado, a pátria enquanto possuidora de passado glorioso mas de presente em ruínas, a religiosidade, o narcisismo e o infantilismo.

Esteticamente também lhe foram atribuídas filiações diversas. Para alguns, é um livro neogarrettiano e, portanto, neorromântico. Esses veem ali um sentimento saudosista, que acaba por redundar numa forte idealização da pátria e da infância, empregando uma linguagem coloquial, espontânea, além de recorrer a uma dramaticidade exacerbada. Todos aspectos característicos da estética romântica.

Já outros consideram o *Só* um livro simbolista, vendo, nos aspectos ditos neorromânticos acima descritos, uma apropriação nobriana, uma forma de desenvolver a sua maneira a poética simbolista. Tal estratégia, na verdade, ressaltaria a ironia e a crítica latente em seus versos, bem como, do ponto de vista estético-formal, a musicalidade presente nos seus poemas. A linguagem, aparentemente fácil e simples, é altamente elaborada, mimetizando a linguagem coloquial e não a reproduzindo. Não é difícil constatar, por tudo que foi dito até aqui, que temos maior afinidade com essa última perspectiva crítica.

❖ Apresentação ❖

Um Livro-objeto

Retomando as modificações que Nobre fez da primeira para a segunda edição do *Só*, outra alteração significativa é o estatuto de livro-objeto, já mencionado anteriormente, que o texto então adquiriu.

Diversas gravuras monocromáticas (ora marrons, ora verdes, ora vermelhas, ora azuis), de autoria de Eduardo Moura e Júlio Ramos, foram incluídas entre os poemas. Por vezes aparecem em páginas avulsas, outras vezes emoldurando o poema ou mesmo sobrepostas a ele, patenteando a clara intenção do poeta de integrar texto e imagem. São gravuras figurativas, retomando o tema de alguns poemas. Assim, em "Os Cavaleiros" aparecem dois cavaleiros, um sobre um cavalo e outro sobre um pégaso; o poema "Os Sinos" vem repleto de pequenos sinos entre as estrofes; a gravura de uma procissão ilustra a terceira parte de "Lusitânia no Bairro Latino", e assim por diante.

A capa do livro, dura, foi revestida com uma espécie de couro vermelho, macio e agradável ao tato. As páginas internas são de papel *couché*, o que lhes dá uma aparência elegante e propicia um toque suave.

Além disso, o livro tinha o requinte de vir numa pequena caixa de madeira, que lhe servia de invólucro protetor, tal como se faz com uma mercadoria valiosa e frágil. Além de mimetizar o valor de mercadoria – e nesse luxo ironiza a um só tempo o utilitarismo da obra literária e o fetiche da mercadoria, questões da "moda", na época –, tal estratégia vem intensificar o macio toque que o livro propicia, colocado em contraste com a rigidez da madeira que o envolve. Talvez uma espécie de tentativa de materialização do que o livro guardava: as composições cujo conteúdo expressa incisivamente a dor, a perda,

Imagem de procissão comum no tempo de Nobre. Reprodução de aquarela apensa a 3ª parte do poema "Lusitânia no Bairro Latino" na 2ª edição do Só (de 1898).

❖ Apresentação ❖

a decepção, o desajuste social através da "macia" linguagem popular, provinciana da população aldeã do norte de Portugal. Talvez, uma experiência dos sentidos (o contato táctil e visual com o rústico e com o aveludado; com o vermelho da capa e com a cor de madeira da caixa) antes das relações sinestésicas contidas nos poemas.

Todos esses diversos elementos visuais e tácteis foram integrados na segunda edição de 1898, parcialmente concebidos, mas sempre supervisionados por Nobre. Assim, a segunda edição passou a ser mais importante e referência para todas as posteriores.

Na presente edição não pudemos reproduzir os recursos visuais e tácteis acima descritos, tendo em vista tratar-se de uma edição de caráter didático, com a finalidade primordial de divulgar um poeta ainda não publicado no Brasil. Foi isso que nos levou a adicionar ao volume os poemas do livro *Despedidas*, pois assim podemos ter, em conjunto, a melhor e mais madura produção de Antônio Nobre.

Despedidas: *Um Livro Póstumo*

Despedidas foi, como dissemos acima, a primeira das publicações póstumas, vindo a lume em 1902 por iniciativa de Augusto Nobre para fazer cumprir a vontade do irmão, Antônio Nobre, que morrera sem concretizar o propósito de publicar os poemas que compusera depois da primeira edição do *Só*, entre 1895 e 1899, e que não havia inserido na segunda edição (1898) daquele. Assim, as composições reunidas em "Sonetos" e "Outras Poesias" são, em sua maioria, aquelas que o poeta não quis incluir no *Só*, sua grande obra. Muitas delas, como o longo e inacabado poema "O Desejado", também reunido na obra em questão, ainda não haviam sido publicadas, muito provavelmente porque o poeta ainda desejasse apurá-las, dar a elas o acabamento formal que caracteriza os poemas, do *Só*. Entretanto, nas condições em que foi publicada, *Despedidas* não pôde ter, efetivamente, o conceito de livro acabado, com equilíbrio e perfeita unidade intrínseca, temática e formal, não houve sequer seleção dos poemas, já que, ao reuni-los, Augusto Nobre quis tornar conhecidos do público aqueles que Antônio Nobre ainda não havia publicado. A respeito das edições que a obra teve, importa notar que aquilo que torna a primeira edição diferente daquelas que a sucederam é o fato de que, nestas, Augusto Nobre acrescentou notas explicativas sobre as referências regionais, geográficas, pessoais presentes na poesia de Nobre.

Das 36 peças que compõem *Despedidas*, o poema inconcluso "O Desejado" é, sem dúvida, o que mais sobressai; por isso, em seguida, tratamos detidamente dele.

O longo poema "O Desejado" compõe-se de dezessete fragmentos que foram escritos por Antônio Nobre a partir de 1895 até alguns meses antes de sua morte. Deixado incompleto pelo autor devido ao agravamento da doença que o vitimou em 1900, esse texto veio a lume em 1902, na edição póstuma de *Despedidas*, apesar de o projeto original do autor ter sido publicá-lo como uma grande obra, comparável ao *Só*, como queria o poeta, e de moldes épicos. Os possíveis títulos do poema, *Regresso do Moço Anrique*, *Regresso ao Reyno*, pensados pelo poeta, ilustram essa ideia. Impossibilitado, porém, de concretizar esse plano pela morte prematura, "O Desejado", tal como o conhecemos, é resultado da recolha, feita por José Pereira Sampaio (conhecido nos meios literários como Sampaio Bruno), do material fragmentário que há do inacabado poema – portanto, organização que não é de Antônio Nobre, mas sim sua.

❖ Apresentação ❖

Assim como as *Despedidas*, segundo Guilherme de Castilho, não podem ser consideradas como "um livro de Antônio Nobre"[8], pelo fato de a morte ter impossibilitado o poeta de chegar à versão final dos poemas, de selecioná-los e colocá-los na sequência que desejava, também "O Desejado" ressente-se, pelo mesmo motivo, do trabalho de estruturação e estabelecimento textual e formal feito pelo próprio poeta, da mesma busca de perfeição estética revelada pela leitura atenta dos textos e, de maneira cabal, pela análise das variantes dos manuscritos das peças que compõem o *Só*. Além disso, a maneira como esse texto apresenta-se nas *Despedidas* deve-se não tanto à transcrição dos manuscritos que estão em grande parte nos cadernos de apontamentos do poeta[9] como à colaboração de Constança Teles da Gama, que muitas vezes o ouviu do próprio Antônio Nobre durante a sua estada na Ilha da Madeira. Portanto, por se tratar, em algumas partes, de rememoração, encontramos ao longo de "O Desejado" indicações gráficas que assinalam versos que faltam – "muitos versos, mesmo cantos inteiros e quase toda a terceira parte", segundo a senhora Constança[10].

---

8. Cf. Guilherme de Castilho, *António Nobre*, pp. 113 e 114.
9. Consultar os cadernos 2, 3, 4 e 6, espólio Antônio Nobre, na Biblioteca Pública Municipal de Matosinhos e as referências M-SER-816 – onde estão os manuscritos do argumento e linhas fundamentais de "O Desejado", além de versos, estrofes e passagens isoladas – e M-SER-818 – autógrafo com rasuras, emendas e versos cortados do fragmento iniciado pelo verso "Quatorze luas já foram passadas" –, da coleção de manuscritos de Alberto de Serpa, e o autógrafo MA-ANTÔNIO NOBRE-I-I[a]-I9, espólio Antônio Nobre, Museu de Autógrafos, ambos na Biblioteca Pública Municipal do Porto.
10. Assim Constança Teles Gama ressaltou no texto que contém os versos e as informações que pôde rememorar de "O Desejado".

❖ Só ❖

Intitulado primeiramente como "Regresso do Moço Anrique", depois como "Regresso ao Reyno", conforme dissemos acima e como nos mostram os cadernos do poeta, o poema passa a chamar-se "O Desejado" a pedido da amiga Constança, que achava pouco poético o título "Regresso ao Reyno" dado por Antônio Nobre. As anotações de Nobre nos referidos cadernos de apontamentos mostram "O Desejado" como projeto antigo e como obra pensada, refletida, que sua doença e morte precoce impediram-no de concluir. Dentre os vários planos de "Obras de Antônio Nobre" contidos nos seus cadernos está o que apresenta "O Desejado" como constituído de três partes: uma primeira, sem título, seguida de "Regresso ao Reyno", e a terceira intitulada "D. Sebastião". Em um desses planos, *Regresso ao Reyno* aparece ao lado do *Só* sob a definição "Obras de Antônio Nobre" e *D. Sebastião, o Desejado* é colocado entre as obras em preparação e é seguido da didascália "(poema da Decadência Portuguesa)".

"O Desejado" é organizado nas *Despedidas* em fragmentos que possivelmente poderiam vir a ser cantos, segundo se depreende da observação de suas anotações, se o poeta pudesse tê-los concluído. Essa composição inicia-se com a dedicatória geral "À Lisboa das Naus Cheia de Glória", que é seguida do oferecimento invocatório "Às Senhoras de Lisboa", os fragmentos mais épicos (inclusive por se tratar de dedicatória e invocação, duas das quatro partes estruturais da epopeia, que se divide em proposição, invocação, dedicatória e execução). A esses sucedem os episódios que narram a história de Anrique, desde a sua vida no seu solar antes de partir em busca de glória até sua transformação em Manoel dos Sofrimentos e sua "ação" de ir a Portugal, onde "andam as almas todas quebrantadas", anunciar o iminente regresso do "Rei-Menino", D. Sebastião.

❖ Apresentação ❖

Apesar da indubitável e recorrente constatação de que o *Só* é a grande obra de Antônio Nobre, não obstante a dificuldade de análise decorrente das supressões e da não-conclusão do texto, "O Desejado" é, como outros poemas não incluídos naquele volume, peça de grande valor na poética nobriana, não apenas pela recuperação e continuidade de temas e opções estéticas do *Só*, mas sobretudo pela forma como trata de um tema secular e insistentemente glosado como o messianismo, modernizando-o e relacionando-o ao tema do apego às tradições nacionais, à pátria portuguesa, ao povo português e ao seu folclore.

Iniciado pela dedicatória geral, que é o fragmento "À Lisboa das Naus Cheia de Glória", o poema "O Desejado" remete-nos de imediato ao passado glorioso do Portugal dos descobrimentos, pela referência à cidade-símbolo da outrora nação imperial, e do destino marítimo daquele país, pela referência à antiga Lisboa "das naus cheia de glória". E, dentre as evocações, na primeira estrofe, de aspectos característicos daquela cidade – como as "Procissões", os "fadistas", os "líricos pregões" – destacam-se as alusões geográficas como "à beira-mar", "com o Tejo das Conquistas, / Mais os ossos prováveis de Camões!", que insistem em enfocar a região lisboeta de onde partiam as embarcações cujo objetivo era, além de descobrir o caminho marítimo e dominar o comércio de especiarias na Índia, a expansão da fé e do império português.

É significativo o aparecimento de Camões logo nos primeiros versos, primeiramente, porque é o autor da epopeia marítima portuguesa, é o símbolo da soberania e potência desaparecidas há muito; depois porque o poeta épico esteve constantemente presente no contexto das duas últimas décadas do Oitocentos como estímulo para a reconquista da grandeza portuguesa; e, por fim, porque nessa dedicatória de "O Desejado", ao mencionar os "ossos prováveis de Camões", Nobre

❖ Só ❖

parece referir-se aos possíveis restos mortais do épico que provavelmente estariam no Mosteiro dos Jerônimos, um dos marcos, às margens do Tejo, da época de glória e grandeza de Portugal. Além desses, há ainda outros três fatores, no tocante à "presença" de Camões, que devem ser mencionados: "À Lisboa das Naus Cheia de Glória" aproxima-se de *Os Lusíadas* pela sua composição em oitavas e versos decassílabos; "O Desejado", como nos mostram sobretudo esse fragmento e o que o sucede, "Às Senhoras de Lisboa", é uma tentativa de poema épico, apesar de se destacar o seu caráter lírico; e, ainda, a evocação do poeta épico, a retomada dos esquemas métrico e estrófico da epopeia lusitana e a apresentação da trajetória histórica de Portugal através do destino de Anrique podem nos remeter aos "segundos de Camões", que num de seus cadernos Antônio Nobre jurava ter sentido[11].

Em "À Lisboa das Naus Cheia de Glória", ao interrogar se a Lisboa a que se dirige é a "mesma de que fala a História", o eu-poético anuncia a diferença entre a Lisboa do presente e a do passado e salienta ainda mais essa desigualdade com a pergunta "aonde é que estás, aonde?"[12], claramente dirigida à

---

11. O poeta escreveu: "Nasci poeta. Tive génio e, sem rebuço, / Juro que já senti segundos de Camões!"; semelhança que Nobre evidencia também em: "No entanto, às vezes, os meus nervos gastos, velhos, / Convulsionavam-nos relâmpagos vermelhos, / Que eram, bem o sentia, instantes de Camões!" ("Males de Anto I (A ares n'uma aldeia)", em *Só*, 5. ed., p. 189).

12. É explícito nessa pergunta o *topos* do *ubi sunt?*, que muitas vezes aparece em composições nobrianas, marcadamente, na primeira parte do tríptico "Lusitânia no Bairro Latino" (cf. *Só*, 5. ed., pp. 25-42). O estudo desse tópico no poema mencionado foi feito por Fernando J. B. Martinho, no artigo "Metamorfoses de um 'Topos' em 'Lusitânia no Bairro Latino'", *Colóquio/Letras*, números 127-128, pp. 139-148, janeiro-junho de 1993.

❖ Apresentação ❖

Lisboa de outrora. Insistindo no contraste entre aquelas duas Lisboas, o eu-poético afirma: "Não sei quem és, perdi-te de memória", e, em seguida, questiona: "Dize-me, aonde é que teu perfil se esconde?", deixando patente que a Lisboa sua coetânea já não tem os traços que a definiam na época dos descobrimentos. A identidade da referida cidade, símbolo da nação imperial constituída a partir da grandiosidade advinda dos domínios náutico-marítimos e da expansão territorial e cultural, já não pode ser verificada no presente da enunciação bem como em todo esse tenebroso século que foi o XIX para Portugal. Assim, o "perfil" que o eu-poético afirma não encontrar alude àquela identidade, há muito perdida, representativa do apogeu hegemônico da Lusitânia marítima do Quinhentos.

A maneira com que persiste no tema do *ubi sunt?* evidencia a consciência de um passado perdido, cujas imagens somente reaparecem depois da invocação "Ó Lisboa das Naus, cheia de gloria, / Ó Lisboa das Crônicas, responde!". Surgem, então, associadas ao "quem és, perdi-te de memória" e ao "Lisboa das Crônicas, responde!", as "naus" carregadas "com noz, pimenta e mais especiarias...", que caracterizavam a Lisboa antiga, que o eu-poético havia "perdi[do] de memória" tão distante temporal e espacialmente ela estava. A preocupação com o Portugal contemporâneo, com a insuportável discrepância entre esse tempo e o do passado glorioso, de um eu-poético cuja existência também é definida pela perda, pela frustração das expectativas – pois "no Mundo sofreu todas as dores! / Ódios, traições, torturas," – remete-nos, a um só tempo, ao sujeito coletivo e intimista do *Só*, cuja constituição e caracterização discutimos acima.

"Às Senhoras de Lisboa" é um fragmento construído como oferecimento às tais "senhoras", interlocutoras invo-

❖ Só ❖

cadas pelo sujeito poético, dolente e só, ao se apresentar prostrado pelos sofrimentos por que tem passado, nos versos finais de "À Lisboa das Naus Cheia de Glória". Esse fragmento retoma nos primeiros versos a imagem do "eu" solitário – como vemos em "De dia, apenas tenho um ou outro rapaz / Para a palestra. Ah sim! e o mar também às vezes" – em busca de paz e esquecimento, de alívio balsâmico e anulador de um sentir excessivamente doloroso, conforme está patente nos versos iniciais: "Ainda bem, Senhor! que deste a Noite ao Mundo. / Gosto do Sol, oh certamente! mas segundo / O meu humor. À noite, há esquecimento, há Paz".

Alguns Sinais de Contiguidade

Em "O Desejado", Antônio Nobre interpela a Nação portuguesa retratando através da história de Anrique – notemos a ancestralidade do nome – a história daquele País: da mesma maneira que a história de Anrique revela o percurso da sua ancestralidade heroica e magnânima à sua transformação no mendigo roto, vestido de andrajos, "Manoel dos Sofrimentos", a história de Portugal subsumida naquela nos dá a conhecer a trajetória de declínio de uma nação outrora gloriosa e agora "pequena", arruinada, onde "as almas andam todas quebrantadas". Assim, não nos parece possível deixar de ver nesse poema o questionamento da situação de Portugal iniciado por Almeida Garrett há aproximadamente oito décadas. Não podemos deixar de ver também a função e a atitude da nova literatura de que falou Eça de Queirós na sua conferência apresentada nas *Conferências do Casino* de ser a "arte que nos pinte a nossos próprios olhos – para nos conhecermos". Nesse sentido, não devemos nos esquecer da

❖ Apresentação ❖

redarguição com que o poeta encerra o poema "Lusitânia no Bairro Latino":

> Qu'é dos Pintores do meu país estranho,
> Onde estão eles que não vêm pintar?,

uma vez que esses versos, reveladores do posicionamento de Nobre no *Só*, e o poema "O Desejado" patenteiam que a presença e a valorização do popular, do aldeão, do folclorismo, do nacionalismo em sua obra excedem os restritos limites do neogarrettismo tal qual postulava Alberto de Oliveira porque Antônio Nobre – e parece-nos que os exemplos citados bem o revelam – demonstrou concordar que "o dever dos homens de inteligência, num país abatido, tem de ser mais largo do que reconstruir em papel o castelo de Lanhoso ou chamar as almas a que venham escutar os rouxinóis do Choupal de Coimbra"[13].

Portanto, parece-nos evidente que na poética nobriana esse dever foi cumprido na (re)construção simbólica do Portugal de meados do Quatrocentos a início do Quinhentos e do Oitocentos, conciliando o mundo rural e das aldeias piscatórias com a tradição ancestral de povo navegador e expansionista; conciliando os elementos definidos posteriormente por Alberto de Oliveira como neogarrettistas com a esperança de redenção messiânica, com a expectativa de que a Portugal está reservado um futuro grandioso com o regresso de D. Sebastião.

Enquanto no *Só* a constatação da falência presente, o tormento, a dor e a inquietude – pessoais mas também nacio-

---

13. Cf. Eça de Queirós, *Correspondência* (Leitura, coordenação, prefácio e notas de Guilherme de Castilho), Lisboa, Imprensa Nacional / Casa da Moeda, 1983, vol. II, p. 327.

nais – levam ora a olhar para trás, ao refúgio no passado feliz da infância, que à semelhança do passado da nação é áurea, ora à busca de pacificação através da morte, do recolhimento *ad uterum* materno – que, vimos, ocorre no poema final "Males de Anto II (Meses Depois num Cemitério)" –, em "O Desejado" as mesmas constatações e estados de alma levam Anrique a buscar seu ideal de glória e de amada e a esperar, depois de contrapor ao passado heroico à decadência atroz do presente, a vinda fantasiosa e profética do "Rey-Menino" D. Sebastião:

> Que El-Rey-Menino não tarda a surgir,
> Que ele há de vir, há de vir, há de vir!,

cujo regresso ele deve anunciar a Portugal. Enquanto que no *Só* os males pessoais, nos quais estão subsumidos os do País, culminam no pessimismo acentuado que não vê perspectivas de regeneração, em "O Desejado", como em outros textos contemporâneos, os mesmos males e a inquietude concretizam-se na manifestação da ânsia que há pelo "balsâmico e quimérico preenchimento":

> Anrique, vai gritar por essa rua
> – Virá um dia o "Sempre-Desejado"!
> Deu a vida por vós, Tu, dá-lhe a tua,
> Esquece nele todo o teu passado.

Muitos são os traços de contiguidade entre o *Só* e as *Despedidas*; à guisa de mais um exemplo, e para concluirmos, citamos estes belíssimos versos de "O Desejado", compostos em diálogo com extratos de uma cantiga popular:

❖ Apresentação ❖

– Quem é, Teresa, que ouço clamores,
Vai ver à porta, vai num instante!
– Sossegue, durma, são os lavradores
Que passam para a feira d'Amarante...

    E vá de roda! e vá de roda!
              Olé!
    E vira e vira e já virou:
    E na tarde da minha boda
    Houve baile, houve baile, olé!
    Tomou parte a aldeia toda,
    E vá de roda! e vá de roda!
              Olé!
... ...
– Quem é, Teresa? quem é, Teresa?
Não ouves passos, que vão pela serra
Não ouves gritos, quem é, Teresa?
– É D. Sebastião que vai para a guerra.

Neles estão patentes não apenas o princípio verlainiano "de la musique avant tout le chose", mas também a incisiva vontade vanguardista, moderna, de fundir em um único discurso fontes diversas como as canções populares, a remissão aos bailados campestres das cantigas de amigo, a estrutura dialogada com que se constrói o poema. A poesia de Antônio Nobre é, sem dúvida, "expressão poética do povo português", como afirmou Óscar Lopes[14]; é igualmente o "espaço" onde se revelam, amalgamando-se, as faces de um sujeito intimista e coletivo, épico e lírico, culto e trivial. Consciência poética

---

14. Cf. Óscar Lopes, "António Nobre e o Neogarrettismo de Alberto de Oliveira", *Entre Fialho e Nemésio*, Lisboa, Imprensa Nacional / Casa da Moeda, 1987, p. 83.

sempre presente nesse poeta português que agora, pela primeira vez, se publica em edição brasileira.

Para concluir esta pequena introdução, gostaríamos de deixar aqui registrado nosso agradecimento à Professora Doutora Paula Morão, da Universidade de Lisboa, pela preciosa contribuição no esclarecimento de determinadas referências culturais portuguesas e pela paciência com que nos auxiliou na elaboração de uma leitura mais contemporânea da obra de Antônio Nobre.

ANTONIO NOBRE

SÓ

PARIS
LÉON VANIER, ÉDITEUR
19, QUAI SAINT-MICHEL, 19

1892

TOUS DROITS RÉSERVÉS

*Frontispício da 2ª edição.
Na página anterior, imagem da capa da 1ª edição.*

Memória[1]

Ora isto, Senhores, deu-se em Trás-os-Montes,
Em terras de Borba[2], com torres e pontes.

Português antigo, do tempo da guerra,
Levou-o o Destino pra[3] longe da terra.

Passaram os anos, a Borba voltou,
Que linda menina que, um dia, encontrou!

Que linhas fidalgas e que olhos castanhos!
E, um dia, na Igreja correram os banhos[4].

Mais tarde, debaixo dum signo mofino,
Pela lua-nova, nasceu um menino.

Oh mães dos Poetas! sorrindo em seu quarto,
Que são virgens antes e depois do parto!

Num berço de prata, dormia deitado,
Três moiras[5] vieram dizer-lhe o seu fado

(E abria o menino seus olhos tão doces):
"Serás um Príncipe! mas antes... não fosses".

Sucede, no entanto, que o Outono veio
E, um dia, ela resolve ir dar um passeio.

Calçou as sandálias, toucou-se de flores,
Vestiu-se de Nossa Senhora das Dores[6]:

"Vou ali adiante, à *Cova*, em berlinda[7],
Antônio, e já volto..." E não voltou ainda!

Vai o Esposo, vendo que ela não voltava,
Vai lá ter com ela, por lá se quedava.

Oh homem egrégio! de estirpe divina,
De alma de bronze e coração de menina!

Em vão corri mundos, não vos encontrei
Por vales que fora, por eles voltei.

E assim se criou um anjo, o Diabo, o *lua*:
Ai corre o seu fado! a culpa não é sua!

Sempre é agradável ter um filho Virgílio,
Ouvi estes carmes que eu compus no exílio,

Ouvi-os vós todos, meus bons Portugueses!
Pelo cair das folhas, o melhor dos meses,

Mas, tende cautela, não vos faça mal...
Que é o livro mais triste que há em Portugal!

Notas

1. Memória: na primeira edição, de 1892, não aparecia este poema, mas sim um soneto intitulado "Memória à Minha Mãe, ao Meu Pai", que se encontra reproduzido na introdução deste volume.

❖ Só ❖

2. Borba é uma freguesia da Lixa, norte de Portugal, onde nasceu o pai do poeta.
3. A presente edição adotou o seguinte critério para a atualização ortográfica do diversificado uso que Nobre faz da contração da preposição "para" com as vogais "a" e "o": quando surge somente a contração da preposição, anotamos *pra*; quando aparece a contração da preposição com a vogal "a", adotamos *pr'a*, o mesmo valendo para a contração da preposição com a vogal "o" (*pr'o*).
4. "Correram os banhos" é uma expressão usada para dizer que eles se casaram.
5. As três moiras, isto é, as três mulheres árabes, são aqui a personificação da fatalidade, do destino, da fortuna. Estabelecem ao mesmo tempo um paralelo com os três reis magos que visitam Cristo e com as três bruxas que aparecem em *Macbeth*, peça de William Shakespeare.
6. Nossa Senhora das Dores refere-se à tradicional representação de Maria, mãe de Jesus, com uma ou sete espadas cravadas no coração como símbolo de seu sofrimento. A mesma referência reaparece no soneto de número 8 e na primeira parte de "Males de Anto" (de forma explícita, no meio do poema, e implícita, ao final).
7. Ir "em berlinda" significa ir em um coche, mas também pode significar ir num carrinho que transporta a imagem de santos. Além disso, a expressão "ir para a berlinda" designa entrar em cena, se expor, ir para o perigo.

❖ Antônio ❖

Antônio

Que noite de Inverno! Que frio, que frio!
    Gelou meu carvão:
Mas boto-o à lareira, tal qual pelo estio,
    Faz sol de verão!

> Nasci, num Reino d'Ouro e amores,
> À beira-mar.

Ó velha Carlota![1] tivesse-te ao lado,
    Contavas-me histórias:
Assim... desenterro, do Val[2] do Passado,
    As minhas Memórias.

> Sou neto de Navegadores,
> Heróis, Lobos d'água, Senhores
> Da Índia, d'Aquém e d'Além-mar!

Moreno coveiro[3], tocando viola,
    A rir e a cantar!
Empresta, bom homem, a tua sachola,
    Eu quero cavar:

E o Vento mia! e o Vento mia!
Que irá no Mar!

Erguei-vos, defuntas! da tumba que alveja
   Qual Lua, à distância!
Visões enterradas no adro da Igreja
   Branquinha, da Infância.

Que noite! ó minha Irmã Maria[4],
Acende um círio à Virgem Pia,
Pelos que andam no alto Mar...

Lá vem a Carlota que embala uma aurora
   Nos braços, e diz:
"Meu lindo Menino, que Nossa Senhora
   O faça feliz!"

Ao Mundo vim, em terça-feira[5]
Um sino ouvia-se dobrar!

E Antônio crescendo, sãozinho e perfeito,
   Feliz que vivia!
(E a Dor, que morava com ele no peito,
   Com ele crescia...)

Vim a subir pela ladeira
E, numa certa terça-feira,
Estive já pra me matar...

Mas foi a uma festa, vestido de anjinho,
   Que fado cruel!
E a Antônio calhou-lhe levar, coitadinho!
   A Esponja do Fel...[6]

❖ Só ❖

>	Ides gelar, águas das fontes
>	Ides gelar!

A tia Delfina, velhinha tão pura,
			Dormia a meu lado
E sempre rezava por minha ventura...
			E sou desgraçado!

>	Águas do rio! águas dos montes!
>	Cantigas d'água pelos montes,
>	Que sois como amas a cantar...

E eu ia às novenas, em tarde de Maio,
			Pedir ao Senhor:
E, ouvindo esses cantos, tremia em desmaio,
			Mudava de cor!

>	Passam na rua os estudantes
>	A vadrulhar...

E a Mãe-Madrinha[7], do tempo da guerra
			A mailos Franceses[8],
Quando ia ao confesso, à ermida da serra,
			Levava-me, às vezes.

>	Assim como eles era eu dantes!
>	Meus camaradas! estudantes!
>	Deixai o Poeta trabalhar.

Santinho como ia, santinho voltava:
			Pecados? Nem um!
E a instâncias do padre dizia (e chorava):
			"Não tenho nenhum..."

> Ó Jó[9], coberto de gangrenas,
> Meu avatar!

Às noites, rezava (e rezo ainda agora)
    Ao pé da lareira.
(A chuva gemente caía lá fora,
    Fervia a chaleira...)

> Conservo as mesmas tuas penas,
> Mais tuas chagas e gangrenas,
> Que não me farto de coçar!

– Que Deus se amercie das almas do Inferno!
    – Amém! Oxalá...
E o moço rosnava, transido de inverno[10]:
    – Que bom lá está!

> E a neve cai, como farinha,
> Lá desse moinho a moer, no Ar:

O sino da Igreja tocava, à tardinha:
    Que tristes seus dobres!
Era hora em que eu ia provar, à cozinha,
    O caldo dos Pobres...

> Ó bom Moleiro, cautelinha!
> Não desperdices a farinha
> Que tanto custa a germinar...

Ó velhas criadas! na roca fiando,
    Nos lentos serões:
Corujas piando, *Farrusca*[11] ladrando
    Com medo aos ladrões!

❖ Só ❖

>Andais, à neve, sem sapatos,
>Vós que não tendes que calçar!

O Zé do Telhado[12] morara, ali perto:
    A triste Viúva
A nossa casa ia pedir, era certo,
    Em noites de chuva...

>Corpos ao léu vesti meus fatos!
>Pés nus! levai esses sapatos...
>Basta-me um par.

Ó feira das uvas![13] em tardes de calma...
    (O tempo voou!)
Pediam-me os Pobres "esmola pela alma
    Que Deus lhe levou!"

>Quando eu morrer, hirto de mágoa,
>Deitem-me ao Mar!

E havia-os com gota, e havia-os herpéticos,
    Mostrando a gangrena!
E mais, e ceguinhos, mas era dos héticos[14]
    Que eu tinha mais pena...

>Irei indo de frágua em frágua[15],
>Até que, enfim, desfeito em água.
>Hei de fazer parte do Mar!

Chegou uma carta tarjada: a estampilha
    Bastou-me enxergar...
Coitados daqueles que perdem a filha,
    Sobre águas do Mar!

> No Panthéon[16], trágico, o sino
> Dá meia-noite, devagar:

Ó tardes de outono, com fontes carpindo
    Entre erva sedenta!
Os cravos a abrirem, a Lua aspergindo
    Luar, água-benta...

> É o Vitor[17], outra vez menino,
> A compor um alexandrino,
> Pelos seus dedos a contar!

Ao dar meia-noite no *cuco* da sala,
    Batiam: "Truz! truz!"
E o Avô que dormia, quietinho na vala,
    Entrava, Jesus!

> Que olhos tristes tem meu vizinho!
> Vê-me comer e põe-se a ougar:

Nas sachas de Junho[18], ninguém se batia
    Com nosso caseiro:
Que espanto, pudera! se da freguesia
    Ele era o coveiro...

> Sobe ao meu quarto, bom velhinho!
> Que eu dou-te um copo deste vinho
> E metade de meu jantar.

Morria o mais velho dos nossos criados,
    Que pena! que dó!
Pedi-lhe, tremendo, fizesse recados
    À alminha da Avó...

❖ **Só** ❖

                    Bairro Latino![19] dorme um pouco,
                    Faze, meu Deus, por sossegar!

Ó banzas dos rios, gemendo descantes
    E fados[20] do Mundo!
Ó águas falantes! ó rios andantes,
    Com eiras no fundo!

                    Cala-te, Georges![21] estás já rouco!
                    Deixa-me em paz! Cala-te, louco.
                    Ó boulevard!

Trepava às figueiras cheiinhas de figos
    Como astro no Céu:
E embaixo, aparando-os, erguiam mendigos
    O roto chapéu...

                    Boas almas, vinde ao meu seio!
                    Espíritos errantes no Ar!

Ó Lua encantada no fundo do poço,
    Moirinha da Mágoa![22]
O balde descia, quimeras de Moço!
    Trazia só água...

                    Sou médio: evoco-os, noite em meio!
                    Vós não acreditais, eu sei-o...
                    Deixa-lo não acreditar.

Meus versos primeiros estão no adro, ainda,
    Escritos na cal:
Cantavam Aquela que é a rosa mais linda
    Que tem Portugal!

> Se eu vos pudesse dar a vista,
> Ceguinhos que ides a tatear...

A Lua é ceifeira que, às noites, ensaia
    Bailados na Terra!
Luar é caleiro que, pálido, caia
    Ermidas da serra...

> Quanto essa sorte me contrista!
> Mas ah! mais vale não ter vista
> Que um mundo destes ter de olhar...

O conde da Lixa sabia o Horácio[23],
    Tintim por tintim!
E dava-me, à noite, passeando em palácio,
    Lição de latim.

> A Morte, agora, é a minha Ama
> Que bem que sabe acalentar!

E entrei para a escola, meu Deus! quem me dera
    Nessa hora da Vida!
Usava uma blusa, que linda que era!
    E trança comprida...

> À noite, quando estou na cama:
> "Nana, nana, que a tua Ama
> Vem já, não tarda! foi cavar..."

Os outros rapazes furtavam os ninhos
    Com ovos a abrir;

❖ Só ❖

Mas eu mercava-lhes os bons passarinhos,
    Deixava-os fugir...

            Camões![24] ó Poeta do Mar-bravo!
            Vem-me ajudar...

Os Presos, às grades da triste cadeia,
    Olhavam-me em face!
E eu ia à pousada do guarda da aldeia
    Pedir que os soltasse...

            Tenho o nome do teu escravo[25]:
            Em nome dele e do Mar-bravo
            Vem-me ajudar!

E quando um malvado moía a chibata
    Um filho, ou assim,
Corria a seus braços, gritando: "Não bata!
    Bata antes em mim..."

            E o Vento geme! e o Vento geme!
            Que irá no Mar!

E quando dobrava na terra algum sino
    Por velho, ou donzela,
A meu Pai rogavam "deixasse o Menino
    Pegar a uma vela..."

            Lobos d'água, que ides ao leme,
            Tende cuidado! a lancha treme.
            Orçar! orçar!

❖ Antônio Nobre ❖

Enterros de anjinhos! Oh dores que trazem
  Aos tristes casais!
Há doces, há vinho, senhores que fazem
  Saúdes aos pais...

> Meu velho Cão, meu grande amigo,
> Por que me estás assim a olhar![26]

A Prima doidinha[27] por montes andava,
  À Lua, em vigília!
Olhai-me, Doutores! há doidos, há lava,
  Na minha Família...

> Quando eu choro, choras comigo
> Meu velho Cão! és meu amigo...
> Tu nunca me hás de abandonar.

E os anos correram, e os anos cresceram,
  Com eles cresci:
Os sonhos que tinha, meus sonhos... morreram,
  Só eu não morri...

> Frades do Monte de Crestelo![28]
> Abri-me as portas! quero entrar...

Fui vendo que as almas não eram no Mundo
  Singelas e francas:
A minha, que o era, ficou num segundo
  Cheiinha de brancas!

> Cortai-me as barbas e o cabelo,
> Vesti-me esse hábito singelo...
> Deixai-me entrar!

❖ Antônio Nobre ❖

Fiquei pobrezinho, fiquei sem quimeras,
 Tal qual Pedro-Sem[29],
Que teve fragatas, que teve galeras,
 Que teve e não tem...

> Moço Lusíada! criança!
> Por que estás triste, a meditar?

Vieram as rugas, nevou-me o cabelo
 Qual musgo na rocha...
Fiquei para sempre sequinho, amarelo,
 Que nem uma tocha!

> Vês teu país sem esperança,
> Que todo alúi, à semelhança
> Dos castelos que ergueste no Ar?

E a velha Carlota, revendo-me agora
 Tão pálido, diz:
"Meu pobre Menino! que Nossa Senhora
 Fez tão infeliz..."

Paris, 1891.

Notas

1. Nome da empregada que trabalhou durante muitos anos na casa da família de Antônio Nobre. Aparecerá ainda no soneto 16 e no poema "Males de Anto".
2. "Val" é a forma arcaica da palavra "vale", intencionalmente empregada pelo poeta. Aparecerá, ainda, em "Da Influência da Lua".
3. A figura do coveiro perpassa todo o livro, pois aparece também nos poemas "Lusitânia no Bairro Latino", "Na Estrada da Beira", "Ca (ro) Da (ta) Ver (mibus)" e na segunda parte do último poema do livro, "Males de Anto".

4. Possível referência a Maria da Glória Nobre Andresen, irmã muito próxima de Antônio Nobre. Foi na casa dela, situada em Carreiros (Foz do Douro), que o poeta morreu em 18 de março de 1900. Maria aparece também no poema "O Sono de João".
5. Em Portugal, as terças-feiras são tidas como dias de azar, dias de mau agouro.
6. Esponja embebida em vinagre que foi dada a Cristo quando, já na cruz, pediu aos seus carrascos um pouco de água.
7. Mãe-madrinha era como chamavam a avó paterna e madrinha da irmã mais velha de Nobre, que morava na Lixa.
8. A referência aqui aos franceses é uma menção ao tempo em que Portugal sofreu as invasões por parte dos exércitos de Napoleão, o que se deu entre 1807 e 1810.
9. Jó é uma das personagens bíblicas que teve sua fé testada por Deus. Muito rico e feliz, foi aos poucos perdendo fortuna, família, respeito, honra e felicidade, sem, no entanto, jamais perder a fé. Ao final, Deus restitui-lhe praticamente tudo. Jó também aparece nos poemas "Lusitânia no Bairro Latino" e "Males de Anto".
10. "Transido de inverno" é o mesmo que "dominado pela sensação de frio".
11. "Farrusca" é um nome muito popular dado às cadelas em Portugal.
12. Zé do Telhado é uma personagem folclórica de Portugal; famoso bandido morador dos arredores da Lixa. Sua biografia foi traçada por Camilo Castelo Branco em *Memórias do Cárcere*.
13. A feira das uvas se realizava na Lixa nos primeiros sábado, domingo e segunda-feira de setembro por ocasião da romaria de Nossa Senhora da Vitória.
14. No século XIX, hético era escrito sem "h", o que permitia a sobreposição com ético, conceito filosófico que trata dos fundamentos da moral. Hético designa pessoa com febre crônica, tuberculoso.
15. "De frágua em frágua" significa "de infortúnio em infortúnio", "de amargura em amargura".
16. "Panthéon" é a forma francesa de Panteão, templo edificado na Roma antiga e dedicado a todos os deuses.
17. Possível referência ao escritor francês Vitor Hugo, ou ao pseudônimo de Nobre na adolescência, Vitor Breno, composto a partir de um anagrama (Breno/Nobre).

❖ Antônio Nobre ❖

18. Sacha: lavoura; "sachas de junho" – designam o cultivo da terra em junho com sachos (espécie de enxada).
19. Tradução de Quartier Latin, famoso bairro boêmio de Paris. A mesma referência reaparecerá nos poemas "Lusitânia no Bairro Latino" e "Ao Canto do Lume".
20. "Fados" aqui é empregado tanto no sentido literal de "destinos", quanto no sentido do ritmo que caracteriza a música popular português, o fado português (um ritmo melancólico, com letras que em geral falam de amor, de saudade, de tristeza etc. Teve seu maior expoente na intérprete Amália Rodrigues).
21. Georges era o nome do amigo com quem Nobre dividia o quarto, no Quartier Latin, em Paris. Reaparecerá nos poemas "Lusitânia no Bairro Latino" e em "Ao Canto do Lume".
22. Moirinha da Mágoa faz referência à Moura Torta da *Estória da Carochinha*.
23. Quinto Horário Flaco (65-8 a.C.) foi poeta lírico, satírico e filósofo nascido em Venúsia (depois Venosa), Itália. Sua obra tornou-se referência obrigatória para diversos escritores, principalmente a partir do Renascimento.
24. Luís de Camões (*c.*1524-*c.*1579) foi importante poeta do Renascimento português, tendo composto, além da *Lírica*, *Os Lusíadas*, epopeia que canta a glória de Portugal à época da expansão ultramarina. Camões aparece ainda no *Só* em "Lusitânia no Bairro Latino" (de forma velada) e na primeira parte de "Males de Anto".
25. Na obra *Camões*, de Almeida Garrett, o nome do escravo de Camões aparece tanto como Antônio, quanto como Jau (que significa javanês, designando a origem do mesmo).
26. Apesar da estrutura de pergunta, Nobre coloca um ponto de exclamação e não de interrogação ao final da frase, enfatizando assim a surpresa do eu-poético em relação ao olhar do cão.
27. "Prima doidinha", de acordo com as notas de Augusto Nobre (inseridas na 5ª edição do *Só*), é Antônia, a "tola de Bafoures", como era conhecida no Seixo a prima da mãe de Antônio Nobre.
28. Monte de Crestelo provavelmente se refere ao extinto Mosteiro do S. Francisco do Monte de Orgens (hoje Viseu), fundado em cerca de 1410 e extinto em 1834.
29. Pedro-Sem é derivado de Pedro Océm, fidalgo do século XVI que acompanhou D. Sebastião à África e morreu na batalha de Alcácer-Quibir. Por isso, seu nome passou, depois, a ser sinônimo de pessoa perdida, sem rumo.

❖ Lusitânia no Bairro Latino* ❖

---

* Bairro Latino, ou Quartier Latin, tradicional bairro boêmio de Paris, onde em geral moravam os estudantes. A mesma referência já apareceu em "Antônio" e reaparecerá em "Ao Conto do Lume".

Luzitania
no Bairro-Latino

1

Só!
Ai do luziada, coitado,
Que não tem mãe, nem tem avó?...
Que triste o seu fado!
Antes fosse p'ra marinheiro
Antes fosse p'ra soldado...

Menino e moço, tive uma Torre de Leite,
Torre sem par!
Oliveiras que davam azeite,
Searas que davam tôlho de fiar,
Moinhos de velas, como latinas,
Que S. Silvestre fazia andar...
Formozas cabras, muito pequeninas,
Loiras vaquinhas de maternas ancas
Que me davam o leite de manhã,
Lindo rebanho de ovelhinhas brancas;
Meus bibes eram da sua lã...

① António era o pastor d'esse rebanho:
Com ellas ia para os montes, a pastar.
E tinha pouco mais ou menos seu tamanho,
E o pasto d'ellas era o meu jantar...

Cópia de uma folha do manuscrito do poema "Lusitânia no Bairro Latino".

1

....Só!
Ai do Lusíada, coitado,
Que vem de tão longe, coberto de pó,
Que não ama, nem é amado,
Lúgubre Outono, no mês d'Abril!
Que triste foi o seu fado!
Antes fosse pra soldado,
Antes fosse pr'o Brasil...

Menino e moço[1], tive uma Torre de leite[2],
Torre sem par!
Oliveiras que davam azeite,
Searas que davam linho de fiar,
Moinhos de velas, como latinas,
Que São Lourenço fazia andar...
Formosas cabras, ainda pequeninas,
E loiras vacas de maternas ancas
Que me davam o leite da manhã,
Lindo rebanho de ovelhas brancas;
Meus bibes eram da sua lã.

❖ Antônio Nobre ❖

Antônio era o Pastor desse rebanho:
Com elas ia para os Montes, a pastar.
E tinha pouco mais ou menos seu tamanho,
E o pasto delas era o meu jantar...
E a serra a toalha, o covilhete e a sala.
Passava a noite, passava o dia
Naquela doce companhia.
Eram minhas Irmãs e todas puras
E só lhes minguava a fala
Para serem perfeitas criaturas...
E quando na Igreja das *Alvas Saudades*
(Que era da minha Torre a freguesia)
Batiam as *Trindades*[3],
Com os seus olhos cristianíssimos olhavam-me,
Eu persignava-me, rezava "*Ave-Maria...*"
E as doces ovelhinhas imitavam-me.

Menino e moço, tive uma Torre de leite,
Torre sem par!
Oliveiras que davam azeite...
Um dia, os castelos caíram do Ar!

As oliveiras secaram,
Morreram as vacas, perdi as ovelhas,
Saíram-me os Ladrões, só me deixaram
As velas do moinho... mas rotas e velhas!

Que triste fado!
Antes fosse aleijadinho,
Antes doido, antes cego...

Ai do Lusíada, coitado!

❖ Só ❖

Veio da terra, mail-o seu moinho:
Lá, faziam-no andar as águas do Mondego[4],
Hoje, fazem-no andar águas do Sena...
É negra a sua farinha!
Orai por ele! tende pena!
Pobre Moleiro da Saudade...
         Ó minha
Terra encantada, cheia de Sol,
Ó campanários, ó Luas-Cheias,
Lavadeira que lavas o lençol,
Ermidas, sinos das aldeias,
Ó ceifeira que segas cantando,
Ó moleiro das estradas,
Carros de bois, chiando...
Flores dos campos, beiços de fadas,
Poentes de Julho, poentes minerais,
Ó choupos, ó luar, ó regas de verão!

Que é feito de vocês?[5] Onde estais, onde estais?

Ó padeirinhas a amassar o pão,
Velhinhas na roca a fiar,
Cabelo todo em caracóis!
Pescadores a pescar
Com a linha cheia de anzóis!
Zumbidos das vespas, ferrões das abelhas.
Ó bandeiras! ó Sol! foguetes! ó toirada!
Ó boi negro entre as capas vermelhas!
Ó pregões d'água fresca e limonada!
Ó romaria do *Senhor do Viandante!*
Procissões com música e anjinhos!

Srs. Abades d'Amarante,
Com três ninhadas de sobrinhos!

Onde estais? onde estais?

Ó minha capa de estudante, às ventanias!
Cidade triste agasalhada entre choupais!
Ó dobres dos poentes, às *Ave-Marias!*
Ó *Cabo do Mundo! Moreira da Maia!*[6]
Estrada de S. Tiago! Sete-Estrelo![7]
Casas dos pobres que o luar, à noite, caia...
Fortalezas de Lipp! ó fosso do *Castelo*[8],
Amortalhado em perrexil e trepadeiras,
Onde se enroscam como esposos as lagartas!
Sr. Governador a podar as roseiras!
Ó Bruxa do Padre[9], que botas as cartas!
Joaquim da Teresa! Francisco da Hora![10]
Que é feito de vós?
Faláveis aos barcos que andavam, *lá fora*,
Pelo porta-voz...
Arrabalde! marítimo da França,
Conta-me a história da *Formosa Magalona*[11],
E do *Senhor de Calaïs*,
Mais o naufrágio do vapor *Perseverança*[12],
Cujos cadáveres ainda vejo à tona...
Ó farolim da *Barra*[13], lindo, de bandeiras,
Para os vapores a fazer sinais,
Verdes, vermelhas, azuis, brancas, estrangeiras.
Dicionário magnífico de Cores!
Alvas espumas, espumando a frágua,
Ou rebentando, à noite, como flores!
Ondas do Mar! Serras da Estrela[14] d'água,

❖ Só ❖

Cheias de brigues como pinhais...
Morenos mareantes, trigueiros pastores!

Onde estais, onde estais?

Convento d'águas do Mar, ó verde Convento,
Cuja Abadessa secular é a Lua
E cujo Padre-capelão é o Vento...
Água salgada desses verdes poços,
Que nenhum balde, por maior, escua![15]
Ó Mar jazigo de paquetes, de ossos,
Que o Sul, às vezes, arrola à praia:
Olhos em pedra, que ainda chispam brilhos!
Corpo de virgem, que ainda veste a saia,
Braços de mães, ainda a apertar braços de filhos!
Noiva cadáver ainda com véu...
Ossadas ainda com os mesmos fatos!
Cabeça roxa ainda de chapéu!
Pés de defunto que ainda traz sapatos!
Boquinha linda que já não canta...
Bocas abertas que ainda soltam ais!
Noivos em núpcias, ainda, aos beijos, abraçados!
Corpo intacto, a boiar (talvez alguma Santa...)
Ó defuntos do Mar! ó roxos arrolados!

Onde estais, onde estais?

Ó *Boa Nova*[16], ermida à beira-mar,
Única flor, nessa vivalma de areais!
Na cal, meu nome ainda lá deve estar,
À chuva, ao Vento, aos vagalhões, aos raios.
Ó altar da *Senhora*, coberto de luzes!

❖ Antônio Nobre ❖

Ó poentes da *Barra*, que fazem desmaios...
Ó *Sant'Ana*[17], ao luar, cheia de cruzes!
Ó lugar de *Roldão!* vila de *Perafita!*
Aldeia de *Gonçalves! Mesticosa!*[18]
Engenheiros, medindo a estrada com a fita...
Água fresquinha da *Amorosa*![19]
Rebolos pela areia! Ó praia da Memória!
Onde o Sr. Dom Pedro, *Rei-soldado*[20],
Atracou, diz a História,
No dia... não estou lembrado;
Ó capelinha do *Senhor d'Areia*[21],
Onde o senhor apareceu a uma velhinha...
Algas! farrapos do vestido da Sereia!
Lanchas da Póvoa[22] que ides à sardinha,
Poveiros, que ides para as *vinte braças*
Sol-pôr, entre pinhais...
Capelas onde o Sol faz mortes, nas vidraças!

Onde estais?

2

Georges![23] anda ver meu país de Marinheiros,
O meu país das Naus, de esquadras e de frotas!

Oh as lanchas dos poveiros
A saírem a barra, entre ondas e gaivotas!
Que estranho é!
Fincam o remo na água, até que o remo torça,
À espera da maré,
Que não tarda hi, avista-se lá fora!
E quando a onda vem, fincando-o a toda a força,

❖ Só ❖

Clamam todos a uma: "*Agôra! agôra! agôra!*"[24]
E, a pouco e pouco, as lanchas vão saindo
(Às vezes, sabe Deus, para não mais entrar...)
Que vista admirável! Que lindo! que lindo!
Içam a vela, quando já têm mar:
Dá-lhes o Vento e todas, à porfia,
Lá vão soberbas, sob um céu sem manchas,
Rosário de velas, que o vento desfia,
A rezar, a rezar a *Ladainha das Lanchas:*

S^nra Nagonia![25]

Olha, acolá!
Que linda vai com seu erro de ortografia...
Quem me dera ir lá!

Senhora Da guarda!

(Ao leme vai o Mestre Zé da Leonor[26])
Parece uma gaivota: aponta-lhe a espingarda
O caçador!

Senhora d'ajuda!
Ora pro nobis!
Caluda!
Sêmos probes!
S^nr dos ramos!
Istrela do mar!
Cá bamos![27]

Parecem Nossa Senhora, a andar.

S^{nra} da Luz!

Parece o Farol...

Maim de Jesus!

É tal qual ela, se lhe dá o Sol!

S^{nr} dos Passos!
Sinhora da Ora!

Águias a voar, pelo mar dentro dos espaços.
Parecem ermidas caiadas por fora...

S^{nr} dos Navegantes!
Senhor de Matuzinhos!

Os mestres ainda são os mesmos dantes:
Lá vai o Bernardo da Silva[28] do Mar,
A mail-os quatro filhinhos,
Vascos da Gama[29], que andam a ensaiar...

Senhora dos aflitos!
Mártir São Sebastião!
Ouvi os nossos gritos!
Deus nos leve pela mão!
Bamos em paz!

Ó lanchas, Deus vos leve pela mão!
Ide em paz!

Ainda lá vejo o Zé da Clara[30], os Remelgados,
O Jéques, o Pardal[31], na *Nam te perdes*,

❖ Só ❖

E das vagas, aos ritmos cadenciados,
As lanchas vão traçando, à flor das águas verdes,
"As armas e os barões assinalados..."[32]

Lá sai a derradeira!
Ainda agarra as que vão na dianteira...
Como ela corre! com que força o Vento a impele:

Bamos com Deus!

Lanchas, ide com Deus! ide e voltai com ele
Por esse mar de Cristo...

                                        Adeus! adeus! adeus!

3

Georges! anda ver meu país de romarias
E procissões!
Olha essas moças, olha estas Marias!
Caramba! dá-lhes beliscões!
Os corpos delas, vê! são ourivesarias,
Gula e luxúria dos Manéis!
Têm nas orelhas grossas arrecadas,
Nas mãos (com luvas) *trinta moedas*[33], em anéis
Ao pescoço serpentes de cordões,
E sobre os seios entre cruzes, como espadas,
Além dos seus, mais trinta *corações*!
Vá! Georges, faze-te Manel! viola ao peito,
Toca a bailar!
Dá-lhes beijos, aperta-as contra o peito,
Que hão de gostar!
Tira o chapéu, silêncio!

❖ Antônio Nobre ❖

       Passa a procissão.

Estralejam foguetes e morteiros.
Lá vem o Pálio e pegam ao cordão
Honestos e morenos cavalheiros.
Altos, tão altos e enfeitados, os andores,
Parecem *Torres de Davi*[34], na amplidão!
Que linda e asseada vem a Senhora das Dores!
Olha o Mordomo, à frente, o Sr. Conde.
Contempla! Que tristes os Nossos Senhores,
Olhos leais fitos no vago... não sei onde!
Os anjinhos!
Vêm a suar:
Infantes de três anos, coitadinhos!
Mãos invisíveis levam-nos de rastros
Que eles mal sabem andar.

Esta que passa é a *Noite* cheia de astros!
(Assim estava, em *certo dia*, na Judéia)
Aquele é o *Sol!* (Que bom o Sol de olhos pintados!)
E aquela outra é a *Lua-Cheia*!
Seus doces olhos fazem luar...
Essa, acolá, leva na mão os *Dados*,
Mas perde tudo se vai jogar.
E esta que passa, toda de arminhos,
(Vê! dentre o povo em êxtase, olha-a a Mãe)
Leva, sorrindo, a *Coroa dos Espinhos*,
Criança em flor que ainda os não tem.
E que bonita vai a *Esponja de Fel!*
Mal ela sabe, a inocentinha,
Nas suas mãos a *Esponja* deita mel:
Abelhas d'oiro tomam-lhe a dianteira

❖ Só ❖

Lá vem a *Lança!* A bainha
Traz ainda o sangue da *Sexta-feira...*
Passa o último, o *Sudário!*[35]
O corpo de Jesus, Nosso Senhor...
Oh que vermelho extraordinário!
Parece o Sol-pôr...
Que pena faz vê-lo passar em Portugal!
Ai que feridas! e não cheiram mal...

E a procissão passa. Preamar de povo!
Maré cheia do Oceano Atlântico!
O bom povinho de fato novo,
Nas violas de arame soluça, romântico,
Fadinhos chorosos da su'alma beata.

Trazem imagens da Função nos seus chapéus.

Poeira opaca. Abafa-se. E, no Céu ferro-e-oiro,
O Sol em glória brilha olímpico, e de prata,
Como a velha cabeça aureolada de Deus!

Trombetas clamam. Vai correr-se o toiro.
Passam as chocas, boas mães! passam capinhas.

Pregões. *Laranjas! Ricas cavaquinhas!*[36]
Pão-de-ló de Margaride!
Agüinha fresca da Moirama!
Vinho verde a escorrer da vide!

À porta d'um casal, um tísico na cama,
Olha tudo isto com seus olhos de Outro-mundo,
E uma netinha com um ramo de loireiro
Enxota as moscas, do moribundo.

❖ Antônio Nobre ❖

Dança da roda mail-as moças o coveiro[37].

Clama um ceguinho:
"Não há maior desgraça nesta vida,
Que ser ceguinho!"
Outro, moreno, mostra uma perna partida!
Mas fede tanto, coitadinho...
Este, sem braços, diz "que os deixou na pedreira..."
E esse, acolá, todo o corpinho numa chaga,
Labareda de cancros em fogueira,
Que o Sol atiça e que a gangrena apaga,
Ó Georges, vê! que excepcional cravina...

Que lindos cravos para pôr na botoeira!

Tísicos! Doidos! Nus! Velhos a ler a sina!
Etnas de carne! Jós![38] Flores! Lázaros! Cristos!
Mártires! Cães! Dálias de pus! Olhos-fechados!
Reumáticos! Anões! Deliriums-tremens! Quistos!
Monstros, fenômenos, aflitos, aleijados,
Talvez lá dentro com perfeitos corações:
Todos, a uma, mugem roucas ladainhas,
Trágicos, uivam "uma esmola p'las alminhas
Das suas obrigações!"
Pelo nariz corre-lhes pus, gangrena, ranho!
E, coitadinhos! fedem tanto: é de arrasar...

Qu'é dos Pintores do meu país estranho,
Onde estão eles que não vêm pintar?

Paris, 1891-1892.

❖ Só ❖

Notas

1. Menino e moço faz referência ao romance pastoril *Menina e Moça* (1554) do poeta e prosador português Bernardim Ribeiro, texto que se tornou um marco dentro da tradição em prosa da literatura portuguesa. A mesma indicação aparece mais adiante no poema "Purinha", em "Adeus" e no soneto "Menino e Moço".
2. A simbologia da torre é recorrente no final do século XIX e início do XX, geralmente associada às ideias de elevação e isolamento. Aqui, o leite agrega-lhe os sentidos de infância, maternidade, alimento vital, pureza etc.
3. Trindade: hora em que se executa o *Ângelus*, isto é, a saudação à Virgem Maria – que se rezava ao amanhecer, ao meio-dia e ao entardecer.
4. Mondego é um famoso rio da região norte de Portugal, cenário idílico para muitos escritores românticos do século XIX. No verso seguinte, Nobre confronta o rio português com o Sena, aquele que atravessa a cidade de Paris. Reaparecerá nos poemas "Para as Raparigas de Coimbra", "Carta a Manoel" e "Saudade".
5. No português do Brasil, o pronome "você" é utilizado por todas as classes sociais. Em Portugal ele pode ser empregado como indicação de informalidade, em alguns grupos que não tiveram acesso à instrução estatal, ou, ao contrário, como uma forma de distanciamento, indicando formalidade entre as pessoas ditas instruídas. Neste poema, parece que se coloca o primeiro caso, isto é, Nobre se apropria do modo de tratamento que a população em geral utiliza. Veremos o mesmo procedimento se repetir no soneto 8 do *Só*. Hoje em dia, em Portugal seu emprego indica uma forma popular de fala, que não é empregada nos meios mais letrados e urbanos, a não ser para estabelecer certo distanciamento em relação ao outro.
6. Cabo do Mundo e Moreira da Maia são lugarejos perto de Leça, povoado do norte de Portugal, cortado pelo Rio Leça, que também atravessa a cidade do Porto.
7. Estrada de S. Tiago, além de designar o tradicional "caminho de Santiago" (percurso de penitência que os cristãos devem fazer à pé), refere-se também a um setor da Via Láctea que aponta para Santiago, cidade do noroeste da Espanha. Na verdade, desde o final da Idade Média, surgiram vários caminhos de penitência para Santiago, que são utilizados pelos

fiéis até hoje. Já Sete-Estrelo é a designação popular da constelação das Plêiades, que reaparecerá nos poemas "A Sombra" e "Ca (ro) Da (ta) Ver (mibus)".

8. A Fortaleza de Lipp foi construída em Leça pelo conde de Lipp, isto é, Frederico Guilherme, Conde de Schaumburgo Lippa (1724-1777), que foi incumbido pelo conde de Oeiras, depois Marquês de Pombal, de lutar contra os espanhóis em 1762, quando construiu tal fortaleza.
9. Bruxa do Padre era também conhecida pelo nome de Maria Cuca. Era criada de um padre, proprietário de uma residência em Leça, onde a família Nobre passou alguns verões.
10. Joaquim da Teresa e Francisco da Hora eram indivíduos que, no farol da Barra do Leça, tinham a incumbência de chamar os barcos de pesca nas ocasiões de mau tempo.
11. Tanto a *Formosa Malagona*, quanto o *Senhor de Calaïs* e o vapor *Perseverança* dizem respeito a narrativas populares, isto é, histórias de amor e de aventuras que circulavam oralmente ou em impressos avulsos desde o século XVIII.
12. O vapor *Perseverança* foi um vapor espanhol que colidiu com os rochedos de Leixões, na barra do Moço, em 1872. Morreu quase toda a tripulação. A filha do capitão conseguiu sobreviver, mas acabou sendo roubada: não só lhe levaram o dinheiro que possuía, como também cortaram-lhe os dedos por causa de seus valiosos anéis.
13. O Farolim da Barra é o antigo farol da Senhora da Luz na Foz do Douro (cidade do Porto), substituído pelo farol da Boa Nova. Aparece também no poema "A Vida".
14. Serra da Estrela é a designação de uma localidade ao norte de Portugal, única região que durante o inverno fica frequentemente coberta de neve.
15. Foi mantido "escua" no lugar de "escoa" para manter a rima com "Lua".
16. Refere-se à ermida da Boa Nova, em Leça, pequena localidade no norte de Portugal. O soneto 3 do *Só* também faz referência à mesma localidade.
17. Nome de uma pequena capela em Leça, norte de Portugal, próxima à igreja matriz.
18. Mesticosa, segundo observa Augusto Nobre, seria o nome de uma mulher que era "banheira", isto é, frequentava os banhos de mar.
19. Fonte situada atrás da igreja matriz de Leça.
20. Rei-soldado alude a D. Pedro I (conhecido como D. Pedro IV, em Por-

tugal), que viajou do Brasil a Portugal para lutar pelo trono contra seu irmão, D. Miguel.
21. Com exceção daquelas que apresentam notas específicas, todas as outras referências em itálico feitas até aqui nesta estrofe são topônimos do norte de Portugal, designando pequenos lugarejos.
22. Póvoa de Varzim nomeia uma freguesia do litoral norte de Portugal, que fica no município de mesmo nome. Antônio Nobre passou uma temporada ali e tomou contato com os pescadores, dos quais se tornou amigo e os integrou largamente ao seu universo poético.
23. Georges era o nome do amigo com quem Nobre dividia o quarto, no Quartier Latin, em Paris. No *Só*, Georges já apareceu em "Antônio" e reaparecerá em "Ao Canto do Lume".
24. A grafia da palavra "agora" com o "o" acentuado tem aqui clara intenção de reproduzir a fala dos pescadores.
25. Nagonia é a forma popular para designar Nossa Senhora da Agonia. Este e os outros nomes grafados em itálico que se seguem são os dos barcos, ou lanchas (como se diz em Portugal) dos pescadores, que saem para o mar. Seus nomes aparecem aqui escritos com erros de ortografia, como de fato acontecia.
26. Mestre Zé da Leonor era um pescador que morava em Matozinhos.
27. Toda a notação das orações feitas na saída dos barcos reproduz ou recria a fala dos pescadores de Póvoa do Varzim, o que resulta numa linguagem bastante peculiar, pois mistura o latim decorado nas missas com a fala coloquial, muito distante daquela considerada culta.
28. Bernardo da Silva do Mar foi um pescador que viveu em Leça.
29. Referência a Vasco da Gama, grande navegador português dos séculos XV e XVI, descobridor do caminho marítimo para as Índias. É um dos protagonistas de *Os Lusíadas* (1580), de Luís Vaz de Camões.
30. Zé da Clara era o capitão de navios que gostava de pescar nas horas vagas em Leça.
31. São nomes de pescadores que Antônio Nobre conheceu em seus passeios pela costa do norte de Portugal.
32. Este é o primeiro verso de *Os Lusíadas* (1580), poema épico de Luís Vaz de Camões, que assim se inicia:

As armas e os barões assinalados
Que, da Ocidental praia Lusitana,
Por mares nunca dantes navegados
Passaram ainda além da Taprobana,

Em perigos e guerras esforçados
Mais do que prometia a força humana,
E entre gente remota edificaram
Novo Reino, que tanto sublimaram;

33. Refere-se tanto às trinta moedas que Judas recebeu para trair Cristo, quanto às moedas de ouro que ornamentam a vestimenta folclórica das mulheres da região de Viana do Castelo, cidade situada no norte de Portugal. Todos os adereços de vestimentas mencionados nesta estrofe (arrecadas, anéis, cordões, corações) são elementos desse traje típico da região. Tais ornamentos deveriam ser de ouro, servindo para dar a medida do dote que a noiva levaria consigo em seu casamento.
34. As Torres de Davi fazem referência a Jerusalém, remetendo à origem da cidade sagrada. Reaparecem no poema "Purinha".
35. Todas as palavras em itálico, que aparecem assim no texto original, fazem referência, como é evidente, à crucificação de Cristo: a coroa de espinhos, a esponja embebida em vinagre que deram a Cristo, a lança que perfurou seu peito, o sudário que o envolveu após a morte. Desse modo, Nobre coloca em relevo o sofrimento de Cristo em contraste com o encanto produzido pela procissão.
36. Cavaquinhas são doces feitos de farinha, ovos, sal e açúcar fritos em azeite. As demais referências dessa estrofe também são gastronômicas e são típicas dessa região de Portugal.
37. A figura do coveiro é muito recorrente, pois já apareceu no poema "Antônio" e aparece também nos poemas "Na Estrada da Beira", "Ca (ro) Da (ta) Ver (mibus)" e na segunda parte do último poema do livro, "Males de Anto".
38. "Jós", no plural, para generalizar, refere-se a Jó, personagem da tradição cristã. Cristão muito rico e feliz, tem sua fé em Deus colocada à prova. Deus lhe retira pouco a pouco tudo o que tinha, mas Jó resiste às sucessivas desgraças em sua vida e nunca perde a fé. No *Só*, Jó já apareceu no poema "Antônio" e reaparecerá em "Males de Anto".

❖ Entre Douro-e-Minho* ❖

---

* O título desta seção faz menção a uma conhecida região do norte de Portugal, localizada justamente entre o rio Douro e o rio Minho.

Purinha[1]

O Espírito, a Nuvem, a Sombra, a Quimera,
Que (aonde ainda não sei) neste Mundo me espera;
Aquela que, um dia, mais leve que a bruma,
Toda cheia de véus, como uma Espuma,
O Sr. Padre me dará pra mim
E a seus pés me dirá, toda corada: *Sim!*
Há-de ser alta como a *Torre de David*[2],
Magrinha como um choupo onde se enlaça a vide
E seu cabelo em cachos, cachos d'uvas,
E negro como a capa das viúvas...
(À maneira o trará das virgens de Belém
Que a Nossa Senhora ficava tão bem!)
E será uma espada a sua mão,
E branca como a neve do Marão[3],
E seus dedos serão como punhais,
Fusos de prata onde fiarei meus ais!
E os seus seios serão como dois ninhos,
E os seus sonhos serão os passarinhos,
E será sua boca uma romã,
Seus olhos duas Estrelinhas da Manhã!
Seu corpo ligeiro, tão leve, tão leve,
Como um sonho, como a neve,
Que hei de supor estar a ver, ao vê-la,

❖ Antônio Nobre ❖

Cabrinhas montesas de Serra da Estrela...
E há de ser natural como as ervas dos montes
E as rolas das serras e as águas das fontes,
E há de ser boa, excepcional, quase divina,
Mais pura, mais simples, que moça e menina[4].
Deus, pela voz dos rouxinóis, há de gabá-la
E os Rios ao passar hão de cantá-la.
Seu virgem coração há de ser tão branquinho,
Que não há neste Mundo a que igualá-lo: o linho
Que, em roca de cristal, fiava a minha Avó
Parecerá de crepe, e a neve... far-me-á dó,
Mais a farinha do moleiro e a violeta,
E a Lua para mim será como uma Preta!

Mas em que Pátria, em que Nação é que me espera
Esta Torre, esta Lua, esta Quimera?
Fui ter com minha Fada e disse-lhe: "Madrinha!
Onde haverá na Terra assim uma Rainha?"
E a minha Fada, com sua vara de encantar,
Um reino me apontou, lá baixo, ao pé do Mar...

    Meninas, lindas meninas!
    Qual de vós é o meu Ideal?
    Meninas, lindas meninas
    Do Reyno[5] de Portugal!

E no dia do meu recebimento!
Manhã cedo, com luar ainda no Firmamento,
Quando ainda no Céu não bole uma Asa,
A minha Noiva sairá de casa
Mail-a sua Mãe, mail-os seus Irmãos.
E há de sorrir, e hão de tremer-lhe as mãos...

❖ Só ❖

E a sua Ama há de segui-la até a porta,
E ficará, coitada! como morta!
E há de ser triste vê-la, ao longe, ainda... olhando,
Com o avental seus olhos enxugando...
E hão de cercá-la sete Madrinhas,
Que hão de ser sete virgens pobrezinhas,
Todas contentes por estrear vestido novo!
E, ao vê-las, suas mães sorrirão dentre o Povo...
E o povo da freguesia
Esperará mais eu, no adro de *Santa Iria*[6].
E hão de mirar-me com seu ar curioso,
E hão de cercar-me, num silêncio respeitoso.
E eu hei de lhes falar das colheitas, da chuva,
E dir-me-ão "que já vai pintando a uva..."
E animados então (o Povo é uma criança!)
Porque o Sr. Doutor lhes deu confiança,
"Que Deus o ajude" dirá um, e o Regedor:
"Vá c'o a Graça de Nosso Senhor!"
E eu hei de agradecer, sorrir, gostar.
Mas o Anjo, no entanto, não deve tardar...
E dentre o grupo exclamará um Velho, então:
"Já nasce o dia!", eu olharei... mas não:
É a minha Noiva que parece dia,
Luzente como a cal de *Santa Iria!*
E ao vê-la tão branca, de branco vestida,
Ao longe, ao longe, hei de cuidar ver uma Ermida!
E dirá o Pastor, com espanto tamanho,
Que é uma Ovelha que fugiu do seu rebanho!
E o João Maluco dirá que é o Luar de Janeiro!
E o Pescador explicará ao bom Moleiro
Que é tal qualzinha a sua Lancha pelo Mar!
E o Moleiro dirá que é o seu Moinho a andar!

❖ Antônio Nobre ❖

Que assim já foram as velhinhas cismarão,
E as netas, coitadas! que, um dia, o serão...
Mas o Anjo assomará, à porta da capela,
E eu branco e trêmulo hei de ir ter com ela.
E a Estrela deitar-me-á a bênção dos seus olhos
E uma aldeã deitar-lhe-á violetas, aos molhos!
E a Bem-Amada entrar na igreja há de...
E há de casar-nos o Sr. Abade[7].
E, em seguida, será a nossa boda,
E festas haverá, na aldeia toda.
E as mais raparigas do sítio[8], solteiras,
Hão de bailar bailados sobre as eiras,
Com *trinta moedas* de oiro sobre o peito!
E cantigas dirão a seu respeito.
E a Noiva em glória, perpassando nas janelas,
Sorrirá com simplicidade para elas.
E a noite, pouco e pouco, descerá...
E tudo acabará.
E depois e depois, o Anjo há de se ir deitar,
E a sua Mãe há de a abraçar... E hão de chorar!
E a sua alcova deitará sobre o jardim,
Onde uma fonte correrá, entre alecrim:
E, ao ouvi-la cantar, deitadinha na cama,
O Anjo adormecerá, cuidando que é a sua Ama...
Mas qual a vila, qual a aldeia, qual a serra
Que este Palácio de Ventura encerra?
Fui ter com minha Fada e disse-lhe: "Madrinha!
Acaso nunca te mentiu tua varinha?"
E a minha Fada com sua vara de condão
Nos ares escreveu com três estrelas: "Não!"

Meninas, lindas meninas!

❖ Só ❖

Qual de vós é o meu Ideal?
Meninas! lindas meninas
Do Reyno de Portugal!

O nosso Lar!
Minha Madrinha, ajuda-me a sonhar!
Que a nossa casa se erga dentre uma eminência,
Que seja tal qual uma residência,
Alegre, branca, rústica, por fora.
Que digam: "É o Sr. Abade que ali mora".
Mas no interior ela há de ser sombria,
Como eu com esta melancolia:
E salas escuras, chorando saudades...
E velhos os móveis, de antigas idades...
(E, assim, me iluda e, assim, cuide viver
Noutro século em que eu deveria nascer.)
E nas paredes telas de Parentes...
E janelas abertas sobre os poentes...
(E a Quimera lerá o seu livro de rezas...)
E cravos vermelhos por cima das mesas...
E o relógio dará as horas devagar,
Como as palpitações de quem se vai finar...
E, o dia todo, neste claustro e solidão,
Passarei a esquecer, ao canto do fogão;
E a cismar e a cismar sem que me veja alguém
Na Dor, na Vida, em Deus, nos mistérios do *Além?*
E eu o Astrólogo, o Bruxo, o Aflito, o Médio,
Rogarei aos Espíritos remédio
E um bom Espírito virá tratar do Doente
E há de fugir com susto a outra gente.
E a Noite descerá, pouco e pouco, no entanto,
E a Noite embrulhará o Aflito no seu manto!

Mas a Purinha, então, vindo da rua,
Toda de branco surgirá, como uma Lua!
E, ao vê-la, acordarei, meu Deus de França!
E pela mão me levará, como uma criança.
E eu pálido! e eu tremendo! e o Anjo pelo caminho,
"Não te aflijas..." dirá, baixinho...
E, assim, será piedosa para os mais:
E há de entrar na miséria dos casais,
Nos montes mais altos, nos sítios mais ermos,
E será a Saúde dos Enfermos!
E, quando pela estrada encontrar um velhinho
Todo suado, carregadinho,
(Louvado seja Nosso Senhor!)
Há de tirar seu lenço e ir enxugar-lhe o suor!
E às aves, em prisão, abrirá as gaiolas.
E, aos sábados, o dia das esmolas,
A Santa descerá ao patamar da escada,
(Envolta, sem saber, numa capa estrelada)
Esmolas distribuindo a este e àquele: e aos ceguinhos
E mais aos aleijadinhos,
Mais aos que deitam sangue pela boca,
Mais aos que vêm cantar, numa rabeca rouca,
Amores, Naufrágios e *A Nau Cathrineta*[9],
Mais aos Aflitos que andam no Planeta,
Mais às viúvas dos Degredados...
E tudo seja pelos meus pecados!
E há de coser (serão os remendos de flores)
As velas rotas dos pescadores
E a luz do seu olhar benzerá essas velas
E nunca mais hão de rasgar-lhas as procelas!
E acenderá os círios ao Senhor,
(Que sejam como ela no talhe e na cor)

❖ Só ❖

Quando houver temporal... e eu virei pr'a sacada
Ver os relâmpagos, ouvir a trovoada!
E nisto só resumir-se-á a sua vida:
Vestir os Nus, aos Pobres dar guarida,
Falar à alma que na angústia se consome,
Dar de comer a que tem fome,
Dar de beber a quem tem sede...
E, lá, do Alto, Jesus dirá aos Homens: "Vede..."
E eu hei de em minhas obras imitá-la
E amá-la como à Virgem e adorá-la.
E a Virgem há de encher com a mesma paixão
As marés-vazas deste pobre coração
Que tanto teve e que hoje nada tem,
Nem mesmo aquilo que vós tendes, Mãe.
E será a Mamã que me há de vir criar,
Admirável Joaninha d'Arc,
Meu novo berço d'uma Vida nova!
E há de ir comigo para a mesma cova,
Pois que no dia em que eu morrer
Veneno tomará, numa colher...
Mas em que sítio, aonde? aonde? é que se esconde
Esta Bandeira, esta Índia, este Castelo, aonde? aonde?
Fui ter com minha Fada, e disse-lhe: "Madrinha!
Mas pode haver, assim, na Terra uma Purinha?"
E a minha Fada com sua vara de marfim
Nos ares escreveu com três estrelas: "Sim!"

    Meninas, lindas meninas!
    Qual de vós é o meu Ideal?
    Meninas, lindas meninas
    Do Reyno de Portugal!

Paris, 1891.

❖ Antônio Nobre ❖

Notas

1. Segundo a biografia do poeta, o poema "Purinha" teria como musa inspiradora Margarida Lucena, de Coimbra, com quem Nobre manteve um certo compromisso até descobrir que ele estava doente, quando os pais da moça solicitaram o rompimento do casal. No presente poema, é delineado o Ideal de mulher do eu-poético.
2. A Torre de Davi faz referência a Jerusalém, remetendo à origem da cidade sagrada. Já apareceu, no plural, no poema "Lusitânia no Bairro Latino".
3. Marão é uma serra da região de Amarante, norte de Portugal.
4. Mais uma vez, Nobre faz referência à obra de Bernardim Ribeiro, *Menina e Moça* (1554), como também acontece no início do poema "Lusitânia no Bairro Latino" e irá acontecer mais adiante no poema "Adeus" e no soneto "Menino e Moço".
5. Antônio Nobre opta, aqui, por manter a grafia arcaica da palavra "reyno", o que deve ser levado em consideração na interpretação do poema.
6. Santa Iria fica em Tomar, província de Santarém, norte de Portugal. A referência ao adro de Santa Iria diz respeito provavelmente ao pátio do convento. Para maiores informações sobre a santa, ver nota do soneto "Sta. Iria", mais adiante neste livro.
7. Sr. Abade refere-se a Luís de Serpa Pinto, abade de S. Mamede de Recezinhos, freguesia de Seixo, pai de Joaquim da Serpa Pinto, amigo da família de Nobre. A figura do Sr. Abade é recorrente em todo o livro. Aparece também em "O Meu Cachimbo", no soneto de número 9 e em "Males de Anto".
8. Notemos que a palavra "sítio" em Portugal tem o sentido de "local", "localidade", "região", sendo empregada do mesmo modo que, no Brasil, se usa a palavra "lugar". Exemplo: Aquele é um sítio muito interessante (referindo-se a um restaurante ou a um bar). Portanto, "raparigas do sítio" seriam "moças do lugar".
9. Há uma clara opção de Antônio Nobre em empregar a ortografia arcaica de Catrineta. A Nau Catrineta faz parte do cancioneiro português e foi retomada por Almeida Garrett num poema que ficou muito famoso no século XIX. O poema narra a história de um capitão que, perdido no mar, à deriva, é tentado pelo demônio, mas acaba se safando por intervenção divina. Essa mesma nau aparecerá ainda no *Só* de forma velada no poema

"Adeus" e de forma explícita no Soneto 14. Também aparecerá de forma velada no final da primeira parte dos "Males de Anto". É um indicativo da importância que a cultura popular tem na obra de Nobre.

Canção da Felicidade

IDEAL DUM PARISIENSE[1]

Felicidade! Felicidade!
Ai quem ma dera na minha mão!
Não passar nunca da mesma idade,
Dos 25, do quarteirão.

Morar, mui simples, n'alguma casa
Toda caiada, defronte o Mar;
No lume, ao menos, ter uma brasa
E uma sardinha pra nela assar...[2]

Não ter fortuna, não ter dinheiro,
Papéis no Banco, nada a render:
Guardar, podendo, num mealheiro
Economias pr'o que vier.

Ir, pelas tardes, até à fonte
Ver as pequenas a encher e a rir,
E ver entre elas o Zé da Ponte[3]
Um pouco torto, quase a cair.

Não ter quimeras, não ter cuidados
E contentar-se com o que é seu,

❖ Só ❖

Não ter torturas, não ter pecados,
Que, em se morrendo, vai-se pr'o Céu!

Não ter talento; suficiente
Para na Vida saber andar,
E quanto a estudos saber somente
(Mais ai somente!) ler e contar.

Mulher e filhos! A Mulherzinha
Tão loira e alegre, Jesus! Jesus!
E, em nove meses, vê-la choquinha
Como uma pomba, dar outra à luz.

Oh! grande vida, valha a verdade!
Oh! grande vida, mas que ilusão!
Felicidade! Felicidade!
Ai quem ma dera na minha mão!

Paris, 1892.

Notas

1. "Ideal dum parisiense" é um subtítulo evidentemente irônico, já que tudo que é dito pelo eu-poético nada tem a ver com o universo de referências atribuído a Paris no final do século XIX (urbanidade, sofisticação, elegância, alta cultura etc.).
2. "Assar sardinhas" é uma tradição da culinária popular portuguesa, sendo um alimento associado às populações mais pobres.
3. Zé da Ponte alugava barcos para passeios no rio Leça.

Para as Raparigas de Coimbra[1]

1

Tristezas têm-nas os montes,
Tristezas têm-nas o Céu,
Tristezas têm-nas as fontes,
Tristezas tenho-as eu!

2

Ó choupo magro e velhinho,
Corcundinha, todo aos nós,
És tal qual meu Avozinho:
Falta-te apenas a voz.

3

Minha capa vos acoite
Que é pra vos agasalhar:
Se por fora é cor da noite,
Por dentro é cor do luar...

❖ Só ❖

4

Ó sinos de *Santa Clara*[2],
Por quem dobrais, quem morreu?
Ah, foi-se a mais linda cara
Que houve debaixo do Céu!

5

A sereia é muito arisca,
Pescador, que estás ao Sol:
Não cai, tolinho, a essa isca...
Só pondo uma flor no anzol!

6

A Lua é a hóstia branquinha,
Onde está Nosso Senhor:
É duma certa farinha
Que não apanha bolor.

7

Vou a encher a bilha e trago-a
Vazia como a levei!
Mondego[3], qu'é da tua água,
Qu'é dos prantos que eu chorei?

8

No inverno não tens fadigas,
E tens água para leões!

❖ Antônio Nobre ❖

Mondego das raparigas,
Estudantes e violões!

9

– É só porque o mundo zomba
Que pões luto? Importa lá!
Antes te vistas de pomba...
– Pombas pretas também há!

10

Teresinhas! Ursulinas![4]
Tardes de novena, adeus!
Os corações às batinas
Que diriam? sabe-o Deus...

11

Ó boca dos meus desejos,
Onde o padre não pôs sal,
São morangos os teus beijos,
Melhores que os do Choupal!

12

Manoel[5] no *Pio* repoisa.
Todas as tardes, lá vou
Ver se quer alguma coisa,
Perguntar como passou.

13

Agora, são tudo amores
À roda de mim, no *Cais*,
E, mal se apanham doutores,
Partem e não voltam mais...

14

Aos olhos da minha fronte
Vinde os cântaros encher:
Não, há, assim, segunda fonte
Com duas bicas a correr.

15

Os teus peitos são dois ninhos
Muito brancos, muito novos,
Meus beijos os passarinhos
Mortinhos por porem ovos.

16

Nossa Senhora faz meia
Com linha branca de luz:
O novelo é a Lua-Cheia,
As meias são pra Jesus.

17

Meu violão é um cortiço,
Tem por abelhas os sons,

Que fabricam, valha-me isso,
Fadinhos de mel, tão bons.

18

Ó Fogueiras, ó cantigas,
Saudades! recordações!
Bailai, bailai, raparigas!
Batei, batei, corações!

Coimbra, 1890.

Notas

1. Coimbra era a capital cultural do século XIX em Portugal. Abriga a Universidade de Coimbra, fundada no século XII e célebre especialmente pela Faculdade de Direito, para onde eram mandados os filhos da média e alta burguesia. No *Só*, Coimbra aparecerá ainda nos poemas "Carta a Manoel", "Viagens na Minha Terra", "D. Enguiço", "Na Estrada da Beira" e na primeira parte de "Males de Anto".
2. Igreja do Mosteiro de Santa Clara, situado em Coimbra. Houve, na verdade, dois mosteiros de Santa Clara: o primeiro, da igreja de Santa Clara-a-Velha, remonta ao século XIII; o segundo, de Santa Clara-a-Nova, foi construído no século XVII. Uma outra referência aos sinos de Santa Clara aparece ao final do *Só* no poema "Males de Anto".
3. Rio da região norte de Portugal, cenário idílico para muitos escritores românticos do século XIX. Já apareceu em "Lusitânia no Bairro Latino" e reaparecerá nos poemas "Carta a Manoel" e "Saudade".
4. Ursulina designa religiosa de qualquer das diversas congregações criadas sob inspiração da ordem de Ângela Meriti, de 1537, sendo a mais conhecida a Companhia de Santa Úrsula, de 1544. Aparece também no poema "Poentes de França".
5. Provável referência a Manoel Teles, companheiro de Nobre do Curso de Direito em Coimbra. O poema "Carta a Manoel" é endereçado a ele.

Carta a Manoel[1]

Manoel, tens razão. Venho tarde. Desculpa.
Mas não foi Anto[2], não fui eu quem teve a culpa,
Foi Coimbra[3]. Foi esta paisagem triste, triste,
A cuja influência a minha alma não resiste.
Queres notícias? Queres que os meus nervos falem?
Vá! dize aos choupos do Mondego[4] que se calem
E pede ao Vento que não uive e gema tanto:
Que, enfim, se sofre, abafe as torturas em pranto,
Mas que me deixe em paz! Ah tu não imaginas
Quanto isto me faz mal! Pior que as sabatinas
Dos *ursos* na aula, pior que beatas correrias
De velhas magras, galopando *Ave-Marias*,
Pior que um diamante a riscar na vidraça,
Pior eu sei lá, Manoel, pior que uma desgraça!
Histeriza-me o Vento, absorve-me a alma toda,
Tal a menina pelas vésperas da boda,
Atarefada mail-a ama, a arrumar...
O Vento afoga o meu espírito num mar
Verde, azul, branco, negro, cujos vagalhões
São todos feitos de luar, recordações.
À noite, quando estou aqui, na minha toca,

❖ Antônio Nobre ❖

O grande evocador do Vento evoca, evoca
O meu doido verão, este ano passado,
(E a um canto bate, ali, cardíaco, apressado,
O *tic-tac* do relógio do fogão...)
Bons tempos, Manoel, esses que já lá vão!
Isto, tu sabes? faz vontade de chorar.
E, pela noite em claro, eu fico-me a cismar,
Triste, ao clarão da lamparina que desmaia,
Na existência que tive este verão na praia,
Quando, mal na amplidão, vinha arraiando a aurora,
Ia por esse mar de Jesus Cristo fora,
No barco à vela do moreno Gabriel![5]
Vejo passar de negro, envoltas em burel,
Quantos sonhos, meu Deus! quantas recordações!
Fantasmas do Passado, ofélicas visões[6],
Que, embora estejam lá no seu país distante,
Ouço-as falar na minha alcova de estudante.

Minhas visões! entrai, entrai, não tenhais medo!
Ó *Rio Doce*![7] túnel d'água e de arvoredo!
Por onde Anto vogava em o vagão dum bote...[8]
E, ao Sol do meio-dia, os banhos em pelote
Quando íamos nadar, à *Ponte de Tavares!*
Tudo se foi! Espuma em flocos pelos ares!
Tudo se foi...

Hoje, mais nada tenho que esta
Vida claustral, bacharelática, funesta,
Numa cidade assim, cheirando, essa indecente,
Por toda a parte, desde a Alta à Baixa, a lente!
E ao pôr-do-Sol, no *Cais*, contemplando o Mondego,
Honestos bacharéis são postos em sossego

❖ Só ❖

E mal a *cabra* bala aos Ventos os seus ais,
"Speech" de quarto d'hora em palavras iguais,
Os tristes bacharéis recolhem às herdades,
Como na sua aldeia, ao baterem Trindades.
Bem me dizias tu, como que adivinhando
O que isto para mim seria, Manoel, quando
O ano passado, vim contra tua vontade
Matricular-me, ai, nessa Universidade:
"Anto, não vás..." dizias tu. Eu, fraco, vim.
Mas certamente, é natural, não chego ao fim.
Ah quanto fora bem melhor a formatura,
Na Escola-Livre da Natureza, Mãe pura!
Que ótimas preleções as preleções modernas,
Cheias de observação e verdades eternas,
Que faz diariamente o Prof. Oceano![9]
Já tinha dado todo o *Coração Humano*,
Manoel, faltava um ano só para acabar
Meu curso de Psicologia com o Mar.
Por que troquei pela Coimbra de avelã
Essa escola sem par, cujo Reitor é Pã?[10]
Talvez... preguiça, eu sei... A *cabra* é a cotovia:
As aulas, lá, começam, mal aponta o dia!

Que tédio o meu, Manoel! Antes de vir, gostava.

Era a distância, o *além*, que me impressionava:
Tinha o mistério do Sol-pôr, duma esperança.
Mas, mal cheguei (que espanto! eu era uma criança)
Tudo rolou no solo! A *Tasca das Camelas*[11]
Para mim era um sonho, o Céu cheio de estrelas:
Nossa Senhora a dar de cear aos estudantes
Por *6 e 5!* Mas ah! foi-se a Virgem dantes
Tia Camela... só ficou a camelice.

❖ Antônio Nobre ❖

Contudo, em meio desta fútil coimbrice,
Que lindas coisas a lendária Coimbra encerra!
Que paisagem lunar que é a mais doce da Terra!
Que extraordinárias e medievas raparigas!
E o rio? e as fontes? e as fogueiras? e as cantigas?
As cantigas! Que encanto! Uma diz-te respeito,
Manoel, é um sonho, é um beijo, é um amor-perfeito
Onde o luar gelou: "Manoel! tão lindas moças!
Manoel! tão lindas são..."
                    Que pena que não ouças!

O que, ainda mais, nesta Coimbra de salgueiros
Me vale, são os meus alegres companheiros
De casa. Ao pé deles é sempre meio-dia:
Para isso basta entrar o Mário da Anadia[12].
Até a Morte é branca e a Tristeza vermelha
E riem-se os rasgões desta batina velha!
Conheces o Fernando?[13] a Graça que ele tem!
Dá ainda uns ares de Fr. Gil de Santarém...[14]
Pálido e loiro, em si toda uma Holanda canta
Com algum Portugal... E o doce Misco?[15] Santa
Teresa de Jesus vestida de rapaz...[16]
Por que não vens, Manoel, ungir-te desta Paz?

Vem a Coimbra. Hás de gostar, sim, meu Amigo.
Vamos! Dá-me o teu braço e vem daí comigo:
Olha... São os *Gerais*[17], no intervalo das aulas.
Bateu o quarto. Vê! Vêm saindo das jaulas
Os estudantes, sob o olhar pardo dos lentes.
Ao vê-los, quem dirá que são os descendentes
Dos Navegantes do século XVI?
Curvam a espinha, como os áulicos aos Reis!

E magros! tristes! de cabeça derreada!
Ah! como hão de, amanhã, pegar em uma espada!
– E os Doutores? – Aí, os tens, graves, à porta.
Por que te ris? Olha-os tanto... Que te importa?
Há duas exceções: o mais, são todos um.
Quaresma d'Alma, sexta-feira de jejum...
Não quero entanto, meu Manoel, que vás embora
Sem ver aquele amor que a minha alma adora:
Olha, acolá. Gigante, altivo como um cedro,
Olhando para mim com ternura: é o meu Pedro
Penedo!
      Ó Pedro da minh'alma! meu Amigo!
Que feliz sou, bom velho, em estudar contigo!
Mal diria eu em pequenito, quando a ama
Para eu me calar, vinha fazer-me susto à cama,
Por ti chamava: Pedro! e eu sossegava logo,
Que eras tu o *Papão!* A ama, de olhos em fogo,
Imitava-te o andar, que não era bem de homem...
Eu tinha birras? – Aí vem o Lobisomem!
Dizia ela. – Bate à porta! Truz! truz! truz!
E tu entravas, Pedro, eu via! Horror! Jesus!

Meu velho Pedro! meu fantasma de criança!
Quero-te bem, tanto que tenho na lembrança,
Quando morreres, Pedro! (o Pedro nunca morre)
Hei de pegar em ti, encher de álcool a Torre
Com todo o meu esmero e... zás! meter-te dentro!
Pedro! assim ficas enfrascado, ao alto e ao centro,
E eternamente, para espanto dos vindoiros:
No rótulo porei*: Alli-Bed, Rey dos Moiros.*

Mas... toca a recolher. Dou uma falta: embora!
Saiamos...

Manoel, vamos por aí fora
Lavar a alma, furtar beijos, colher flores,
Por esses doces, religiosos arredores,
Que vistos uma vez, ah! não se esquecem mais:
Torres, Condeixa, Santo Antônio de Olivais,
Lorvão, Sernache, Nazaré, Tentúgal, Celas![18]
Sítios sem par! Onde há paisagens como aquelas?
Santos Lugares, onde jaz meu coração,
Cada um é para mim uma recordação...

Condeixa?

        Vamos ao arraial que, ali, há.
– Sol, poeira, tanta gente! – É o mesmo, vamos lá!

Olha! Estudantes, dando o braço às raparigas,
Caras de leite, olhos de luar, tranças d'estrigas;
Arrancam-lhes do seio arfando as violetas,
Aos ombros delas põem suas capas pretas:
Que deliciosos estudantes que elas ficam!
Velhos aldeões que tudo vêem, mas não implicam,
Por que, em suma, que mal pode fazer um beijo?
Vêm até nós, sorrindo, aproveitando o ensejo,
Com o chapéu na mão, simples e bons e honrados;
Vêm consultar-nos, porque "somos advogados
E sabemos das leis..." O que devem fazer
Aí numa questão, numa questão qualquer
De águas com um vizinho: é tal a cheia delas
Que estraga as plantações! – Que hão de fazer? Bebê-las!
E vão-se, assim, jurando aviar nossos conselhos...
Ai de vós! ai das vossas águas, pobres velhos!

❖ Só ❖

Tentúgal?[19]

       Que manhã! E não quereres vir...
Pega nas luvas, no chapéu. Vamos partir.
É logo ali: quinze quilômetros, é perto.
Espera-nos o Toy[20], extasia-se o Alberto[21],
Pela janela desse Mundo amplo e rasgado!
Que belo dia! ó Sol, obrigado, obrigado!
Paisagem outonal alegra-te também!
Hoje, não quero ver ninguém triste, ninguém!
Outono, vá! melancolia, faze tréguas!
Peço paz, rendo-me! Haja paz, nestas três léguas!
Choupos, então? Que é isso? erguei a fronte, vamos!
Ó verdilhões, ide cantar-lhes sobre os ramos!
Aves por folhas! Animai-os! animai-os!
Aplica-lhes, ó Sol! uma ducha de raios!
Almas tristes e sós (não é mais triste a minha!)
Aqui estais, meu Deus! desde a aurora à tardinha.
O Vento leva-vos a folha, a pele; o Vento
Leva-vos o orvalho, a água, o presigo, o sustento!
E dobra-vos ao chão, faz-vos tossir, coitados!
Estais aqui, estais prontos, amortalhados.
Fazeis lembrar-me, assim, postos nestes lugares,
Uma colônia de tísicos, a ares...
Não vos verei, talvez, quando voltar; contudo
Ver-vos-ei, *lá*, um dia, onde se encontra tudo:
A alma dos choupos, como a do Homem, sobe aos Céus...
Ó choupos, até lá... Adeus! adeus! adeus!

Foi-se a paisagem triste: agora, são colinas;
Vê-se currais, eiras, crianças pequeninas,
Bois a pastar ao longe, aves dizendo missa

À Natureza, e o Sol a semear Justiça!
Vão pela estrada aleijadinhos de muletas;
Atiro-lhes vinténs: vêm pegar-lhes as netas.
Mas o trem voa à desfilada... – Olá! arreda!
(Ia-o apanhando: foi por um fio de seda...)
E assim neste galope, a charrete rodando,
Já de Tentúgal se vai quase aproximando;
S. João do Campo já nos fica muito atrás...
Assim, *Malhado!* puxa! Bravo, meu rapaz!
Que estamos quase lá! mexe-me essas ancas!
Enfim!

        Tentúgal toda a rir de casas brancas!
A boa aldeia! Venho cá todos os meses
E contrariado vou de todas essas vezes.
Venho ao convento visitar a linda freira,
Nunca lhe falo: talvez, hoje, a vez primeira...
Vou lá comprar um pastelinho, que eu bem sei
Que ele trará dentro um bilhete, isto sonhei:
Assim o pastelinho, ó ventura sonhada!
Tem de recheio o coração da minha Amada.
Abro o envelope ideal. Vamos a ver... – Traz? – Não!

Regresso a Coimbra só com o meu coração.

                          Coimbra, 1888-1889-1890.

Notas

1. Refere-se a Manoel Teles, companheiro do Curso de Direito de Coimbra de Antônio Nobre. Já apareceu no poema "Para as Raparigas de Coimbra".

❖ Só ❖

2. Cognome derivado da abreviatura do nome próprio Antônio, empregado poética e recorrentemente por Antônio Nobre desde o poema "As Ondas do Mar", datado de 1888 e incluído em *Primeiros Versos* (1921, póstumo). Foi dado a Antônio Nobre por Miss Charlote, um dos seus "amores de verão". Reaparece no livro *Só* no poema "Males de Anto".
3. Coimbra era a capital cultural do século XIX em Portugal. Abriga a Universidade de Coimbra, fundada no século XII e célebre especialmente pela Faculdade de Direito, para onde eram mandados os filhos da média e alta burguesia. No *Só*, Coimbra já apareceu em "Para as Raparigas de Coimbra" e aparecerá ainda nos poemas "Viagens na Minha Terra", "D. Enguiço", "Na Estrada da Beira" e na primeira parte de "Males de Anto".
4. É um famoso rio da região norte de Portugal, cenário idílico para muitos escritores românticos do século XIX. Já apareceu nos poemas "Lusitânia no Bairro Latino" e "Para as Raparigas de Coimbra". Ainda reaparecerá em "Saudade".
5. Companheiro de Nobre nos passeios que fazia pelo mar, em Leça.
6. Ofélicas visões: remete aos devaneios de loucura da personagem de Shakespeare, Ofélia, em *Hamlet*.
7. Rio Doce é o rio Leça. Recebe o nome de rio Doce para se distinguir do canal de água salgada que corre paralelo a ele.
8. A expressão "vagão dum bote" parece se referir à ideia de um bote que navega feito um vagão de trem num "túnel d'água e de arvoredo".
9. Nobre nunca foi um bom estudante em Coimbra, a ponto de ter sido reprovado dois anos consecutivos. Passava as férias à beira-mar, em Leça, Póvoa do Varzim etc. Mais importante que a referência biográfica, no entanto, é haver aqui uma clara opção do eu-poético pela forma de conhecimento oferecida pelo contato direto com a realidade empírica em detrimento do ensino formal oferecido pela academia.
10. Pã é um deus grego que protegia rebanhos. Na tradição romana, Pã foi identificado com Fauno. Apresenta forte componente sexual, por vezes de caráter bestial. É representado metade homem, metade bode. Na tradição cristã, associa-se ao demônio. Outra menção ao deus Pã aparece mais adiante no soneto 11.
11. Tasca é uma espécie de bar-restaurante simples e barato, sendo a Tasca das Camelas uma das mais famosas de Coimbra no período que Antônio Nobre lá estudara.
12. Mário da Anadia era o apelido de Mário Duarte, companheiro do Curso de Direito de Coimbra de Antônio Nobre.

❖ Antônio Nobre ❖

13. Refere-se a Fernando de Brederode, amigo de Antônio Nobre no período em que estudou em Coimbra.
14. Diz respeito ao Fausto português, Gil Rodrigues de Valadares. Filho da nobreza de Coimbra, teria feito um pacto com o Diabo para adquirir conhecimentos sobre as ciências ocultas, tendo estudado em Toledo, na Espanha, e em Paris. No entanto, após várias visões, acaba arrependendo-se e convertendo-se novamente a Cristo, retornando então a Portugal e indo viver no convento dominicano de Santarém.
15. Misco era o apelido de Francisco de Sousa e Holstein, companheiro do Curso de Direito de Coimbra de Antônio Nobre, a quem o poeta também dedicou o "Soneto Diminutivo (A Misco)", anotado em uma das páginas de seu *Código Civil*.
16. Provável referência a Santa Teresa d'Ávila, freira carmelita espanhola nascida em Ávila, Castela, famosa escritora reformadora da ordem das Carmelitas. De família nobre, entrou no convento das Carmelitas da Encarnação de Castela em 1535. No convento adoeceu e viveu cerca de quinze anos em crise espiritual, até ter uma visão do Cristo crucificado. A partir daí, trabalhou pela reforma da ordem e escreveu uma das mais importantes obras literárias da Espanha quinhentista. Seus êxtases e arroubos passionais por Cristo ficaram muito famosos.
17. Refere-se aos alunos que estão cursando os Estudos Gerais, uma das instâncias do aprendizado do curso de Direito da Universidade de Coimbra.
18. Todos esses nomes se referem a diversas localidades próximas da cidade de Coimbra, situada na região central de Portugal.
19. Tentúgal é uma pequena vila próxima a Coimbra, que ficou famosa por seus pastéis, que são doces (feitos de massa e creme). Ao final de "Carta a Manoel" aparece a referência ao "pastelinho" de Tentúgal.
20. Toy era o apelido de Antônio Homem de Melo, companheiro de Antônio Nobre no Curso de Direito.
21. Referência ao escritor Alberto de Oliveira (1873-1940), amigo de Antônio Nobre. Ambos trabalharam juntos na revista *Boemia Nova*. Escritor e diplomata, é autor de *Poesias* (1891), *Palavras Loucas* (1894), *As Crónicas Pombos-correios* (1913), *Sermões não Encomendados* (1925), *Memórias da Vida Diplomática* (1926), *Coimbra Amada* (1930), *Novos Sonetos* (1935) e *Poemas de Itália e Outros Poemas* (1936), *Eça de Queirós* (1919). Neste último livro, bastante polêmico, critica o estrangeirismo de Eça.

Saudade

Saudade, saudade! palavra tão triste,
    E ouvi-la faz bem:
Meu caro Garrett[1], tu bem na sentiste,
    Melhor que ninguém!

Saudades da virgem de ao pé do Mondego[2],
    Saudade de tudo:
Ouvi-las caindo da boca dum Cego,
    Dos olhos dum Mudo!

Saudades d'Aquela que, cheia de linhas,
    De agulha e dedal,
Eu vejo bordando Galeões e andorinhas
    No seu enxoval.

Saudades! e canta, na Torre deu a hora
    Da sua novena:
Olhai-a! dá ares de Nossa Senhora,
    Quando era pequena.

Saudades, saudades! E ouvide que canta
    (E sempre a bordar)

Que linda! "Quem canta seus males espanta
    E eu vou-me a cantar...

"Virgílio[3] é estudante, levou-o o seu fado
    A terras de França!
Mais leve que espuma, não tenho pecado,
    Que o diga a balança.

"Separam-me dele cem rios, cem pontes,
    Mas isso que faz?
Atrás desses montes, ainda há outros montes,
    E ainda outros, atrás!

"Não tarda que volte por montes e praias,
    Formado que esteja;
E iremos juntinhos, ah tente, não caias!
    Casar-nos à Igreja.

"Virgílio é um anjo, não tem um defeito,
    É altinho como eu;
Os lábios com lábios, o peito com peito...
    Ah! Virgem do Céu!

"O Amor, ai que enigma! consolo no Tédio,
    Estrela do Norte!
O Amor é doença, que tem por remédio
    Um beijo, ou a Morte.

"Às vezes, eu quero dizer-lhe que o amo,
    Mas, vou-lho a dizer,
Irene não fala (Irene me chamo)
    E fica a tremer...

❖ Só ❖

"Quando ia ao postigo falar-lhe, tão cedo,
    (Tu, Lua, bem viste)
Ai que olhos aqueles! metiam-me medo...
    E sempre tão triste!

"Perfil de Teresa, velado na capa,
    Lá passa por mim:
Ó noites da *Estrada*, tardinhas da *Lapa*,
    Choupal e *Jardim!*

"Cabelos caídos, a cara de cera,
    Os olhos ao fundo!
E a voz de Virgílio, docinha que ela era,
    Não é deste Mundo!

"Saudades, saudades! Que valem as rezas,
    Que serve pedir!
No altar continuam as velas acesas,
    Mas ele sem vir!

"Já choupos nasceram, já choupos cresceram,
    Estou tão crescida!
Já choupos morreram, já outros nasceram...
    Como é curta a Vida!

"Ó rio de amores, que vens da *Portela*[4]
    Pr'o mar do Senhor,
Ah vê se na costa se avista uma vela,
    Se vem o Vapor...

"Meu Sto. Mondego, que voas e corres,
    Não tenhas vagares!

Mondego dos Choupos, Mondego das *Torres*,
Mondego dos Mares!

"Mas ai! o Mondego (Senhora da Graça,
 Sou tão infeliz!)
Já foi e já volta, lá passa que passa,
 E nada me diz..."

Paris, 1894.

Notas

1. Almeida Garrett, ou João Baptista da Silva Leitão (1799-1854), tomou o apelido Garrett do nome de aristocratas ascendentes de seu pai. Foi figura importantíssima na implantação do Liberalismo – político, econômico, social, cultural – em Portugal e é o primeiro autor do Romantismo naquele país. No conjunto de sua obra destaca-se a proposta de, juntamente com Alexandre Herculano (1810-1877), fazer em Portugal uma literatura genuinamente nacional, que visa a resgatar a alma popular, a tradição folclórica. A referência ao poeta reaparece em "Viagens na Minha Terra" e de forma velada no poema "Vida".
2. É um famoso rio da região norte de Portugal, cenário idílico para muitos escritores românticos do século XIX. Já apareceu nos poemas "Lusitânia no Bairro Latino", "Para as Raparigas de Coimbra" e "Carta a Manoel".
3. Virgílio (70-19 a.C.), ou Publius Vergilius Maro, foi um dos mais importantes poetas latinos. Autor, entre outras obras, das *Bucólicas*, das *Geórgicas* e da *Eneida*, sua mais célebre composição.
4. Portela do Mondego é uma pequena localidade próxima de Coimbra, por onde passa o rio Mondego, tomado aqui como o rio dos amores por assim ter ficado conhecido na tradição literária portuguesa.

Viagens na Minha Terra[1]

Às vezes, passo horas inteiras
Olhos fitos nestas braseiras,
Sonhando o tempo que lá vai;
E jornadeio em fantasia
Essas jornadas que eu fazia
Ao velho Douro[2], mais meu Pai.

Que pitoresca era a jornada!
Logo, ao subir da madrugada,
Prontos os dois para partir:
– Adeus! adeus! é curta a ausência,
Adeus! – rodava a diligência
Com campainhas a tinir!

E, dia e noite, aurora a aurora,
Por essa doida terra fora,
Cheia de Cor, de Luz, de Som,
Habituado à minha alcova
Em tudo eu via coisa nova,
Que bom que era, meu Deus! que bom.

❖ Antônio Nobre ❖

Moinhos ao vento! Eiras! Solares!
Antepassados! Rios! Luares!
Tudo isso eu guardo, *aqui* ficou:
Ó paisagem etérea e doce,
Depois do Ventre que me trouxe,
A ti devo eu tudo que sou!

No arame oscilante do Fio,
Amavam (era o mês do cio)
Lavandiscas e tentilhões...
Águas do rio vão passando
Muito mansinhas, mas, chegando
Ao Mar, transformam-se em leões!

Ao sol, fulgura o Oiro dos milhos!
Os lavradores mail-os filhos
A terra estrumam, e depois
Os bois atrelam ao arado
E ouve-se além no descampado
Num ímpeto, aos berros: – Eh! bois!

E, enquanto a velha mala-posta,
A custo vai subindo a encosta
Em mira ao lar dos meus Avós,
Os aldeãos, de longe, alerta,
Olham pasmados, boca aberta...
A gente segue e deixa-os sós.

Que pena faz ver os que ficam!
Pobres, humildes, não implicam,
Tiram com respeito o chapéu:
Outros, passando a nosso lado,

❖ Só ❖

Diziam: "Deus seja louvado!"
"Louvado seja!", dizia eu.

E, meiga, tombava a tardinha...
No chão, jogando a vermelhinha[3],
Outros vejo a discutir.
Carpiam, místicas, as fontes...
Água fria de Trás-os-Montes
Que faz sede só de se ouvir!

E, na subida de *Novelas*[4],
O rubro e gordo Cabanelas[5]
Dava-me as guias para a mão:
Isso... queriam os cavalos!
Que eu não podia chicoteá-los...
Era uma dor de coração.

Depois, cansados da viagem,
Repoisávamos na estalagem
(Que era em *Casais*[6], mesmo ao dobrar...)
Vinha a Sr.ª Anna das Dores
"Que hão de querer os meus Senhores?
Há pão e carne para assar..."

Oh, ingênuas mesas, honradas!
Toalha branca, marmeladas,
Vinho virgem no copo a rir...
O *cuco* da sala, cantando...
(Mas o Cabanelas, entrando,
Vendo a hora: "É preciso partir").

Caía a noite. Eu ia fora,
Vendo uma estrela que lá mora,

❖ Antônio Nobre ❖

No Firmamento português:
E ela traçava-me o meu fado
"Serás Poeta e desgraçado!"[7]
Assim se disse, assim se fez.

Meu pobre Infante, em que cismavas,
Por que é que os olhos profundavas
No Céu sem par do teu País?
Ias, talvez, moço troveiro,
A cismar num amor primeiro:
Por primeiro, logo infeliz...

E o carro ia aos solavancos.
Os passageiros, todos brancos,
Ressonavam nos seus gabões:
E eu ia alerta, olhando a estrada,
Que em certo sítio, na *Trovoada*[8],
Costumavam sair ladrões.

Ladrões! Ó sonho! Ó maravilha!
Fazer parte duma quadrilha,
Rondar, à Lua, entre pinhais!
Ser Capitão! trazer pistolas,
Mas não roubando, – dando esmolas
Dependuradas dos punhais...

E a mala-posta ia indo, ia indo,
O luar, cada vez mais lindo,
Caía em lágrimas, – e, enfim,
Tão pontual, às onze e meia,
Entrava, soberba, na aldeia
Cheia de guizos, tlim, tlim, tlim!

Lá vejo ainda a nossa Casa
Toda de lume, cor de brasa,
Altiva, entre árvores, tão só!
Lá se abrem os portões gradeados,
Lá vêm com velas os criados,
Lá vem, sorrindo, a minha Avó.

E então, Jesus! quantos abraços!
– Qu'é dos teus olhos, dos teus braços,
Valha-me Deus! como ele vem!
E admirada, com as mãos juntas,
Toda me enchia de perguntas,
Como se eu viesse de Bethlem![9]

– E os teus estudos, tens-me andado?
Tomara eu ver-te formado!
Livre de Coimbra[10], minha flor!
Mas vens tão magro, tão sumido...
Trazes tu no peito escondido,
E que eu não saiba, algum amor?

No entanto entrava no meu quarto:
Tudo tão bom, tudo tão farto!
Que leito aquele! e a água, Jesus!
E os lençóis! rico cheiro a linho!
– Vá, dorme, que vens cansadinho,
Não adormeças com a luz!

E eu deitava-me, mudo e triste.
(– Reza também o Terço, ouviste?)
Versos, bailando dentro em mim...
Não tinha tempo de ir na sala,

❖ Só ❖

De novo: – Apaga a luz! – Que rala!
Descansa, minha Avó, que sim!

Ora, às ocultas, eu trazia
No seio, um livro e lia, lia,
Garrett[11] da minha paixão...
Daí a pouco a mesma reza:
– Não vás dormir de luz acesa,
Apaga a luz!... (E eu ainda... não!)

E continuava, lendo, lendo...
O dia vinha já rompendo
De novo: – Já dormes, diz?
– Bff!... e dormia com a idéia
Naquela tia Dorotéia,
De que fala Júlio Dinis[12].

Ó Portugal da minha infância,
Não sei que é, amo-te à distância,
Amo-te mais, quando estou só...
Qual de vós não teve na Vida
Uma jornada parecida,
Ou assim, como eu, uma Avó?

Paris, 1892.

Notas

1. "Viagens na Minha Terra" é uma paráfrase da obra em prosa de Almeida Garrett (1799-1854), publicada em 1846. Garrett é considerado o fundador do movimento romântico em Portugal, além de ser um dos mais consagrados escritores do país, por quem Antônio Nobre tinha declarada

admiração. A referência ao poeta já aparecera no poema "Saudade" e de forma velada no poema "Vida".
2. Douro é um importante rio que corre na região norte de Portugal.
3. Vermelhinha é o nome de um jogo com cartas que consiste em descobrir a vermelha entre as duas pretas. O mesmo jogo reaparece no poema "A Vida".
4. Novelas é uma povoação do norte de Portugal.
5. Cabanelas era o nome do dono da carruagem que fazia o transporte na região do Douro. Este deu origem ao nome de uma das companhias de transporte que ainda hoje serve essa região.
6. Lugarejo situado na região norte, próximo a Seixo; também se refere ao nome de uma antiga estalagem de propriedade das irmãs Andrades ali situada, onde Nobre passou algumas temporadas durante a sua doença.
7. Há aqui uma explícita retomada do verso "Serás um Príncipe! mas antes... não fosses", presente no poema "Memória", que abre o livro, como a reforçar o malfadado destino do eu-poético.
8. Lugarejo próximo a Lixa, na estrada de Penafiel, região norte de Portugal. Dizia-se que ali os ladrões atacavam os viajantes.
9. Bethlem é uma forma arcaica do nome Belém, empregado intencionalmente por Antônio Nobre.
10. Coimbra era a capital cultural do século XIX em Portugal. Abriga a Universidade de Coimbra, fundada no século XII e célebre especialmente pela Faculdade de Direito, para onde eram mandados os filhos da média e alta burguesia. No *Só*, Coimbra já apareceu em "Para as Raparigas de Coimbra", "Carta a Manoel" e aparecerá ainda nos poemas, "D. Enguiço", "Na Estrada da Beira" e na primeira parte de "Males de Anto".
11. Almeida Garrett (1799-1854), ver nota sobre o título deste poema.
12. Refere-se à personagem tia Doroteia, do romance *A Morgadinha dos Canaviais*, de Júlio Dinis. Tia Doroteia é uma simples e generosa senhora da província, do interior do Minho, que recebe seu sobrinho Henrique de Souselas, jovem rico de Lisboa, para passar algum tempo em sua casa.

Os Figos Pretos

– Verdes figueiras[1] soluçantes nos caminhos!
Vós sois odiadas desde os séculos avós:
Em vossos galhos nunca as aves fazem ninhos,
Os Noivos fogem de se amar ao pé de vós!

> – Ó verdes figueiras, ó verdes figueiras,
> Deixai-o falar!
> À vossa sombrinha, nas tardes fagueiras,
> Que bom que é amar!

– O mundo odeia-vos. Ninguém vos quer, vos ama:
Os pais transmitem pelo sangue esse ódio aos moços.
No sítio onde medrais, há quase sempre lama
E debruçais-vos sobre abismos, sobre poços.

> – Quando eu for defunta para os esqueletos
> Ponde uma ao meu lado:
> Tristinha, chorando, dará figos pretos...
> De luto pesado!

– Os aldeões para evitar vosso perfume
Sua respiração suspendem, ao passar...

Com vossa lenha não se acende, à noite, o lume,
Os carpinteiros não vos querem aplainar.

> – Oh! cheiro de figos, melhor que o do incenso
> Que incensa o Senhor!
> Pudesse eu, quem dera! deitá-lo no lenço
> Para o meu amor...

– As outras árvores não são vossas amigas...
Mãos espalmadas, estendidas, suplicantes,
Com essas folhas, sois como velhas mendigas
Numa estrada, pedindo esmola aos caminhantes!

> – Mendigas de estrada! mendigas de estrada!
> E cheias de figos!
> Os ricos lá passam e não vos dão nada,
> Vós dais aos mendigos...

– Ai de ti! ai de ti! ó figueiral gemente!
O goivo é mais feliz, todo amarelo, lá.
Ninguém te quer: tua madeira é unicamente
Utilizada para as forcas, onde as há...

> – Que más criaturas! que injustas sois todas!
> Que injustas que sois!
> Será de figueira meu leito de bodas...
> E os berços, depois.

– Trágicas, nuas, esqueléticas, sem pele,
Por trás de vós, a Lua é bem uma caveira!...
Ó figos pretos, sois as lágrimas daquele
Que, em certo dia, se enforcou numa figueira!

❖ Só ❖

— Também era negro, de negro cegava
O pranto, o rosário,
Que, em certa tardinha, desfiava, desfiava,
Alguém, no Calvário...

– E, assim, ao ver no Outono uma figueira nua,
Se os figos caem de maduros, pelo chão:
Cuido que é a ossada do Traidor[2], à luz da Lua,
A chorar, a chorar sua alta traição!

– Ó minhas figueiras, ó minhas figueiras,
Deixai-o falar!
Oh! vinde de i ver-nos, a arder nas fogueiras
Cantar e bailar...

Coimbra, 1889.

Notas

1. Em Portugal, as figueiras são consideradas como malditas na crença popular, uma vez que foi numa dessas árvores que Judas Iscariotes se enforcou por se arrepender de ter traído Cristo.
2. Referência a Judas, traidor de Jesus Cristo.

Os Sinos

1

Os sinos tocam a noivado,
    No Ar lavado!
Os sinos tocam, no Ar lavado!
    A noivado!

Que linda menina que assoma na rua!
    Que linda, a andar!
Em êxtase, o Povo comenta "que é a Lua,
    Que vem a andar..."

Também, algum dia, o Povo na rua,
    Quando eu casar,
Ao ver minha Noiva, dirá "que é a Lua
    que vai casar..."

2

E o sino toca a batizado
    Um outro fado!
E o sino toca um outro fado
    A batizado!

Os sinos

Os sinos tocam a noivado

O sino canta no Ar lavado

Que linda creança que assoma na rua!
  Que linda, a andar!
Em extase o povo commenta que é a lua
  Que vem a andar...

Tambem, algum dia, o povo, na rua,
  Quando eu casar,
Ao ver minha noiva, dirá que é a lua
  Que vae casar...

E o sino toca a baptizado

E o sino canta, assim um fado

E banham o anjinho na agua de neve,
  Para o lavar!
E banham o anjinho na agua de neve,
  Para o sujar!

Olinda madrinha que o enxugas de leve

Ah pede-lhe antes a Deus que t'o leve...
  Não soffres mais!

Cópia de uma folha do manuscrito do poema "Os Sinos".

❖ Antônio Nobre ❖

E banham o anjinho na água de neve,
    Para o lavar,
E banham o anjinho na água de neve,
    Para o sujar.

Ó boa Madrinha, que o enxugas de leve,
Tem dó desses gritos! compreende esses ais:
Antes o enxugue a *Velha!*[1] antes Deus to leve!
    Não sofre mais...

3

Os sinos dobram por anjinho,
    Lá no Minho![2]
Os sinos dobram, lá no Minho,
    Por anjinho!

Que asseada que vai pr'a cova!
    Olhai! olhai!
Sapatinhos de sola nova,
    Olhai! olhai!

Ó ricos sapatos de solinha nova,
    Bailai! bailai!
Nas eiras que rodam debaixo da cova...
    Bailai! bailai!

4

O sino toca pr'a novena,
    Gratiae plena,

❖ Só ❖

E o sino toca, *gratiae plena*,
    Pr'a novena.

Ide, Meninas, à ladainha,
    Ide rezar!
Pensai nas almas como a minha...
    Ide rezar!

Se, um dia, me deres alguma filhinha,
Ó Mãe dos aflitos! ela há de ir, também:
Há de ir às novenas, assim, à tardinha,
    Com sua Mãe...

5

E o sino chama ao Senhor-fora[3],
    A esta hora!
Os sinos clamam, a esta hora,
    Ao Senhor-fora!

Acendei, Vizinhos, as velas,
    Alumiai!
Velas de cera nas janelas!
    Alumiai!

E Luas e Estrelas também põem velas,
    A alumiar!
E a *alminha*, a esta hora, já está entre elas,
    A alumiar...

6

E os sinos dobram a defuntos,
    Todos juntos!

❖ Antônio Nobre ❖

E os sinos dobram, todos juntos,
　　A defuntos!

Que triste ver amortalhados!
　　Senhor! Senhor!
Que triste ver olhos fechados!
　　Senhor! Senhor!

Que pena me fazem os amortalhados,
Vestidos de preto, deitados de costas...
E de olhos fechados! e de olhos fechados!
　　E de mãos postas!

E os sinos dobram a defuntos,
　　Dlin! dlang! dling! dlong!
E os sinos dobram, todos juntos,
　　Dlong! dlin! dling! dlong!

　　　　　　　　　　　　　　Paris, 1891.

Notas

1. Aqui, como em outros poemas, Velha é figura que representa a morte.
2. O Minho é uma região ao norte de Portugal, onde corre um rio de mesmo nome.
3. Senhor-fora designa a ida de um padre à casa de um moribundo para dar-lhe a extrema-unção.

❖ Lua-Cheia ❖

Da Influência da Lua

Outono. O sol, qual brigue em chamas, morre
Nos longes d'água... Ó tardes de novena!
Tardes de sonho em que a poesia escorre
E os bardos, a cismar, molham a pena!

Ao longe, os rios de águas prateadas,
Por entre os verdes canaviais, esguios,
São como estradas líquidas, e as estradas,
Ao luar, parecem verdadeiros rios!

Os choupos nus, tremendo, arrepiadinhos,
O xale pedem a quem vai passando...
E nos seus leitos nupciais, os ninhos,
As lavandiscas noivam piando, piando!

O orvalho cai do Céu, como um ungüento.
Abrem as bocas, aparando-os, os goivos;
E a laranjeira, aos repelões do Vento,
Deixa cair por terra a flor dos noivos.

❖ Antônio Nobre ❖

E o orvalho cai... E, à falta d'água, rega
O val sem fruto, a terra árida e nua!
E o Padre-Oceano, lá de longe, prega
O seu Sermão de Lágrimas, à Lua!

A Lua! Ela não tarda aí, espera!
O mágico poder que ela possui!
Sobre as sementes, sobre o Oceano impera,
Sobre as mulheres grávidas influi...

Ai os meus nervos, quando a Lua é cheia!
Da Arte novas concepções descubro,
Todo me aflijo, fazem lá idéia!
Ai a ascensão da Lua, pelo Outubro!

Tardes de Outubro! ó tardes de novena!
Outono! Mês de Maio, na lareira!
Tardes...
       Lá vem a Lua, *gratiae-plena*,
Do convento dos Céus, a eterna freira!

                                 Porto, 1886.

D. Enguiço

O bom Amigo que vou cantando,
Neto de Santos, irmão de Aflitos,
Nasceu chorando, nasceu gritando,
Nasceu aos gritos! nasceu aos gritos!

Já pressentia, menino estranho,
O que no Mundo cá o esperava,
E assim pedia, num dó tamanho,
Não no tirassem lá donde estava.

Mas a parteira pouco se importa:
– Oh que rabugem! Ai Credo! Cruzes!
Esta eu vos juro que não vem morta...
(No altar da Virgem ardem as luzes.)

E foi crescendo. Mas como via
Quanto era inútil a sua queixa,
Ai caiu nessa melancolia,
Que não o deixa, que não o deixa!

O Amor precoce feriu-lhe o peito.
Que paixão doida não era a sua!

"Se a vir", dizia, "no Mar me deito"
E até promessas fazia à Lua...

Mais tarde, em Coimbra[1], nalguma ceia
Com mais rapazes, no *Zé Magrinho*[2],
Diante dum copo, duma lampreia,
Só debicava, cheirava o vinho.

Não tinha sede, não tinha fome,
Nunca dormia, sempre em vigília;
Ele é o herdeiro dum grande nome.
Assim são todos nessa família.

Ia às batotas (que mal faz isso?)
Ver seus amigos se lá estavam,
E, mal no viam: "Lá vem o enguiço!"
E era verdade, – que não ganhavam...

Um dia, em Maio, no mês das flores,
Chamou-o a Pátria pra tê-lo ao lado:
Vieram vê-lo cinco Doutores,
Não no quiseram para soldado!

Farto de dores com que o matavam,
Foi em viagem por esse Mundo:
Mas os comboios descarrilavam,
Mas os paquetes iam ao fundo!

Saía a salvo nalguma lancha[3],
Que uma onda amiga trazia à praia:
Podem prová-lo o canal da Mancha
E o Sr. Golfo de la Biscaia...[4]

❖ Só ❖

Nos seus exames, ou num concurso,
Maior que todos, e era vencido!
Assim, tornou-se bisonho e urso,
Tinha delírio de perseguido.

Há, por exemplo, querem ouvi-la?
Uma anedota, que é engraçadíssima:
Todos os homens de aldeia, ou vila,
Querem matá-lo, Virgem Santíssima!

Mas, como é inútil toda a armadilha
Pelos cuidados que sempre toma,
Vêm, alta noite, na água da bilha
Deitar veneno, tal como em Roma.

Que faz, portanto? Pobre pequeno!
Pega em três peixes, deita-os no centro,
E diz, se bebe: "Não tem veneno,
Porque os peixinhos nadam lá dentro..."

Ingenuidades encantadoras!
Tão bom, tão simples e dele rio...
Seríeis capazes, minhas Senhoras,
De amar um homem deste feitio?

Tem graça sempre, tem imprevisto:
Anda ele agora, na Terra Santa,
Pra achar os ossos de Jesus Cristo...
Vede-o, bons Sábios! Tirando a planta.

Olá, Senhoras, que ides na frota,
Que ides às Ásias, enquanto eu fico,

❖ Antônio Nobre ❖

– Boa viagem!... e tomai nota,
Dai lá saudades ao Compatriota...
Meu pobre Chico![5] meu pobre Chico!

Paris, 1893.

Notas

1. Coimbra era a capital cultural do século XIX em Portugal. Abriga a Universidade de Coimbra, fundada no século XII e célebre especialmente pela Faculdade de Direito, para onde eram mandados os filhos da média e alta burguesia. No *Só*, Coimbra já apareceu em "Para as Raparigas de Coimbra", "Carta a Manoel", "Viagens na Minha Terra" e aparecerá ainda nos poemas "Na Estrada da Beira" e na primeira parte de "Males de Anto".
2. Era o dono de um restaurante de Coimbra, muito frequentado pelos estudantes no tempo que Antônio Nobre ali estudara.
3. Como foi observado anteriormente, lancha em Portugal é uma designação genérica para barcos de pescadores; enquanto no Brasil designa barco a motor, moderno, que desenvolve grande velocidade.
4. O Golfo de la Biscaia fica no oceano Atlântico, situado entre a Espanha e a França.
5. Refere-se a Francisco de Souza Coutinho, o Chico Redondo, companheiro de Nobre em Paris.

O Meu Cachimbo

Ó meu cachimbo! Amo-te imenso!
Tu, meu turíbulo sagrado!
Com que, Sr. Abade[1], incenso
A abadia do meu passado.

Fumo? E ocorre-me à lembrança
Todo esse tempo que lá vai,
Quando fumava, ainda criança,
Às escondidas do meu Pai.

Vejo passar a minha vida,
Como num grande cosmorama:
Homem feito, pálida Ermida,
Infante, pela mão da ama.

Por alta noite, às horas mortas,
Quando não se ouve pio, ou voz,
Fecho os meus livros, fecho as portas
Para falar contigo a sós.

E a noite perde-se em cavaco,
Na Torre d'Anto[2], aonde eu moro!

Ali, metido no buraco,
Fumo e, a fumar, às vezes... choro.

Chorando (penso e não o digo)
Os olhos fitos neste chão,
Que tu és leal, és meu amigo...
Os meus Amigos onde estão?

Não sei. Trá-los-á o "nevoeiro"...
Os três, os íntimos, *Aqueles*,
Estão na Morte, no estrangeiro...
Dos mais não sei, perdi-me deles.

Morreram-me uns. Por esses peço
A Deus, se ele está de maré[3]:
E, às noites, quando eu adormeço,
Fantasmas, vêm, pé ante pé...

Tristes, nostálgicos da cova,
Entram. Sorrio-lhes e falo.
Deixam-se estar na minha alcova,
Até se ouvir cantar o galo.

Outros, por esses cinco Oceanos,
Por esse Mundo erram, talvez:
Não me escreveis, há tantos anos!
Que será feito de Vocês?[4]

Hoje, delícias do abandono!
Vivo na Paz, vivo no limbo:
Os meus Amigos são o Outono,
O Mar e tu, ó meu Cachimbo!

❖ Só ❖

Ah! quando for do meu enterro,
Quando partir gelado, enfim,
Nalgum caixão de mogno e ferro,
Quero que vás ao pé de mim.

Santa mulher que me tratares,
Quando em teus braços desfaleça,
Caso meus olhos não cerrares,
Embora! que isto não te esqueça:

Coloca, sob a travesseira,
O meu cachimbo singular
E enche-o, solícita Enfermeira,
Com *Gold-Fly*[5] para eu fumar...

Como passar a noite, Amigo!
No *Hotel da Cova* sem conforto?
Assim levando-te comigo,
Esquecer-me-ei de que estou morto...

Coimbra, 1889.

Notas

1. Sr. Abade refere-se a Luís de Serpa Pinto, abade de S. Mamede de Recezinhos, freguesia de Seixo, pai de Joaquim da Serpa Pinto, amigo da família de Nobre. A figura do Sr. Abade é recorrente em todo o livro. Já apareceu em "Purinha" e ressurgirá no soneto de número 9 e em "Males de Anto".
2. "Torre d'Anto" pode ser uma referência à casa com aspecto de torre na qual Nobre morou em Coimbra.
3. "Estar de maré" significa estar bem disposto.
4. Diferentemente do português do Brasil, onde o pronome "você" é

empregado em todas as classes sociais, em Portugal ele pode ser empregado como indicação de informalidade, em alguns grupos que não tiveram acesso a instrução estatal, ou, ao contrário, como uma forma de distanciamento, indicando formalidade entre as pessoas ditas instruídas. Este parece ser o caso do presente poema, em que o eu-poético se vê perdendo seus antigos conhecidos e os trata formalmente.
5. *Gold-Fly* é uma marca de fumo para cachimbo.

Balada do Caixão

O meu vizinho é carpinteiro,
Algibebe de Dona Morte,
Ponteia e cose, o dia inteiro,
Fatos de pau de toda a sorte:
Mogno, debruados de veludo,
Flandres gentil, pinho do Norte...
Ora eu que trago um sobretudo
Que já me vai a aborrecer,
Fui-me lá, ontem: (era Entrudo,
Havia imenso que fazer...)
– Olá, bom homem! quero um fato,
Tem que me sirva? – Vamos ver...
Olhou, mexeu na casa toda.
– Eis aqui um e bem barato.
– Está na moda? – Está na moda.
(Gostei e nem quis apreçá-lo:
Muito justinho, pouca roda...)
– Quando posso mandar buscá-lo?
– Ao pôr-do-Sol. Vou dá-lo a ferro:
(Pôs-se o bom homem a aplainá-lo...)

Ó meus amigos! salvo erro,
Juro-o pela alma, pelo Céu:
Nenhum de vós, ao meu enterro,
Irá mais dandy, olhai! do que eu!

        Paris, 1891.

Febre Vermelha

Rosas de vinho! abri o cálice avinhado,
Para que em vosso seio o lábio meu se atole:
Beber até cair, bêbedo, para o lado,
Quero beber, beber até o último gole!

Rosas de sangue! abri o vosso peito, abri-o!
Montanhas alagai! deixai-as trasbordar!
Às ondas como o Oceano, ou antes como um rio
Levando na corrente Ofélias[1] de luar...

Camélias! entreabri os lábios de Eleonora[2],
Desabrochai, à lua, a ânsia do vosso cálix!
Dá-me o teu gênio, dá! ó tulipa de aurora!
E dá-me o teu veneno, ó rubra digitális!

Papoilas! descerrai essas bocas vermelhas,
Apagai-me esta sede estonteadora e cruel:
Ó favos rubros! os meus lábios são abelhas,
E eu ando a construir meu cortiço de mel.

❖ Antônio Nobre ❖

Rainúnculos! corai minhas faces-de-terra!
Que seja sangue o leite e rubins as opalas!
Tal se vêem pelo campo, em seguida a uma guerra,
Tintos de mesma cor os corações e as balas!

Chagas de Cristo! abri as pétalas chagadas,
Numa raiva de cor, numa erupção de luz!
Escancarai a boca, às vermelhas risadas,
Cancros de Lázaro! Feridas de Jesus...

Flores em brasa! Órgãos de cor! Tirava
Óperas d'oiro, pudesse eu, das vossas teclas.
Vulcões de Maio! ungi minha pele de lava!
Dai-me energia, audácia, ó pequeninos Heclas![3]

Dai-me do vosso sangue, ó flores! entornai-o
Nas veias do meu corpo estragado e sem cor.
Que vida negra! Foi escrito, à luz do raio,
O triste fado que me deu Nosso Senhor.

Cismo já farto de velar minha alma doente,
Não dura um mês sequer, minhas amigas, vede!
Mas, mal vos vejo, então, pulo alegre e contente
A uivar, como os leões quando os ataca a sede!

Corto o estrelado Céu, vôo através do Espaço,
Cruzo o Infinito e vou rolar aos pés de Deus,
Como se acaso fosse, em catapultas de aço,
Por um Titã[4] de bronze atirado a esses Céus!

Amo o Vermelho. Amo-te, ó hóstia do Sol-posto!
Fascina-me o escarlate, os meus tédios estanca:

❖ Só ❖

E apesar disso, ó cruel histeria do Gosto,
Miss Charlotte, a flor que eu amo, é branca, branca...

Leça, 1886.

Notas

1. Ofélia é personagem da peça *Hamlet* (1601) de Shakespeare. É uma bela jovem que entra num profundo conflito interior em função da fraqueza de caráter do pai, do ciúme do irmão e da ambiguidade de Hamlet. Acaba enlouquecendo e morre afogada. No *Só*, a peça de Shakespeare será ainda a referida por Nobre nos poemas "Vida", "Adeus", "O Enterro de Ofélia" e na primeira parte de "Males de Anto".
2. Provável referência a Eleonora d'Este, musa inspiradora de Torquato Tasso (1544-1595), escritor italiano de vida atribulada, que compôs a famosa obra *Jerusalém Libertada*. No século XIX, ficou famosa a ópera *Torquato Tasso*, de Gaetano Donizetti, que colocava em cena o romance entre o escritor e Eleonora.
3. Hecla é um vulcão famoso, localizado na Islândia.
4. Os titãs eram doze gigantes (seis divindades masculinas e seis femininas), filhos de Gaia, a Terra, e de Urano, o Céu. São divindades muito antigas. Zeus, por exemplo, conhecido como o maior dos deuses, é um descendente dos Titãs, e foi obrigado a derrotá-los para ganhar o estatuto de o mais poderoso deus do Olimpo.

Poentes de França

– Ó Sol! ó Sol! poente de vinho velho!
Enche meu copo de S. Graal[1] (deu-mo a balada...)
Ó sol de Normandia![2] Ocidente vermelho,
Tal o circo andaluz depois duma toirada!

> – Vós sois estrangeiros, vós sois estrangeiros,
> Ó poentes de França! não vos amo, não!

– Ó Sol, cautela! já a noite se avizinha,
O Padre-Oceano vai, em breve, comungar:
Ó hóstia vesperal de vermelha farinha,
Que o bom Moleiro mói, no seu moinho do Ar!

> Ó Sol, às *Trindades*, atrás dos pinheiros,
> À hora em que passam branquinhos moleiros,
> Levando farinha pra cozer o pão!

Ó força do Sol-pôr! ó Inferno de Dante![3]
Açougue de astros! ó sabbat de feiticeiras![4]
Ó Sol ensangüentado! ó cabeça-falante,
Que o funâmbulo Poente anda a mostrar nas feiras...

❖ Só ❖

– Que paz pelo Mundo, nessa hora ditosa!
Ó poentes de França! não vos amo, não!

– *Arco da Velha*, a rir risos de sete cores!
Ó Lua na ascensão! ó Sol! ó Sol! ó Sol!
Cabeça de Iscariote[5], entre águias e condores!
Ó cabeça de Cristo, impressa no lençol!

Que paz pelo Mundo, nessa hora saudosa
Quando fecha a lojinha a Sra. Rosa.
Quando vem das sachas o Sr. João...

– Ó Sol! ó Sol! Titã[6] deste bloco da Terra!
Ó Sol em sangue que ainda pula e arde e cintila!
Ó bala de canhão, tu vens dalguma guerra:
Varaste os corações dum exército em fila!

– Ó hora em que as águas rebentam das minas...
Ó poentes de França! não vos amo, não!

– Ó poente verde-mar! ó pôr-do-sol de azeite!
Ó longes de trovoada! ó céu dos ventos suis![7]
Vaca do Ar[8], a mugir crepúsculos de leite
E roxos e cardeais e amarelos e azuis!

Ó hora em que passam moças e meninas
Que, em tardes de Maio, vão às *Ursulinas*[9],
Com rosas nos seios e um livro na mão!

– Ó Sol! ó Sol! Trágico, aflito, doido, venho
À tua saúde erguer a minha taça ardente!
Meus grandes olhos são dois bêbedos, e tenho
Delirium-tremens já, Sir Falstaff[10] do Poente!

– Eu amo os poentes, mas sem agonias,
Ó poentes de França! não vos amo, não!

– Adeus, ó Sol! chegou a Noite na fragata,
À tua porta os Marinheiros vão bater:
Lá vejo os astros pôr seus cálices de prata,
Na *Taverna do Ocaso*, a beber, a beber...

Ó céus tísicos, cuspindo em bacias!
Ó céus como escarros, às *Ave-Marias*!
Ó poentes de França! não vos amo, não!

Paris, 1891.

Notas

1. O Santo Graal é o nome dado ao recipiente que teria servido para guardar o sangue de Cristo, recolhido por José de Arimatéia da ferida causada ao filho de Deus por um centurião romano. As novelas de cavalarias do final da Idade Média, em especial as narrativas sobre rei Artur e os cavaleiros da Távola Redonda, tratam da busca do Santo Graal. No século XIX, Richard Wagner, na ópera *Parsifal*, recoloca o tema em voga.
2. Normandia é a costa da região do porto do Havre, França, onde Antônio Nobre desembarcou quando foi estudar naquele país.
3. "Inferno de Dante" diz respeito a uma parte do poema *A Divina Comédia*, do escritor italiano Dante Alighieri (1265-1321). O "Inferno" é o primeiro dos três longos poemas que compõem a *Divina Comédia* (os outros são "O Purgatório" e "O Paraíso"). Dante, o protagonista do poema, tem por guia no Inferno e no Purgatório o poeta romano Virgílio. No céu, será guiado por sua musa, Beatriz. No século XIX, artistas plásticos como Gustave Doré e William Blake fizeram inúmeros trabalhos ilustrando o poema de Dante.
4. "Sabbat de feiticeiras" é o mesmo que "reunião de bruxas". Segundo a tradição popular, tais reuniões ocorreriam nos sábados à noite, tendo Satanás por anfitrião.

5. Iscariote ou Iscariotes: sobrenome do apóstolo Judas, que traiu a Cristo e morreu enforcado numa figueira.
6. Os titãs eram doze gigantes (seis divindades masculinas e seis femininas), filhos de Gaia, a Terra, e de Urano, o Céu. São divindades muito antigas. Zeus, por exemplo, conhecido como o maior dos deuses, é um descendente dos Titãs, e foi obrigado a derrotá-los para ganhar o estatuto de o mais poderoso deus do Olimpo.
7. Ventos suis são ventos fortes, que aparecem em diversos textos românticos.
8. "Vaca do ar" pode aludir à Via Láctea, que quer dizer "Caminho de Leite". Assim, "leite", de "crepúsculos de leite", pode reportar à lua.
9. Ursulina designa religiosa de qualquer das diversas congregações criadas sob inspiração da ordem de Ângela Meriti, de 1537, sendo a mais conhecida a Companhia de Santa Úrsula, de 1544. A referência às ursulinas já apareceu no poema "Para as Raparigas de Coimbra".
10. Sir Falstaff é um personagem boêmio, folgazão, bebedor e afetado de *Henrique IV* e de *As Alegres Comadres de Windsor*, de William Shakespeare. Também é evocado por Almeida Garrett em *Viagens na Minha Terra*.

À Toa

O PRIMEIRO HOMEM
Que grande é o Mundo! E eu só! Que tortura tamanha!
Ninguém! Meu pai é o Céu. Minha mãe é a Montanha.

A MONTANHA
Os meus cabelos são os pinheirais sombrios
E veias do meu corpo os azulados Rios.

OS RIOS
Nós somos o suor que o Estio asperge e sua,
Nós somos, em Janeiro, a água-benta da Lua!

A LUA
Eu sou a bala, no Ar detida, dessa guerra
Que teve contra Deus, em seu princípio, a Terra...

A TERRA
E eu uma das maçãs, entre outras a primeira,
Que certo[1] Virgem viu cair duma macieira!

❖ Só ❖

A MACIEIRA
Tantas ainda por cair! Vinde colhê-las,
Abanai a macieira e cairão estrelas!

AS ESTRELAS
No Mar, à noite, refletimo-nos, a olhar,
E formamos, assim, as *Estrelas-do-mar*...

O MAR
Sou padre. São d'água meus Santos Evangelhos:
Acendei meu altar, relâmpagos vermelhos!

OS RELÂMPAGOS
Nós somos (o contrário, embora, seja escrito)
Os fogos-fátuos desta cova do Infinito.

O INFINITO
Sou o mar sem borrasca, onde enfim se descansa.
Aqui, vem desaguar o rio da Esperança...

A ESPERANÇA
Morri, irmãos! mas lá ficaram minhas vestes,
No vosso mundo: dei-as dadas aos ciprestes.

OS CIPRESTES
Para apontar os Céus, como dedos funéreos,
Plantaram-nos no pó dos mudos Cemitérios...

OS CEMITÉRIOS
Porão, beliches, tudo cheio!... Os Céus absortos!
Não cabe em Josafá[2] esta leva de mortos!

❖ Antônio Nobre ❖

OS MORTOS

Séculos tombam uns sobre outros, como blocos,
E nós dormindo sempre, eternos dorminhocos!

Porto, 1885.

Notas

1. Assim aparece na edição de 1898, revisada pelo próprio Antônio Nobre. Provável referência a Adão.
2. Refere-se ao Vale de Josafá, no qual o rei de Judá, o referido Josafá, venceu batalhas contra os moabitas, os amonitas e os idumeus.

Ao Canto do Lume

Novembro. Só! Meu Deus, que insuportável Mundo!
    Ninguém, vivalma... O que farão os mais?
Senhor! a Vida não é um rápido segundo:
Que longas horas estas horas! Que profundo
    Spleen o destas noites imortais!

Faz tanto frio. (Só de a ver me gela, a cama...)
Que frio! Olá, Joseph![1] deita mais carvão!
E quando todo se extinguir na áurea chama,
Eu deitarei (para que serve? já não ama)
Às cinzas brancas, o meu pobre coração!

Lá fora o Vento como um gato bufa e mia...
    Ó pescadores, vai tão bravo o Mar!
Cautela... Orçai! Largai a escota! *Ave Maria*!
Cheia de Graça... Horror! Mortos! E a água tão fria!...
    Que triste ver os Mortos a nadar!

Spleen! Que hei de eu fazer? Dormir, não tenho sono,
Leva-me a carne a Dor, desgasta-me o perfil.
Nada há pior que este sonâmbulo abandono!

❖ Antônio Nobre ❖

Ó meus Castelos-em-Espanha! Ó meu outono
D'Alma! Ó meu cair-das-folhas, em Abril!

A Vida! Horror! Ó vós que estais no último alento!
    Que felizes, sois prestes a partir!
Ó Morte, quero entrar no teu Recolhimento!...
Oiço bater. Quem é? Ninguém: um rato... o Vento...
    Coitado! é o Georges[2], tísico, a tossir...

Mês de Novembro! Mês dos tísicos! Suando
Quantos a esta hora, não se estorcem a morrer!
Vê-se os Padres as mãos, contentes, esfregando...
Mês em que a cera dá mais e a botica, e quando
Os carpinteiros têm mais obra pra fazer...

Oiço um apito. O trem que se vai... Engatar-te
    Quem me dera o vagão dos sonhos meus!
Lá passa, ao longe. Adeus! Quisera acompanhar-te...
– Boa viagem! Feliz de quem vai, de quem parte!
    Coitado de quem fica... Adeus! adeus!

Que ilusão, viajar! Todo o Planeta é zero.
Por toda a parte é mau o Homem e bom o Céu.
– Américas! Japão! Índias! Calvário!... Quero
Mas é ir à Ilha orar sobre a cova do Antero[3]
E a Águeda beber água do Botaréu...[4]

Vi a Ilha loira, o Mar! Pisei terras de Espanha,
    Países raros, Neves, Areais;
Cantando, ao luar, errei nas ruas da Alemanha,
Armei na França minha tenda de campanha...
    E tédio, tédio, tédio e nada mais!

❖ Só ❖

Que hei de eu fazer! Calai essas canções imundas,
Cervejarias do Quartier![5] Rezai, rezai!
Paisagem, onde estás? Ó luar, águas profundas!
Ó choupos, à tardinha, altivos, mas corcundas,
Tal como aspirações irrealizáveis, ai!

Não me tortura mais a Dor. Sou feliz. Creio
    Em Deus, numa Outra-vida, além do Ar.
Vendi meus livros, meu Filósofo queimei-o.
Agora, trago uma medalha sobre o seio
    Com a qual falo, às noites, ao deitar.

(E a chuva cai...) Meus Deus! Que insuportável Mundo!
Vivalma! (o Vento geme...) O que farão os mais?
Senhor! a Vida não é um rápido segundo:
Que longas horas estas horas! Que profundo
Spleen mortal o destas noites imortais!

Paris, 1890-1891.

Notas

1. Criado que servia na pensão de Mme. Laïlle, em Paris, onde se hospedara Antônio Nobre.
2. Georges aparece primeiramente no poema "Antônio" e, depois, em "Lusitânia no Bairro Latino", quando o eu-poético lhe apresenta as belezas e desgraças de Portugal.
3. Antero de Quental (1842-1891) é considerado um dos melhores sonetistas portugueses, ao lado de Luís de Camões e Bocage. Foi o líder de sua geração literária e teve participação decisiva, como mentor intelectual, do grupo do Cenáculo (dentre os membros incluem-se Eça de Queirós e Teófilo Braga), na divulgação das teorias socialistas de Proudhon, da teoria da evolução, da crítica bíblica de Renan, da Ideia hegeliana e na

gestação do Realismo em Portugal. Escreveu, dentre outras obras, *Odes Modernas* (1865), *Causas da Decadência dos Povos Peninsulares* (1871) e *Sonetos* (1886). Era das ilhas dos Açores e ali se suicidou um ano antes da publicação do *Só*.
4. Botaréu é uma localidade pertencente ao município de Águeda, da província de Aveiro, norte de Portugal.
5. Refere-se ao Quartier Latin, ou Bairro Latino, localizado em Paris, conhecido no século XIX como lugar em que viviam os estudantes e a boemia da capital francesa. A mesma referência já apareceu nos poemas "Antônio" e "Lusitânia no Bairro Latino".

❖ Lua Quarto-Minguante ❖

Os Cavaleiros

– Onde vais tu, cavaleiro,
Pela noite sem luar?
Diz o vento viajeiro,
Ao lado dele a ventar.
Não responde o cavaleiro,
Que vai absorto a cismar.
– Onde vais tu, torna o Vento,
Nesse doido galopar?
Vais bater a algum convento?
Eu ensino-te a rezar.
E a Lua surge, um momento,
A Lua, convento do Ar.
– Vais levar uma mensagem,
Dá-ma que eu vou-ta entregar:
Irás em meia viagem
E eu já de volta hei de estar.
E o cavaleiro, à passagem,
Faz as árvores vergar.
– Vais escalar um mosteiro?
Eu ajudo-to a escalar:
Não há no Mundo pedreiro

Que a mim se possa igualar!
Não responde o cavaleiro
E o Vento torna a falar:
– Dize, dize! vais pra guerra
Monta em mim, vou-te levar:
Não há cavalo na Terra
Que tenha tão bom andar...
E os trovões rolam na serra
Como vagas a arrolar!
– E as guerras hás de ganhá-las,
Que por ti hei de velar:
Ponho-me à frente das balas
Para a força lhes tirar!
E as árvores formam alas
Para os guerreiros passar.
– Vais guiar as caravelas
Por sobre as águas do Mar?
Guiarei as tuas velas
À feição hei de assoprar.
E os astros vêm às janelas
E a Lua vem espreitar...
– Onde vais na galopada,
À tua infância, ao teu Lar?
Conheço a tua pousada:
Já lá tenho ido ficar.
E vai longe a trovoada,
Vai de todo a aliviar.
– Vais ver tua velha Tia,
Na roca de oiro a fiar?
Loiro linho que ela fia,
Ajudei-lho eu a secar!
E o luar é a Virgem Maria...

Que lindo vai o luar!
– Vais ver a tua Mãezinha?
Coitada! vi-a expirar:
Tinha a alma tão levezinha,
Que voou sem eu lhe tocar!...
E o cavaleiro caminha,
Caminha sem se importar!
– Vais ver tua Irmã? Ao peito[1]
Traz um menino a criar:
Ai com que bom, lindo jeito
Ela o sabe acalentar!
E o Vento embala no peito
Uma nuvem, pra imitar!
– Vais ver teus Irmãos distantes?
Vejo-os sempre a trabalhar.
Andais pelo Mundo, errantes,
A Morte há de vos juntar...
Canaviais, como estudantes,
Batem-se em duelo, ao luar!
– Vais ver (se os tens) teus Amigos.
Que levas para lhes dar?
Quando a figueira tem figos,
Tudo nela é de gabar.
Que perfil e olhos antigos,
Que nobreza a desse olhar!
– Onde vais tu? Aonde, aonde?
Fantasma! vais-te casar?
Eu sei da filha dum conde
Que por ti vive a penar...
E o fantasma não responde,
Sempre, sempre, sempre a andar.
– Vais à cata da Ventura

❖ Só ❖

Que anda os homens a tentar?
(Ai daquele que a procura
Que eu nunca a pude encontrar!)
Nisto, pára a criatura,
Faz seu cavalo estacar:
– Vento, sim! Espera, espera!
Que estrada devo tomar?
(É um Menino, é uma quimera
E todo lhe ri o olhar...)
E o vento, com voz austera,
Dor, querendo disfarçar:
– Toma todas as estradas,
Todas, d'Aquém e Além-mar:
Serão inúteis jornadas,
Nunca lá hás de chegar...
Palavras foram facadas
Que é vê-lo, todo a sangrar...
E seus cabelos trigueiros
Começam de branquear,
E olham-se os dois cavaleiros,
Quedam-se ambos a cismar.
Brilha o oriente entre os pinheiros,
Ouvem-se os galos cantar.
– Adeus, adeus! nasce a aurora,
Adeus! vamos trabalhar!
Adeus, adeus! vou-me embora,
Chamam-me as velas, no Mar.
E o Vento vai por i^2 fora,
No seu cavalo, a ventar...

Paris, 1891.

Notas

1. Na segunda edição, não há travessão neste verso, o que certamente constitui um erro tipográfico, considerando-se a estrutura do poema.
2. Forma popular de "aí".

A Vida

Ó grandes olhos outonais! místicas luzes!
Mais triste do que o Amor, solenes como as cruzes
Ó olhos pretos! olhos pretos! olhos cor
Da capa d'Hamlet[1], das gangrenas do Senhor!
Ó olhos negros como Noites, como poços!
Ó fontes de luar, num corpo todo ossos!
Ó puros como o Céu! ó tristes como levas
De degredados!

        Ó Quarta-feira de Trevas!

Vossa luz é maior que a de três Luas-Cheias,
Sois vós que alumiais os Presos, nas cadeias,
Ó velas do Perdão! candeias da Desgraça!
Ó grandes olhos outonais, cheios de Graça!
Olhos acesos como altares de novena!
Olhos de gênio, aonde o Bardo molha a pena!
Ó carvões que acendeis o lume das velhinhas,
Lume dos que no Mar andam botando as linhas...
Ó farolim da barra[2] a guiar os Navegantes!
Ó pirilampos a alumiar os caminhantes,

Mais os que vão na diligência pela serra!
Ó Extrema-Unção final dos que se vão da Terra!
Ó janelas de treva, abertas no teu rosto!
Turíbulos de luar! Luas-Cheias d'Agosto!
Luas d'Estio! Luas negras de veludo!
Ó Luas negras, cujo luar é tudo, tudo
Quando há de branco: véus de noivas, cal
Da ermida, velas do iate, sol de Portugal,
Linho de fiar, leite de nossas Mães, mãos juntas
Que têm erguidas entre círios, as defuntas!
Consoladores dos Aflitos! Ó olhos, Portas
Do Céu! Ó olhos sem bulir como águas-mortas,
Olhos ofélicos! Dois sóis, que dão sombrinha...
Que são em preto os *Olhos Verdes* de Joaninha...[3]
Olhos tranqüilos e serenos como pias!
Olhos Cristãos a orar, a orar *Ave Marias
Cheias de Luz!* Olhos sem par e sem irmãos,
Aos quais estendo, toda a hora, as frias mãos!
Estrelas do Pastor! Olhos silenciosos,
E milagrosos, e misericordiosos,
Com os teus olhos nunca há noites sem luar,
Mesmo no Inverno, com chuva e a relampejar!
Olhos negros! vós sois duas noites fechadas,
Ó olhos negros! como o céu das trovoadas...

Mas dize, meu Amor! ó Dona de olhos tais!
De que te serve ter uns astros sem iguais?
Olha em redor, poisa os teus olhos! O que vês?
O Tédio, o Tédio, oh sobretudo o Tédio! O mês
Em que estamos, igual ao mês passado e ao que há de
Vir. Ódios, Ambições, faltas de Honra, Vaidade,
(Quase todos a têm, isso é o menos), o Orgulho

❖ Só ❖

Insuportável tal o meu, e o sol de Julho!
Jesus! Jesus! quantos doentinhos sem botica!
Quantos lares sem lume e quanta gente rica!
Quantos Reis em palácio e quanta alma sem férias!
Quantas torturas! Quantas Londres de misérias!
Quanta injustiça! quanta dor! quantas desgraças!
Quantos suores sem proveito! quantas taças
A trasbordar veneno em espumantes bocas!
Quantos martírios, ai! quantas cabeças loucas,
No manicômio do Planeta! E as Orfandades!
E os vapores no Mar, doidos, às tempestades!
E os defuntos, meu Deus! que o Vento traz à praia!
E aquela que não sai por ter usada a saia!
E os que soçobram entre a vaidade e o dever!
E os que têm, amanhã, uma letra a vencer!
Olha essa procissão que passa: um torturado
De Infinito! Um rapaz que ama sem ser amado,
E para ser feliz fez todos os esforços...
Olha as insônias duma noite de remorsos,
Como dez anos de prisão maior-celular!
Olha esse tísico a tossir, à beira-mar...
Olha o bebê que teve Torre de coral
De imensas ilusões, mas que uma águia, afinal,
Devorou, pois, ao vê-la ao longe, avermelhada,
Cuidou, ingênua! que era carne ensangüentada!
Quantos são, hoje? Horror! A lembrança das datas...
Olha essas rugas que têm certos diplomatas!
Olha esse olhar que têm os homens da Política!
Olha um artista a ler, soluçando, uma crítica...
Olha esse que não tem talento e o julga ter
E aquele outro que o tem... mas não sabe escrever!
Olha, acolá, tantos Estúpidos, meu Deus!

(Morrendo, diz-se, vão para o Reino dos Céus...)
Olha um filho a espancar o pai que tem cem anos!
Olha um moço a chorar seus cruéis desenganos!
Olha o nome de Deus, cuspido num jornal!
Olha aquele que habita uma Torre de sal,
Muros e andaimes feitos, não de ondas coalhadas,
Mas de outras que chorou, de lágrimas salgadas!
Olha um velhinho a carregar com a farinha
E o filho no arraial, jogando a vermelhinha![4]
Olha, lá vai saindo o paquete *Dom Gil*
Com os nossos irmãos que vão para o Brasil...
Olha, acolá, no cais uma mulher como chora
É o marido, um ladrão, que vai "p'la barra fora!"
Olha esta noiva amortalhada, num caixão...

Jesus! Jesus! Jesus! o que i[5] vai de aflição!

Ó meu Amor! é para ver tantos abrolhos,
Ó flor sem eles! que tu tens tão lindos olhos!
Ah! foi para isto que te deu leite a tua ama,
Foi para ver, coitada! essa bola de lama
Que pelo Espaço vai, leve como a andorinha,
A Terra!

        Ó meu Amor! antes fosses ceguinha...

Paris, 1891.

Notas

1. Hamlet é o protagonista da peça homônima de William Shakespeare. É a história de um príncipe que vive atormentado pela morte de seu pai, o

❖ Só ❖

rei. Este fôra assassinado pelo próprio irmão, que se casara com a rainha. Hamlet se vê na obrigação moral de vingar seu pai e toda a trama gira em torno disso. No *Só*, Nobre já mencionou Ofélia, outra personagem da peça, em "Febre Vermelha" e fará ainda referência à peça no poema "Adeus", no soneto "Enterro de Ofélia" e na primeira parte de "Males de Anto".

2. Farolim da Barra é um antigo farol da Senhora da Luz na Foz do Douro (cidade do Porto), substituído pelo farol da Boa Nova. Já apareceu no poema "Lusitânia no Bairro Latino".

3. Joaninha é uma das personagens de *Viagens na Minha Terra*, de Almeida Garrett. Apaixonada pelo primo Carlos, a sua paixão a levará à loucura e à morte. É um modelo de beleza, bondade e pureza, simbolizado pelos seus olhos verdes. Garrett é citado explicitamente no *Só* nos poemas "Saudade" e "Viagens na Minha Terra".

4. Vermelhinha é o nome de um jogo com cartas que consiste em descobrir a vermelha entre as duas pretas. O mesmo jogo já apareceu no poema "Viagens na Minha Terra".

5. Como já foi observado no poema "Os Cavaleiros", o "i" é uma forma popular de "aí".

Adeus!

POR UMA TEMPESTADE NA COSTA DE INGLATERRA

Adeus! Eu parto, mas volto, breve,
À tua casa que deixei lá!
Leve-me o Outono (não tarda a neve)
Leva-me o Outono (não tarda a neve)
No meu regresso, que sol fará!

Adeus! Na ausência meses são anos,
Dias são meses, que aí são ais:
Ah tu tens sonhos, eu tenho enganos,
Eu sou sozinho, tu tens teus Pais.

Adeus! Nas velas o Vento toca
"Aves" e "Paters"[1] de imensa dor.
Enquanto rezas, fia na roca
Enquanto rezas, fia na roca
O linho branco do nosso amor.

Adeus! Paquete, que vais fugido
Com um Poeta lá dentro a orar!
Ai que destino tão parecido,
Andar aos ventos, ó Mar! ó Mar!

❖ Só ❖

Adeus! Mar, quero que me respondas,
Águas tão altas! dizei, dizei:
Quais mais salgadas? as vossas ondas
Quais mais salgadas? as vossas ondas
Ou as que eu choro, que eu chorarei?

Adeus! (Que é isto? treme o Paquete!)
Fiel me seja teu Coração:
Não que eu fechei-o num aloquete
E a chave é de oiro, trago-a na mão!

Adeus! O Vento soluça e geme,
O Mar, é negro, mas "lá" é azul...
Francês tão moço, que vais ao leme,
Francês tão moço, que vais ao leme,
Ah se pudesses voltar ao Sul!

Adeus (Piloto, que nuvens essas
Façamos juntos o "p'lo-sinal!")[2]
Menina e Moça[3], nunca me esqueças
Que eu tenho os olhos em Portugal!

Adeus! Um brigue de pano roto
Vede que passa, faz-nos sinais:
Tenha piedade, Sr. Piloto,
Tenha piedade, Sr. Piloto,
Seja pela alma dos nossos Pais...

Adeus! "St. Jacques"[4], vai depressinha...
Meu Anjo, a esta hora, tu que farás?
O Mar faz medo (Salve-Rainha...)
E tu, meu Anjo, tão longe estás!

Adeus! Tão longe, tão longe a terra!
Longe de tudo, longe de ti!
A trinta milhas, fica a Inglaterra,
A trinta milhas, fica a Inglaterra,
A uma (ou menos) a Morte, ali...

Adeus! Na hora de me deixares,
Já pressentias o meu porvir:
"Meu Deus!" disseste, mostrando os ares...
Mas era urgente partir! partir!

Adeus! Já faltam os mantimentos,
Falta-nos água, falta-nos luz!
Morrer, à Lua, sem sacramentos,
Morrer, à Lua, sem sacramentos,
Morrer tão novo, Jesus! Jesus!

Adeus! E os dias nascem e morrem;
Tanta água e falta para beber!
E já puseram (rumores correm)
Sola de molho para comer.

Adeus! – Bons-dias, meu Comandante,
A nossa sorte... morrer, talvez...
E o rude velho segue pra diante
E o rude velho segue pra diante:
– Morrer, meu Amo, só uma vez!

Adeus! – Gajeiro! boa criança!
Que vais em cima no mastaréu,
Vê lá se avistas terras de França...
– Ah nada avisto, só água e céu![5]

❖ Só ❖

Adeus! Ó Lua, Lua dos Meses,
Lua dos Mares, ora por nós!...
Ó Mar antigo dos Portugueses,
Ó Mar antigo dos Portugueses,
Ó Mar antigo dos meus Avós!

Adeus! Ai triste de quem embarca
Sem ver a sorte que o espera ao fim!
Façamos vela pra Dinamarca,
Que Hamlet[6] espera no *Cais* por mim.

Adeus! À Vida sinto-me preso,
(Morrer não custa) pelas paixões...
Vamos ao fundo, meu Anjo, ao peso
Vamos ao fundo, meu Anjo, ao peso
Das minhas trinta desilusões![7]

Adeus! Que estranha Visão é aquela
Que vem andando por sobre o Mar?
Todos exclamam de mãos para ela:
"Nossa Senhora! que vens a andar!"

Adeus! A Virgem com um afago,
Pôs manso o Oceano, que assim o quis:
O Mar agora parece um lago,
O Mar agora parece um lago...
O rio Lima[8] do meu País!

Adeus! Menina, que estás rezando,
Desceu a Virgem e já te ouviu:
Agora, quero ver-te cantando,
A Santa Virgem já me acudiu.

Adeus! Os Ventos são meigas brisas
E brilha a Lua como um farol!
Ponde nas vergas vossas camisas,
Ponde nas vergas vossas camisas,
Ó Marinheiros, que a Lua é o Sol!

Adeus! "St. Jacques" lá entra a barra,
Nossa Senhora vai indo a pé:
Com o seu cabelo fez uma amarra,
Lá vai puxando, que boa ela é!

Adeus! Eu parto, mas volto, breve,
À tua casa que deixei lá!
Leva-me o Outono (não tarda a neve)
Leva-me o Outono (não tarda a neve)
No meu regresso que sol fará!

Paris, 1893.

Notas

1. "Aves" e "Paters" é provavelmente uma menção à musicalidade das orações cristãs "Ave Maria" e "Pai Nosso" que o vento tocaria com imensa dor.
2. "P'lo-sinal" é uma expressão popular que significa "pelo sinal da cruz".
3. "Menina e Moça", como já observamos nos poemas "Lusitânia no Bairro Latino" e "Purinha", faz referência ao romance pastoril *Menina e Moça* (1554) do poeta e prosador português Bernardim Ribeiro, um dos fundadores da prosa ficcional portuguesa.
4. "St. Jacques" é o nome da embarcação que levou Nobre para a França, partindo do rio Douro e chegando ao Havre, em 1893.
5. Na expressão "só água e céu" há uma referência velada à história popular da Nau Catrineta. Antes aparecera explicitamente em "Purinha"

❖ Só ❖

e de forma velada em "Adeus". Também aparecerá de forma velada no soneto 14 e no final da primeira parte dos "Males de Anto". Há uma clara opção de Antônio Nobre em empregar a ortografia arcaica de Catrineta. A Nau Catrineta faz parte do cancioneiro português e foi retomada por Garrett num poema que ficou muito famoso no século XIX. O poema narra a história de um capitão que, perdido no mar, à deriva, é tentado pelo demônio, mas acaba se safando por intervenção divina.

6. Hamlet é o protagonista da peça homônima de William Shakespeare. É a história de um príncipe que vive atormentado pela morte de seu pai, o rei. Este fora assassinado pelo próprio irmão, que se casara com a rainha. Hamlet se vê na obrigação moral de vingar seu pai e toda a trama gira em torno disso. No *Só*, Nobre já fez referência ao personagem de Shakespeare no poema "Vida" e irá retomá-lo mais adiante no soneto "Enterro de Ofélia" e na primeira parte de "Males de Anto".

7. Aqui há uma referência implícita às trinta moedas e aos trinta corações que aparecem na terceira parte do poema "Lusitânia no Bairro Latino".

8. Lima é um rio da região do Minho, norte de Portugal, que margeia cidades como Ponte de Barca, Ponte de Lima e Viana do Castelo, desaguando no Atlântico.

Ladainha

Teu coração dentro do meu descansa,
Teu coração, desde que lá entrou:
E tem tão bom dormir essa criança,
Deitou-se, ali caiu, ali ficou.

Dorme, menino! dorme, dorme, dorme!
O que te importa o que no Mundo vai?
Ao acordares desse sono enorme
Tu julgarás que se passou num ai.

Dorme, criança! dorme, sossegada,
Teus sonos brancos ainda por abrir:
Depois a Morte não te custa nada,
Porque a ela habituaste-te a dormir...

Dorme, meu Anjo! (a Noite é tão comprida!)
Que doces sonhos tu não hás de ter!
Assim como o hábito de os ter na Vida
Continuarás depois de falecer...

Dorme, meu filho! cheio de sossego,
Esquece-te de tudo e até de mim.

❖ Só ❖

Depois... de olhos fechados, és um cego,
Tu nada vês, meu filho! e antes assim.

Dorme os teus sonhos, dorme e não mos digas,
Dorme, filhinho! dorme, dorme, "ó-ó"...
Dorme, minha alma canta-te cantigas,
Que ela é velhinha como a tua Avó!

Nenhuma ama tem um pequenino
Tão bom, tão meigo; que feliz eu sou!
E tem tão bom dormir esse menino...
Deitou-se, ali caiu, ali ficou.

Paris, 1894.

Fala ao Coração

Meu Coração, não batas, pára!
Meu Coração, vai-te deitar!
A nossa dor, bem sei, é amara,
A nossa dor, bem sei, é amara:
Meu Coração, vamos sonhar...
Ao Mundo vim, mas enganado.
Sinto-me farto de viver:
Vi o que ele era, estou maçado,
Vi o que ele era, estou maçado.
Não batas mais! vamos morrer...
Bati à porta da Ventura
Ninguém ma abriu, bati em vão:
Vamos a ver se a sepultura
Vamos a ver se a sepultura,
Nos faz o mesmo, Coração!
Adeus, Planeta! adeus, ó Lama!
Que a ambos nós vais digerir.
Meu Coração, a *Velha* chama,
Meu Coração, a *Velha* chama:
Basta, por Deus! vamos dormir...

                                      Coimbra, 1888.

Menino e Moço[1]

Tombou da haste a flor da minha infância alada,
Murchou na jarra de oiro o pudico jasmim:
Voou aos altos Céus a pomba enamorada
Que dantes estendia as asas sobre mim.

Julguei que fosse eterna a luz dessa alvorada,
E que era sempre dia, e nunca tinha fim
Essa visão de luar que vivia encantada,
Num castelo de prata embutido a marfim!

Mas, hoje, as pombas de oiro, aves da minha infância,
Que me enchiam de Lua o coração, outrora,
Partiram e no Céu evolam-se, à distância!

Debalde clamo e choro, erguendo aos Céus meus ais:
Voltam na asa do Vento os ais que a alma chora,
Elas, porém, Senhor! elas não voltam mais...

Leça, 1885.

❖ Antônio Nobre ❖

Notas

1. Pela quarta vez no livro (conferir "Lusitânia no Bairro Latino", "Purinha" e "Adeus") aparece uma referência ao texto seiscentista de Bernardim Ribeiro, *Menina e Moça* (1554), um dos textos mais importantes da prosa ficcional portuguesa.

O Sono de João[1]

O João dorme... (Ó Maria,
Dize àquela cotovia
Que fale mais devagar:
Não vá o João, acordar...)

Tem só um palmo de altura
E nem meio de largura:
Para o amigo orangotango
O João seria... um morango!
Podia engoli-lo um leão
Quando nasce! as pombas são
Um poucochinho maiores...
Mas os astros são menores!

O João dorme... Que regalo!
Deixa-lo dormir, deixa-lo!
Calai-vos, águas do moinho!
Ó Mar! fala mais baixinho...
E tu, Mãe! e tu, Maria!
Pede àquela cotovia
Que fale mais devagar:
Não vá o João, acordar...

❖ Antônio Nobre ❖

O João dorme, o Inocente!
Dorme, dorme eternamente,
Teu calmo sono profundo!
Não acordes para o Mundo,
Pode levar-te a maré:
Tu mal sabes o que isto é...

Ó Mãe! canta-lhe a canção,
Os versos do teu Irmão:
"Na Vida que a Dor povoa,
Há só uma coisa boa,
Que é dormir, dormir, dormir...
Tudo vai sem se sentir".

Deixa-o dormir, até ser
Um velhinho... até morrer!

E tu vê-lo-ás crescendo
A teu lado (estou-o vendo
João! que rapaz tão lindo!)
Mas sempre, sempre dormindo...
Depois, um dia virá
Que (dormindo) passará
Do berço, onde agora dorme,
Para outro, grande, enorme:
E as pombas que eram maiores
Que João... ficarão menores!

Mas para isso, ó Maria!
Dize àquela cotovia
Que fale mais devagar:
Não vá o João, acordar...

❖ Só ❖

E os anos irão passando.
Depois, já velhinho, quando
(Serás velhinha também)
Perder a cor que, hoje, tem,
Perder as cores vermelhas
E for cheiinho de engelhas,
Morrerá sem o sentir,
Isto é, deixa de dormir:
Acorda e regressa ao seio
De Deus, que é donde ele veio...

Mas para isso, ó Maria!
Pede àquela cotovia
Que fale mais devagar:

Não vá o João, acordar...

Paris, 1891.

Nota

1. João é o nome do sobrinho do poeta, filho de sua irmã, Maria da Glória Nobre Andresen, muito chegada ao poeta, que já fora mencionada no poema "Antônio".

❖ Sonetos ❖

Sonetos

1

Em horas que lá vão, molhei a pena
Na chaga aberta desse corpo amado,
Mas numa chaga a supurar gangrena,
Cheia de pus, de sangue já coalhado!

E depois, com a mão firme e serena,
Compus este Missal dum Torturado:
Talvez choreis, talvez vos faça pena...
Chorai! que imenso tenho eu já chorado.

Abri-o! Orai com devoção sincera!
E, à leitura final duma oração,
Vereis cair no solo uma quimera:

Moços do meu país! vereis então
O que é esta Vida, o que é que vos espera...
Toda uma Sexta-feira de Paixão!

Coimbra, 1889.

❖   Antônio Nobre   ❖

2

Em certo Reino, à esquina do Planeta,
Onde nasceram meus Avós, meus Pais,
Há quatro lustres, viu a luz um poeta
Que melhor fora não a ver jamais.

Mal despontava para a vida inquieta,
Logo ao nascer, mataram-lhe os ideais,
À falsa fé, numa traição abjeta,
Como os bandidos nas estradas reais!

E, embora eu seja descendente, um ramo
Dessa arvore de Heróis que, entre perigos
E guerras, se esforçaram pelo Ideal:

Nada me importas, País! seja meu Amo
O Carlos[1] ou o Zé da T'reza...[2] Amigos,
Que desgraça nascer em Portugal!

Coimbra, 1889.

Notas

1. D. Carlos era rei de Portugal na altura em que ocorreu o *Ultimatum* inglês (1890). Este episódio foi uma das maiores humilhações nacionais sofridas pelos portugueses no século XIX, que decorreu da decisão da coroa portuguesa de abdicar de suas reivindicações a alguns territórios africanos, obedecendo aos ingleses, que ameaçavam militarmente Portugal por pretenderem os mesmos territórios.
2. "Zé da T'reza" é uma expressão portuguesa equivalente à expressão brasileira "Zé Mané", que significa "um qualquer", "alguém sem importância alguma".

❖ Só ❖

3

Na praia lá da Boa Nova[1], um dia,
Edifiquei (foi esse o grande mal)
Alto Castelo, o que é a fantasia,
Todo de lápis-lazúli e coral!

Naquelas redondezas, não havia
Quem se gabasse dum domingo igual:
Oh Castelo tão alto! parecia
O território dum Senhor-feudal!

Um dia (não sei quando, nem sei donde)
Um vento seco de mau sestro e spleen
Deitou por terra, ao pó que tudo esconde,

O meu condado, o meu condado, sim!
Porque eu já fui um poderoso Conde,
Naquela idade em que se é conde assim...

Porto, 1887.

Nota

1. Boa Nova é o nome de uma ermida que fica na praia de Matozinhos, norte de Portugal, onde Antônio Nobre costumava banhar-se. Referência à mesma localidade aparece em "Lusitânia no Bairro Latino".

4

Ó Virgens que passais, ao Sol-poente,
Pelas estradas ermas, a cantar!
Eu quero ouvir uma canção ardente,
Que me transporte ao meu perdido Lar.

Cantai-me, nessa voz onipotente,
O Sol que tomba, aureolando o Mar,
A fartura da seara reluzente,
O vinho, a Graça, a formosura, o luar!

Cantai! cantai as límpidas cantigas!
Das ruínas do meu Lar desaterrai
Todas aquelas ilusões antigas

Que eu vi morrer num sonho, como um ai...
Ó suaves e frescas raparigas,
Adormecei-me nessa voz... Cantai!

Porto, 1886.

❖ Só ❖

5

Íamos sós pela floresta amiga,
Sob o incenso da Lua que se evola,
Olhos nos Céus, modesta rapariga!
Como as crianças ao sair da escola.

Em teus olhos já meigos de fadiga,
Semicerrados como o olhar da rola,
Eu ia lendo essa balada antiga
Duns noivos mortos ao cingir da estola...

A Lua-a-Branca, que é tua Avozinha,
Cobria com os seus os teus cabelos
E dava-te um aspecto de velhinha!

Que linda eras, o luar que o diga!
E eu compondo estes versos, tu a lê-los,
E ambos cismando na floresta amiga...

Porto, 1884.

6

Os meus pecados, Anjo! os meus pecados!
Contar-tos para quê, se não têm fim?
Sou santo ao pé dos outros desgraçados,
Mas tu és mais que santa ao pé de mim.

A ti acendo círios perfumados,
Faço novenas, queimo-te alecrim,
Quando sofro, me vejo com cuidados...
Nas tuas rezas, lembra-te de mim!

Que eu seja puro d'alma e pensamento!
E que, em dia do grande Julgamento,
Minhas culpas não sejam de maior:

Pois tenho (que o Céu tudo aponta e marca)
Um processo a correr nessa comarca,
Cujo delegado é Nosso Senhor...

Hamburgo, 1891

❖ Só ❖

7

Meus dias de rapaz, de adolescente,
Abrem a boca a bocejar sombrios:
Deslizam vagarosos como os Rios,
Sucedem-se uns aos outros, igualmente.

Nunca desperto de manhã, contente.
Pálido sempre com os lábios frios,
Oro, desfiando os meus rosários pios...
Fora melhor dormir, eternamente!

Mas não ter eu aspirações vivazes,
E não ter, como têm os mais rapazes,
Olhos boiando em sol, lábio vermelho!

Quero viver, eu sinto-o, mas não posso:
E não sei, sendo assim enquanto moço,
O que serei, então, depois de velho.

Belos-Ares, 1889.

8

Poveirinhos! meus velhos Pescadores!
Na Água quisera com Vocês[1] morar:
Trazer o grande gorro de três cores,
Mestre da lancha *Deixem-nos passar!*

Far-me-ia outro, que os vossos interiores,
De há tantos tempos, devem já estar
Calafetados pelo breu das Dores[2],
Como esses pongos em que andais no Mar!

Ó meu Pai, não ser eu dos poveirinhos!
Não seres tu, para eu o ser, poveiro,
Mail-Irmão do "Senhor de Matozinhos!"[3]

No alto mar, às trovoadas, entre gritos,
Prometemos, *si o barco fôri intieiro,*
Nossa bela[4] *à Sinhora dos Aflitos!*

Leça, 1889.

Notas

1. Como já apareceu em "Lusitânia no Bairro Latino", aqui temos um emprego específico do pronome "você". Diferentemente do português do Brasil, onde o pronome "você" é empregado em todas as classes sociais, em Portugal ele pode ser empregado como indicação de informalidade, em alguns grupos que não tiveram acesso à instrução estatal, ou, ao contrário, como uma forma de distanciamento, indicando formalidade entre as pessoas ditas instruídas. É evidente que aqui se trata do primeiro caso. Nobre se apropria do modo de tratamento popular para elaborar o seu poema.

❖ Só ❖

2. Possível referência a Nossa Senhora das Dores (representação de Maria com o coração transpassado de espadas), que aparece também no poema "Memória", na abertura do livro, e nos "Males de Anto" (de forma explícita, no meio do poema, e implícita, ao final).
3. É uma das maneiras de evocar Cristo, na sua forma de protetor dos pescadores.
4. "Bela" é o mesmo que "vela". Há aqui uma imitação da pronúncia da fala popular de Póvoa do Varzim, onde o "v" é pronunciado como "b". Todavia, há que notar a polissemia da construção, já que a ideia de beleza acaba permanecendo no verso, atribuída à Senhora dos Aflitos.

9

Quando vem Junho e deixo esta cidade,
Batina, *Cais*, tuberculosos Céus,
Vou para o Seixo[1], para a minha herdade:
Adeus, cavaco e luar! choupos, adeus!

Tomo o regime do Sr. Abade[2],
E faço as pazes, ele o quer, com Deus.
No seu direito olhar vejo a bondade,
E às capelinhas vou ver os Judeus.

Que homem sem par! Ignora o que são dores!
Para ele uma ramada é o pálio verde,
Os cachos d'uvas são as suas flores!

Ao seu passal chama ele o Mundo todo...
Sr. Abade! olhe que nada perde:
Viva na Paz, aí, longe do lodo.

Coimbra, 1890.

Notas

1. Refere-se a uma das localidades situadas no Distrito do Porto onde Antônio Nobre passava as férias.
2. Sr. Abade refere-se a Luís de Serpa Pinto, abade de S. Mamede de Recezinhos, freguesia de Seixo, pai de Joaquim da Serpa Pinto, amigo da família de Nobre. A figura do Sr. Abade é recorrente em todo o livro. Apareceu já também em "Purinha", em "O Meu Cachimbo" e ressurgirá em "Males de Anto".

❖ Só ❖

10

Longe de ti, na cela do meu quarto,
Meu copo cheio de agoirentas fezes,
Sinto que rezas do Outro-mundo, harto,
Pelo teu filho. Minha Mãe, não rezes!

Para falar, assim, vê tu! já farto,
Para me ouvires blasfemar, às vezes,
Sofres por mim as dores cruéis do parto
E trazes-me no ventre nove meses!

Nunca me houvesses dado à luz, Senhora!
Nunca eu mamasse o leite aureolado
Que me fez homem, mágica bebida!

Fora melhor não ter nascido, fora,
Do que andar, como eu ando, degredado
Por esta Costa d'África da Vida.

Coimbra, 1889.

11

Altos pinheiros septuagenários
E ainda empertigados sobre a serra!
Sois os Enviados-extraordinários,
E embaixadores d'El-Rey Pã[1], na Terra.

À noite, sob aqueles lampadários,
Conferenciais com ele... Há paz? Há guerra?
E tomam notas vossos secretários,
Que o *Livro Verde* secular encerra.

Hirtos e altos, Tayllerands[2] dos montes!
Tendes a linha, não vergais as frontes
Na exigência da Corte, ou beija-mão!

Voltais aos Homens com desdém a face...
Ai oxalá! que Pã me despachasse
Adido à vossa estranha Legação!

Coimbra, 1888.

Notas

1. Pã é um deus grego que protegia rebanhos. Na tradição romana, Pã foi identificado com Fauno. Apresenta forte componente sexual, por vezes de caráter bestial. É representado metade homem, metade bode. Na tradição cristã, associa-se ao demônio. No *Só*, a figura de Pã já apareceu no poema "Carta a Manoel".
2. Tayllerands refere-se provavelmente a Charles-Maurice de Tayllerand, famoso ministro de Napoleão Bonaparte, que tinha grande poder junto ao imperador.

❖ Só ❖

12

Não repararam nunca? Pela aldeia,
Nos fios telegráficos da estrada,
Cantam as aves, desde que o Sol nada,
E, à noite, se faz sol a Lua-cheia.

No entanto, pelo arame que as tenteia,
Quanta tortura vai, numa ânsia alada!
O Ministro que joga uma cartada,
Alma que, às vezes, d'Além-Mar anseia:

– Revolução! – Inútil. – Cem feridos,
Setenta mortos. – Beijo-te! – Perdidos!
– Enfim, feliz! – ? – ! – Desesperado. – Vem.

E as boas aves, bem se importam elas!
Continuam cantando, tagarelas:
Assim, Antônio! deves ser também.

Colônia, 1891.

❖ Só ❖

13

Falhei na vida. Zut![1] Ideais caídos!
Torres por terra! As árvores sem ramos!
Ó meus Amigos! todos nós falhamos...
Nada nos resta. Somos uns perdidos.

Choremos, abracemo-nos, unidos!
Que fazer? Por que não nos suicidamos?
Jesus! Jesus! Resignação... Formamos
No Mundo, o Claustro-pleno dos Vencidos.

Troquemos o burel por esta capa!
Ao longe, os sinos místicos da Trappa[2]
Clamam por nós, convidam-nos a entrar:

Vamos semear o pão, podar as uvas,
Pegai na enxada, descalçai as luvas,
Tendes bom corpo, Irmãos! Vamos cavar!

Coimbra, 1889.

Notas

1. Interjeição francesa que exprime impaciência, irritação, cólera.
2. Abadia beneditina de Notre-Dame de la Trappe, em Soligny, França, fundada em 1140, que deu origem à ordem dos trapistas.

14

Vou sobre o Oceano (o luar de lindo enleva!)
Por este mar de Glória, em plena paz.
Terras da Pátria somem-se na treva,
Águas de Portugal ficam, atrás.

Onde vou eu? Meu fado onde me leva?
Antônio, onde vais tu, doido rapaz?
Não sei. Mas o Vapor, quando se eleva,
Lembra o meu coração, na ânsia em que jaz.

Ó Lusitânia que te vais à vela!
Adeus! que eu parto (rezarei por ela)
Na minha *Nau Catharineta*[1], adeus!

Paquete, meu Paquete, anda ligeiro,
Sobe depressa à gávea, Marinheiro,
E grita, França! pelo amor de Deus!

Oceano Atlântico, 1890.

Nota

1. Essa é a terceira vez que a Nau Catharineta aparece no livro. Antes aparecera explicitamente em "Purinha" e de forma velada em "Adeus". Também aparecerá de forma velada no final da primeira parte dos "Males de Anto". Há uma clara opção de Antônio Nobre em empregar a ortografia arcaica de Catrineta. A Nau Catrineta faz parte do cancioneiro português e foi retomada por Almeida Garrett num poema que ficou muito famoso no século XIX. O poema narra a história de um capitão que, perdido no mar, à deriva, é tentado pelo demônio, mas acaba se safando por intervenção divina.

❖ Só ❖

15

O meu beliche é tal qual o bercinho
Onde dormi horas que não vêm mais.
Dos seus embalos já estou cheiinho:
Minha velha Ama são os vendavais!

Uivam os Ventos! Fumo, bebo vinho.
O Vapor treme! Abraço a *Bíblia*, aos ais...
Covarde! Que dirão (eu adivinho)
Os Portugueses? Que dirão teus Pais?

Coragem! Considera o que hás sofrido,
O que sofres e o que ainda sofrerás,
E vê, depois, se acaso é permitido

Tal medo à Morte, tanto apego ao Mundo:
Ah! fora bem melhor, vás onde vás,
Antônio, que o paquete fosse ao fundo!

Golfo de Biscaia, 1891.

16

Aqui, sobre estas águas cor de azeite,
Cismo em meu Lar, na paz que lá havia
Carlota[1], à noite, ia ver se eu dormia
E vinha, de manhã, trazer-me o leite.

Aqui, não tenho um único deleite!
Talvez... baixando, em breve, à Água fria,
Sem um beijo, sem uma *Ave-Maria*,
Sem uma flor, sem o menor enfeite!

Ah pudesse eu voltar à minha infância!
Lar adorado, em fumos, à distância,
Ao pé de minha Irmã, vendo-a bordar:

Minha velha Aia! conta-me essa história
Que principiava, tenho-a na memória,
"Era uma vez..."
    Ah deixem-me chorar!

      Canal da Mancha, 1891.

Nota

1. Empregada que trabalhou durante muitos anos na casa da família de Antônio Nobre. Já apareceu no poema "Antônio" e irá reaparecer em "Males de Anto".

❖ Só ❖

17

Vaidade, meu Amor, tudo Vaidade!
Ouve: quando eu, um dia, for alguém,
Tuas amigas ter-te-ão amizade,
(Se isso é amizade) mais do que, hoje, têm.

Vaidade é o Luxo, a Glória, a Caridade,
Tudo Vaidade! E, se pensares bem,
Verás, perdoa-me esta crueldade,
Que é uma vaidade o amor de tua Mãe.

Vaidade! Um dia, foi-se-me a Fortuna
E eu vi-me só no Mar com minha escuna,
E ninguém me valeu na tempestade!

Hoje, já voltam com seu ar composto,
Mas eu, vê lá! eu volto-lhes o rosto...
E isto em mim não será uma vaidade?

Mar do Norte, 1891.

18

E a Vida foi, e é assim, e não melhora.
Esforço inútil. Tudo é ilusão.
Quantos não cismam nisso mesmo a esta hora
Com uma taça, ou um punhal na mão!

Mas a Arte, o Lar, um filho, Antônio? Embora!
Quimeras, sonhos, bolas de sabão.
E a tortura do *Além* e quem lá mora!
Isso é, talvez, minha única aflição.

Toda a dor pode suportar-se, toda!
Mesmo a da noiva morta em plena boda,
Que por mortalha leva... essa que traz.

Mas uma não: é a dor do pensamento!
Ai quem me dera entrar nesse convento
Que há além da Morte e que se chama *A Paz!*

Paris, 1891.

❖ Elegias ❖

A Sombra

Não tarda a sombra, aí. Vai alto o Sete-Estrelo[1]
  São horas dela vir. Minha alma, atende!
    Que já a Lua, a sentinela, rende
Na esplanada do céu, às portas do Castelo...

Oiço um rumor: talvez... Ei-la, é ela: ao longe, avisto
    Seu vulto em flor: postas as mãos no seio,
    Com o cabelo separado ao meio,
Todo caído para trás, como o de Cristo!

Sorri. Que linda vem, Jesus! Que bem vestida!
    Quantas lembranças deste peito arranco!
    Foi assim que primeiro a vi, de branco,
Foi nesse traje que ela sempre andou, em vida!

Que luz projeta! Que esplendor! Parece dia!
    Os galos cantam, anunciando a aurora...
    Ide deitar-vos que ainda não é a hora,
Dorme o teu sono, sossegada, ó cotovia!

Mas vós, ó pedras, afastai-vos, que ela passa!
    Silêncio, rouxinóis, eu quero ouvi-la...

❖ Antônio Nobre ❖

Terá ainda a mesma voz tranqüila?
Ah! ainda é o mesmo o seu andar, cheio de Graça...

Mas ao passar por mim, como d'algum perigo,
   Foge. (Talvez, já seja tarde...) Ó Clara!
   Nuvem! Fantasma! Ouve-me! Pára!...
E oiço a voz dela num murmúrio:
                              "Anda comigo...

                                        Coimbra, 1888.

Nota

1. Sete-Estrelo é a designação popular da constelação das Plêiades; já foi mencionada no poema "Lusitânia do Bairro Latino" e vai reaparecer em "Ca (ro) Da (ta) Ver (mibus)".

Pobre Tísica!

Quando ela passa à minha porta,
Magra, lívida, quase morta,
E vai até à beira-mar,
Lábios brancos, olhos pisados:
Meu coração dobra a finados,
Meu coração põe-se a chorar.

Perpassa leve como a folha,
E, suspirando, às vezes, olha
Para as gaivotas, para o Ar:
E, assim, as suas pupilas negras
Parecem duas toutinegras,
Tentando as asas para voar!

Veste um hábito cor de leite,
Saiinha lisa, sem enfeite,
Boina maruja, toda luar:
Por isso, mal na praia alveja,
As mais suspiram com inveja:
"Noiva feliz, que vais casar..."

❖ Antônio Nobre ❖

Triste, acompanha-a um *Terra-Nova*[1]
Que, dentro em pouco, à fria cova
A irá de vez acompanhar...
O chão desnuda com cautela,
Que *Boy*[2] conhece o estado dela:
Quando ela tosse, põe-se a uivar!

E, assim, sozinha com a aia,
Ao sol, se assenta sobre a praia,
Entre os bebês, que é o seu lugar.
E o Oceano, trêmulo avozinho,
Cofiando as barbas cor de linho,
Vem ter com ela a conversar.

Falam de sonhos, de anjos, e ele
Fala d'amor, fala daquele
Que tanto e tanto a faz penar...
E o coração parte-se todo,
Quando a sorrir, com tão bom modo,
O Mar lhe diz: "Há de sarar..."

Sarar? Misérrima esperança!
Padres! ungi essa criança,
Podeis sua alma encomendar:
Corpinho d'anjo, casto e inerme,
Vais ser amada pelo Verme,
Os bichos vão-na desfrutar.

Sarar? Da cor dos alvos linhos,
Parecem fusos seus dedinhos,
Seu corpo é roca de fiar...
E, ao ouvir-lhe a tosse seca e fina,

❖ Só ❖

Eu julgo ouvir numa oficina
Tábuas do seu caixão pregar!

Sarar? Magrita como o junco,
O seu nariz (que é grego e adunco)
Começa aos poucos de afilar,
Seus olhos lançam ígneas chamas:
Ó pobre Mãe, que tanto a amas,
Cautela! O Outono está a chegar...

Leça, 1889.

Notas

1. Terra-nova é uma raça de cão de pelo escuro, originário da ilha de Terra Nova.
2. *Boy* em inglês significa menino, garoto, mas em Portugal é um nome muito comum dados aos cães.

S.ta Iria[1]

(QUE FLORESCEU EM NABÂNCIA[2] NO SÉCULO VII)

Num rio virginal d'águas claras e mansas,
Pequenino baixel, a Santa vai boiando.
Pouco e pouco, dilui-se o oiro das suas tranças
E, diluído, vê-se as águas aloirando.

Circunda-a um esplendor de verdes Esperanças,
Unge-lhe a fronte o luar [os Santos-Óleos] brando,
E, com a Graça etérea e meiga das crianças,
Formosa Iria vai boiando, vai boiando...

Os cravos e os jasmins abrem-se, à luz da Lua,
E, ao verem-na passar, fantástica barquinha,
Murmuram entre si: "É um mármor que flutua!"

Ela entra, enfim, no Oceano... E escuta-se, ao luar,
A mãe do Pescador, rezando a ladainha
Pelos que andam, Senhor! sobre as águas do Mar...

         Leça, 1885.

❖ Só ❖

Notas

1. O convento de Santa Iria fica em Tomar, província de Santarém. Já a igreja de Santa Iria fica em Ribeira de Santarém. A lenda da santa é um tema do Romanceiro português. Morta injustamente por um jovem que a amava, seu corpo é jogado no rio Nabão. Descendo o rio, o corpo da jovem chega em Scalabis e ali acaba sendo mumificado em mármore por milagre. A cidade então muda de nome para Santa Iria, hoje Santarém. A lenda foi retomada por Almeida Garrett em *Viagens na Minha Terra*. Também é o título de um texto de Antero de Quental. Há uma outra localidade chamada Póvoa de Santa Iria, que fica na freguesia do município de Vila Franca de Xira, na província de Lisboa, vizinha à de Santarém. No *Só*, Santa Iria aparece também no poema "Purinha".
2. Nabância seria uma antiga povoação pertencente ao município de Tomar, na qual teria nascido Santa Iria.

Enterro de Ofélia[1]

Morreu. Vai a dormir, vai a sonhar... Deixa-la!
(Falai baixinho: agora mesmo se ficou...)
Como Padres orando, os choupos formam ala,
Nas margens do ribeiro onde ela se afogou.

Toda de branco vai, nesse hábito de opala,
Para um convento: não o que Hamlet lhe indicou,
Mas para um outro, olhai! que tem por nome *Vala*,
Donde jamais saiu quem, lá, uma vez entrou!

O doce Pôr-do-Sol, que era doido por ela,
Que a perseguia sempre, em palácio e na rua,
Vede-o, coitado! mal pode suster a vela...

Como damas de honor, Ninfas[2] seguem-lhe os rastros,
E, assomando no céu, sua Madrinha, a Lua,
Por ela vai desfiando as suas contas, Astros!

                                    Leça, 1888.

❖ Só ❖

Notas

1. Como já foi observado, Ofélia é personagem da peça *Hamlet* (1601) de Shakespeare. É uma bela jovem que entra num profundo conflito interior em função da fraqueza de caráter do pai, do ciúme do irmão e da ambiguidade de Hamlet. Acaba enlouquecendo e morre afogada. No *Só*, a peça de Shakespeare já fora referida por Nobre nos poemas "Febre Vermelha", "Vida" e "Adeus" e será retomada mais adiante na primeira parte de "Males de Anto".
2. Ninfas eram as divindades gregas que habitavam rios, fontes, florestas, geralmente representadas na forma de belas jovens nuas.

Na Estrada da Beira

Vai em seis meses que deixei a minha terra
E tu ficaste lá, metida numa serra,
Boa velhinha![1] que eras mais uma criança.
Mas, tão longe de ti, neste Payz[2] de França,
Onde mal viste, então, que eu viesse parar,
Vejo-te, quanta vez! por esta sala a andar.
Bates. Entreabres de mansinho a minha porta.
Virás tratar de mim, ainda depois de morta?
Vens de tão longe! E fazes, só, essa jornada!
Ajuda-te o bordão que te empresta uma fada.
Altas horas, enquanto o bom coveiro[3] dorme,
Escapas-te da cova e vens, Bondade enorme!
Através do Marão[4] que a Lua-cheia banha,
Atravessas, sorrindo, a misteriosa Espanha,
Perguntas ao pastor que anda guardando o gado,
(E as fontes cantam e o Céu é todo estrelado)
Para que banda fica a França, e ele, a apontar,
Diz: "Vá seguindo sempre a minha estrela, no Ar!"
E há de ficar cismando, ao ver-te assim, velhinha,
Que és tu a Virgem disfarçada em pobrezinha.
Mas tu, sorrindo sempre, olhando sempre os Céus,

❖ Só ❖

Deixando atrás de ti, os negros Pirineus,
Sob os quais rola a Humanidade, nos Expressos,
Em certo dia ao fim de tantos (conto-os, meço-os!)
Vindo de vila em vila, e mais de serra em serra,
Chegas!
      E cai e cai no soalho alguma terra:
Tua cova que vem pegada aos teus vestidos!

Ó Lua do ceguinho! Amparo dos vencidos!
Alpendre do Perdão! ó Piedade! ó Clemência!
Singular fado o nosso, estranha coincidência:
Deixamos nossa Pátria ao mesmo tempo: tu,
Adentro dum caixão, que era também baú,
Onde levavas as desgraças desta Vida;
Eu, num paquete sobre a vaga enraivecida
(Sob a qual, entretanto, havia a paz das loisas)
E nele o esquife do meu Lar, as minhas coisas,
E mais tu sabes, Santa! um saco de Misérias!
Mas a Existência é um dia, esta Vida são férias
E, mal acabem, te verei de novo... em breve!
E tu de novo me verás...
                       Ah! como deve
Ser frio esse teu lar de debaixo da terra
Que teu cadáver de oiro ainda intacto encerra:
Ainda intacto e sempre: disse-me o coveiro
Que a tua cova era a única sem cheiro...
E assim te deixo, Santa! Santa! ao abandono,
Só, aos cuidados das corujas e do Outono!
Com este frio, horror! Senhora da Piedade!
Sem uma mão amiga e cheia de bondade
Que te agasalhe e faça a dobra do lençol,
Que abra a janela para tu veres o Sol,

❖ Antônio Nobre ❖

Que, logo de manhã, venha trazer-te o leite
E, à noite, a lamparina-esmalte com azeite!
Sem uma voz que vá ao pé da tua loisa,
Ansiosa, perguntar se queres alguma coisa,
Cobrir-te, dar-te as boas-noites... Sem ninguém!
Ai de ti! ai de ti! minha segunda Mãe!

Dobra em meu coração o sino da Saudade.

Aqui, no meio desta fria soledade,
Evoco a Coimbra[5] triste, em seu aspecto moiro:
Entro, chapéu na mão, em tua Casa de Oiro,
Em frente a um canavial, cheio de rouxinóis,
Que era nervoso de mistério, ao pôr-dos-sóis.
Vejo o teu Lar e a ti, tão pura, tão singela,
E vejo-te a sorrir, e vejo-te, à janela,
Quando eu seguia para as aulas, manhã cedo,
Ansiosa, olhando dentre as folhas do arvoredo,
Olhando sempre até eu me sumir, a olhar,
Que às vezes não me fosse um carro atropelar.
Vejo o meu quarto de dormir, todo caiado,
Donde ouvia arrulhar as pombas, no telhado;
Oiço o relógio a dar as horas vagamente,
Devagar, devagar, como os ais dum doente;
Vejo-te à noite, pelas noites de Janeiro,
Na sala a trabalhar, à luz do candeeiro,
Mais vejo o Emílio[6], indo a tatear, quase sem vista,
Mas que lembrava com seus olhos de ametista,
Meio cerrados, como ao Sol uma janela,
Que lindos olhos! uma pomba de *Ramela*!
E andava à solta pela casa, não fugia,
Que aos libres ares o casulo preferia.

❖ Só ❖

Mais vejo Aquela, cujo olhar são pirilampos,
Que tem o nome da mais linda flor dos campos,
Que tem o nome que tiveste... Vejo-a, ainda,
Como se ontem fosse, a Margareth[7], tão linda!
Vejo-a passar, sorrindo, e faz-me assim lembrar
No seu vestido rubro, uma papoila a andar.
Mais te vejo ainda ungir d'afagos minhas penas,
Mais te vejo voltar, à tarde, das novenas;
Mais oiço os sinos a dobrar, em *Santa Clara*[8],
E tu encomendando a alminha que voara...
Mais vejo os meus Contemporâneos, pela *Estrada*.
As capas destraçando, ao verem-te à sacada;
Mais vejo o Rui[9], na sua farda de artilheiro,
E tu mirando-o (o que são mães!) o dia inteiro!
Mais vejo o Sol, áurea cabeça do Senhor,
Mais vejo os cravos, notas de clarim em flor!
Mais vejo no quintal as papoilas vermelhas,
Mais vejo o lar das andorinhas, sob as telhas,
Mais oiço o tanque a soluçar soluços d'água,
Mais oiço as rãs, coaxando à noite a sua Mágoa,
Mais vejo o figueiral todo cheio de figos,
Mais vejo a tua mão a dá-los aos mendigos;
Mais oiço os guizos, ao passar da mala-posta,
Mais vejo a sala de jantar, a mesa-posta,
E tu Senhora! presidindo, à cabeceira.
E (o que a distância faz!) vejo-te na cadeira,
Com uma touca preta a cobrir-te os cabelos,
Que eram de neve, aos caracóis, estou a vê-los!
(Hei de ir cortar-tos, alta noite, ao cemitério)
Mais vejo o Vasco[10] sempre triste, sempre sério,
Dum lado e eu de outro...

❖ Antônio Nobre ❖

                  Que abençoado refeitório!

Mas tudo passa neste Mundo transitório.
E tudo passa e tudo fica! A Vida é assim
E sê-lo-á sempre pelos séculos sem fim!
Ainda vejo a tua casa, e ouço os teus gritos
(Mas nas janelas e na porta vejo escritos.)
O Vasco é ainda sempre triste, sempre sério
(Mas mais ainda quando vem do cemitério.)
Meu quarto de dormir vejo-o no mesmo estado
(Mas não sei que é, não me parece tão caiado.)
A janela ainda tem o mesmo parapeito
(Mas já não sou "o estudantinho de Direito".)
Na sala de jantar ainda se estende a mesa
(Mas já não tem a mesa-posta, a sobremesa.)
Vejo o relógio na parede como outrora
(Mas o ponteiro marca ainda a mesma hora)
O candeeiro ainda tem o petróleo e a torcida
(Mas apagou-se a luz a quando a tua vida)
A diligência passa, à tardinha, a tinir,
(Mas já não tem os olhos teus para a seguir...)
Passam ainda pela *Estrada* os estudantes
(Mas não destraçam suas capas, como dantes.)
Vêm da novena ainda as moças e as donzelas
(Mas procuro-te, em vão, já não te vejo entre elas.)
As andorinhas ainda têm o mesmo fito
(Mas já fizeram três jornadas ao Egito.)
Ainda dobra por defuntos e defuntas
(Mas não te vejo a ti a rezar de mãos juntas.)
Ainda lá está o figueiral com figos
(Mas não a tua mão a dá-los aos mendigos...)
O Rui ainda traz a farda de soldado

❖ Só ❖

(Mas, agora, já põe mais divisas, ao lado.)
As rãs coaxam ainda à noite, à beira d'água,
(Mas, já não têm quem peça a Deus por essa Mágoa.)
O Emílio tem ainda esse olhar que maravilha,
(Mas, com seus olhos d'hoje, é uma pombinha da *Ilha*.)
Ainda lá estão os cravos, no jardim,
(Mas já não são as mesmas notas de clarim.)
Ainda oiço o tanque a soluçar a sua mágoa
(Mas já não acho tão branquinha a sua água.)
A Margareth ainda é a papoila de outrora
(Mas a papoila... já está uma senhora!)
Ainda lá estão as papoilas em flor
(Mas a Velhinha já não vai de regador...)
Meu coração é ainda o Vale de Gangrenas
(Mas já não tenho quem lhe plante as açucenas.)
Vive ainda o Sol, vivo eu ainda... (Mas tu morreste!)
Tudo ficou, tudo passou...

    Que mundo este!

      Paris, 1891.

Notas

1. Margarida da Rocha e Castro, a quem Nobre dedica este poema, era mãe de Rui e de Vasco, que serão citados mais adiante neste poema.
2. "Payz" é a grafia antiga de "país". A escolha por tal grafia e o emprego da palavra em maiúscula são opções do poeta, o que deve ser levado em conta na interpretação do texto.
3. A figura do coveiro perpassa todo o livro, pois já apareceu em "Antônio" e em "Lusitânia no Bairro Latino", e ainda retornará em "Ca (ro) Da (ta) Ver (mibus)" e na segunda parte do último poema do livro, "Males de Anto".

4. Refere-se à Serra do Marão, que fica na divisa entre Portugal e Espanha, na região do rio Douro, norte de Portugal.
5. Coimbra era a capital cultural do século XIX em Portugal. Abriga a Universidade de Coimbra, fundada no século XII e célebre especialmente pela Faculdade de Direito, para onde eram mandados os filhos da média e alta burguesia. No *Só*, Coimbra já apareceu nos poemas "Para as Raparigas de Coimbra", "Carta a Manoel", "Viagens na Minha Terra", "D. Enguiço" e reaparecerá na primeira parte de "Males de Anto".
6. Emílio de Lucena, irmão de Margarida, a "Purinha".
7. Foi uma preceptora inglesa que Nobre conheceu numa de suas férias de verão, quando era ainda muito jovem e pela qual se apaixonou.
8. Igreja do Mosteiro de Santa Clara, situado em Coimbra. Houve, na verdade, dois mosteiros de Santa Clara: o primeiro, da igreja de Santa Clara-a-Velha, remonta ao século XIII; o segundo, de Santa Clara-a-Nova, foi construído no século XVII. No *Só*, já aparecera no poema "Para as Raparigas de Coimbra" uma referência aos sinos de Santa Clara.
9. Rui da Rocha e Castro, filho de Margarida, acima mencionada, era irmão de Vasco, que será mencionado mais adiante. Rui era oficial da artilharia e amigo da família de Nobre.
10. Vasco da Rocha e Castro, filho de Margarida e irmão de Rui, anteriormente citado, era inspetor de tabacos em Vila Real e amigo da família de Nobre.

Ca (ro) Da (ta) Ver (mibus)[1]

Memória
A J. d'Oliveira Macedo,
Eduardo Coimbra, Antônio Fogaça

Às horas do crepúsculo, ao *Bendito*,
Quando a Lua, formosa leiteirinha
Vai dar o leite às casas do Infinito;

Às horas das *Trindades*, à noitinha,
Quando há milagres e sublimes Cousas
E concebe seus filhos a andorinha...

Quando, em convento, as leais Religiosas,
Tristes, se envolvem num burel de mágoa
E os cravos noivam com as suas Rosas;

Quando o luar do Céu azula a frágua,
E o Céu sem fim, a abóbada estrelada,
Como que tem os olhos rasos de água;

Nessa hora indecisa, angustiada,
Em que o Universo está, meio às escuras,
Que não se sabe se é antes a alvorada:

❖ Antônio Nobre ❖

Eu pude ver, erguendo-se às alturas,
Aquela benta lágrima de pranto
Que despedem, morrendo, as criaturas.

E ao vir da noite, com nervoso e espanto,
Vi uma estrela a mais no azul do Céu:
É que um poeta, que era justo e santo,

Às horas do crepúsculo... morreu!
O simples coração de Julieta
Dentro da alma virgem de Romeu!

Uma criação de Deus, mas incompleta:
Águia que tinha um coração de pomba,
Cedro que dava folhas de violeta!

Ah, quando vejo alguma flor que tomba
Meu coração não pode e em sua dor,
Escarnece do Bem, de tudo zomba!

Eulália, que o seu primeiro amor,
Aos Ventos, aos relâmpagos, ficou
Neste Vale de Lágrimas, Senhor!

Quem lhe dera a mortalha que levou
Toda coberta de cabelo loiro
Da mística Menina que ele amou!

Vede-a, acolá, chorando o seu Tesoiro,
Na janela que deita para o Mar,
Soltas ao Vento as suas tranças de oiro!

❖ Só ❖

Ó meu amado Sete-Estrelo[2], e, ó Luar,
Vinde pôr velas, vinde daí conosco,
Ó boas Ursas! ó Trapézio do Ar!

Ó aves, que trazeis Março convosco,
São núpcias! enfeitai o vosso ninho,
Com as ervas do seu túmulo tosco!

Vós, pombas de marfim, aves de linho,
Que ides tão alto, divagando errantes,
Quase mortas, perdidas no caminho:

Do Vento sobre as velas almirantes
Prendei a asa e, assim, acompanhai
O cantador que vos cantava dantes!

Ele percorre vitorioso, olhai!
Entre imensas espumas de andorinhas
O Outro-mundo, e que ligeiro vai!

Dizem-lhe adeus da Terra as criancinhas,
Co'as tranças a acenar, mandam-lhe abraços
E beijos com as pálidas mãozinhas.

Mas ele lá vai indo nos Espaços,
Sendo a sua alma uma sutil galera
Com leves remos de marfim (tem braços.)

Onde vai ele? a que ditosa espera
Velhinha Morte a sua alma guia?...
Que vida imensa, lá no Céu, o espera

Para ganhar o pão de cada dia
Cuidará da lavoira, mais das flores,
Lavrando as terras da Virgem Maria!

Longe dos homens maus, dos pecadores,
Numa herdade do Céu, entre charruas,
A cavar entre simples lavradores,

Semeando Estrelas e plantando Luas...
E ainda o choram, que feliz desgosto!
O Vento passa a uivar por essas ruas...

E um óleo que sem química é composto,
Tomba de Cima: é a Extrema-Unção da Morte
Que lhe unge as magras mãos e mais o rosto.

E chorais! Quem vos dera a sua sorte!
Por que é que vos carpis, águas da fonte?
Não chores, cala a boca, vento Norte!

Calai-vos vós também, canas do Monte,
Não sei para que estais com essas falas,
Nem tu, ó Mar, com tais rugas na fronte!

Vê lá, fazes favor, vê se te calas:
Basta que chore Eulália... a Mãe doente
E os seus amigos... aos cantos das salas...

Formoso, branco, meigo, ainda inocente,
Vais-te a dormir na tua casa nova
Cem séculos ou mais... provavelmente.

❖ Só ❖

Que funda te fizeram essa cova!
E tão pequeno és, minha criança!
Têm medo que tu fujas... é o que prova.

Dorme o teu sono na última esperança
Eterna como os séculos e as flores,
Pra todo o sempre, minha flor! descansa...

Ah, nem tigres, nem águias, nem condores,
Abrem as campas, lúgubres cavernas:
O coveiro[3] é o melhor dos construtores!
As suas covas são casas eternas.

Leça, 1885.

Notas

1. *Caro data vermibus* é uma famosa expressão latina, que significa "carne entregue aos vermes", mas aqui, por força do jogo com as palavras, também é possível ler "cadáver" nas letras fora dos parênteses.
2. Sete-Estrelo é a designação popular da constelação das Plêiades e já foi mencionada nos poemas "Lusitânia do Bairro Latino" e "A Sombra".
3. A figura do coveiro é recorrente em todo o livro, pois já apareceu em "Antônio", em "Lusitânia no Bairro Latino", em "Na Estrada da Beira" e ainda o veremos na segunda parte do último poema do livro, "Males de Anto".

Certa Velhinha

1

Além, na tapada das *Quatorze Cruzes*[1],
Que triste velhinha que vai a passar!
Não leva candeia; hoje, o Céu não tem luzes...
Cautela, Velhinha, não vás tropeçar!

Os Ventos entoam cantigas funestas,
Relâmpagos tingem de vermelho o Azul!
Aonde irá ela, numa noite destas,
Com Vento da *Barra* puxado do Sul?

Aonde irá ela, pastores! boieiras!
Aonde irá ela, numa noite assim?
Se for um Fantasma, fazei-lhe fogueiras,
Se for uma Bruxa, queimai-lhe alecrim!

Contava-me Aquela que a tumba já cerra,
Que Nossa Senhora, quando a chama alguém,
Escolhe estas noites pra descer à Terra,
Porque em noites destas não anda ninguém...

❖ Antônio Nobre ❖

Além, na tapada das *Quatorze Cruzes*,
Que linda velhinha que vem a passar!
E que olhos aqueles que parecem luzes!
Quais velas acesas que a vêm a guiar...

Que pobre capinha que leva de rastros,
Tão velha, tão rota! que triste viuvez!
Mas se lhe dá vento, meu Deus! tantos astros!
É o céu estrelado vestido do envez[2]...

Seu alvo cabelo, molhado das chuvas,
Parece uma vinha de luar em flor:
Oh cabelo em cachos, como cachos de uvas!
Só no Céu há uvas com aquela cor.

A luz dos seus olhos é uma luz tamanha
Que ao redor espalha perfeito clarão!
Parece que chove luar na montanha...
Que noite de inverno que parece verão!

Além, na tapada das *Quatorze Cruzes*,
Velhinha tão alta que vem a chegar!
Parece uma Torre coada de luzes!
Ou antes a *Torre de Marfim*, a andar!

Não! Não é uma Torre coada de luzes,
Nem antes a *Torre de Marfim*, a andar,
Que pela tapada das *Quatorze Cruzes*,
Numa noite destas, eu vejo passar.

Também não é, ouve, minha velha ama!
Como tu contavas, a Virgem de Luz:

❖ Só ❖

Digo-te ao ouvido como ela se chama,
Mas guarda segredo, que é...
                    – Jesus! Jesus!

2

Além na tapada das *Quatorze Cruzes*,
Já não é a Velhinha que vai a passar:
Um grande cortejo cheiinho de luzes,
Aninhas da Eira[3] que vai a enterrar.

UM PASTOR FALA:

"Aninhas da Eira! Aninhas da Eira!
Cantai, raparigas, cantai e chorai!
Morreu, coitadinha! sorrindo, trigueira,
Como um passarinho, sem soltar um ai.

"Quando era pequeno, levava-me à escola,
E quando, mais tarde, cresci e medrei,
Oh dança nas eiras, ao som da viola!
Nas danças de roda, que beijos lhe dei!

"Os anos vieram, os anos passaram,
Meu fado arrastou-me, da aldeia saí:
Nunca mais meus olhos seus olhos tocaram,
Perdi-a de todo, nunca mais a vi.

"E além, na tapada das *Quatorze Cruzes*,
Numa noite destas com vento a ventar,
Ó meu Deus! é ela que vai entre luzes!
Ó meu Deus! é a Aninhas que vai a enterrar!

❖ Antônio Nobre ❖

"Olá! bons senhores, vestidos de preto,
Deixai a defunta, que a levarei eu!
O suor alaga-vos, eu levo o carreto...
O caixão de Aninhas é também o meu!

"Tenho os relâmpagos, deixai-me sem velas
A rezar por ela, sob o temporal!
Caí-me no peito, cravai-mas, procelas!
Cruzes da tapada, em forma de punhal!"

Mas os bons senhores, de preto vestidos,
Cigarros acesos, e velas na mão,
Lá passam ao Vento, com sete sentidos,
Com medo que, às vezes, não seja um ladrão...

"Mãos das ventanias! mãos das ventanias!
Tirai-lhes a Aninhas e levai-a a Deus!
Com suas mãozinhas, agora tão frias,
Irá na viagem a dizer-me adeus...

"Ó Vento que passas! corcel de rajada!
Assenta-nos ambos no mesmo selim:
Quero ir mais ela na longa jornada...
Quero ir com Aninhas pelo Céu sem fim!

"Ó Leste, que trazes as rolas, às costas,
Quais rolas, leva-nos aos pés do Senhor!
Quero ir com ela, assim de mãos postas...
Quero ir com Aninhas para onde ela for!

"Ó Norte dos Marços! ó Sul das procelas,
Levai-nos quais brigues, como asas, levai!

❖ Só ❖

Levai-nos como águias, levai-nos quais velas...
Quero ir com Aninhas para onde ela vai!"

3

Além, na tapada das *Quatorze Cruzes*,
Que triste velhinha que vai a passar!
E que olhos aqueles que parecem luzes...
Aonde irá ela? Quem irá buscar?

Paris, 1891.

Notas

1. Terreno próximo à igreja de Recezinhos, em Seixo, que pertencia a Joaquim Serpa Pinto, filho do abade de S. Mamede, e amigo pessoal de Antônio Nobre.
2. Foi mantido "do envez", como no original, e não "do invés" devido à rima com "viuvez".
3. Aninhas de Eira era prima de Nobre por parte de pai.

❖ Males de Anto ❖

Males de Anto[1]

1
A ARES NUMA ALDEIA

Quando cheguei, aqui, Santo Deus! como eu vinha!
Nem mesmo sei dizer que doença era a minha,
Porque eram todas, eu sei lá! desde o Ódio ao Tédio.
Moléstias d'Alma para as quais não há remédio.
Nada compunha! Nada, nada. Que tormento!
Dir-se-ia acaso que perdera o meu talento:
No entanto, às vezes, os meus nervos gastos, velhos,
Convulsionavam-nos relâmpagos vermelhos,
Que eram, bem o sentia, instantes de Camões![2]
Sei de cor e salteado as minhas aflições:
Quis partir, professar num convento de Itália,
Ir pelo Mundo, com os pés numa sandália...
Comia terra, embebedava-me com luz!
Êxtases, espasmos da Teresa de Jesus![3]
Contei naquele dia um cento de desgraças.
Andava, à noite, só, bebia a Noite às taças.
O meu cavaco era o dos Mortos, o das Loisas.
Odiava os Homens ainda mais, odiava as Coisas.
Nojo de tudo, horror! Trazia sempre luvas

(Na aldeia, sim!) para pegar num cacho d'uvas,
Ou numa flor. Por causa dessas mãos... Perdoai-me,
Aldeões! eu sei que vós sois puros. Desculpai-me.

Mas, através da minha dor, da Tempestade,
Sentia renascer minha antiga bondade
Nesta alma que a perdera. Achava-me melhor.
Aos pobrezinhos enxugava-lhes o suor.
A minha bolsa pequenina, de estudante,
Era pr'os pobres. (E é e sê-lo-á doravante.)
E ao vir das tardes, ao passar por um atalho,
Eu ia olhando o chão, embora com trabalho,
Pois os meus olhos não podiam de fadigas,
Pra não pisar os carreirinhos das formigas
Que andam, coitadas! noite e dia, a carregar.
E com vergonha, para ninguém me ver chorar,
Lívido, magro, como um espeto, uma tocha,
Costumava esconder-me em uma certa rocha,
Que, por sinal, tinha o feitio dum gabão,
E punha-me a chorar, a chorar como um leão!
Tinha as vozes do Mar, pregando em seu convento.
E a gesticulação dos pinheirais ao Vento!
Ó Dor! ó Dor! ó Dor! Cala, ó Jó[4], os teus ais,
Que os tem maiores este filho de seus Pais!
Ó Cristo! cala os ais na tua ígnea garganta,
Ó Cristo! que outra dor mais alta se alevanta![5]

Meu pobre coração toda a noite gemia
Como num hospital...

                Entrai na enfermaria!
Vede! Quistos da Dor! Furo-os com uma lança:

❖ Só ❖

Que nojo, olhai! são as gangrenas da Esperança!
Lanceto mais: que lindas cores! um Oceano!
Ó mornos vagalhões do Coração humano,
Amarelos, azuis, negros, cor de Sol-posto!
Ó preamar de pus! maré-viva d'Agosto!
Oceano! ó vagalhões! qual é a vossa Lua?
A que horas é a baixamar, quem vos escua?[6]
Lanceto mais ainda: as Ilusões sombrias!
Cancros do Tédio a supurar Melancolias!
Gangrenas verdes, outonais, cor de folhagem!
O pus do Ódio a escorrer nesta alma sem lavagem!
Tristezas cor de chumbo! Spleen! Perdidos sonos!
Prantos, soluços, ais (o Mar pelos outonos)
A febre do Oiro! O Amor calcado aos pés! Gênio! Ânsia!
Medievalite![7] O Sonho! As saudades da Infância!

Quantos males, Senhor! Que Hospital! Quantas doenças!

Filosofias vãs! Perda das minhas crenças!
Neurastenia! O Susto! Incoerências! Desmaios!
Sede de imensa luz como a dos pára-raios!
Entusiasmos! Lesão-cardíaca da Raiva!
Mágoas sem fim, prantos sem fim! Chuva, saraiva
De Insultos! Aflições e Desesperos! Gota
De Cóleras! Horror...

Deixei fugir a escota,
Perdi-me no alto mar, quando ia na galera
À Índia da Ilusão, ao Brasil da Quimera!
Ó Bancuos[8] do Remorso! ó rainhas Macbeths
Da ambição! ó Reis Lears da Loucura! ó Hamlets[9]
Da minha Vingança! ó Ofélias do Perdão...

❖ Antônio Nobre ❖

(Sossega! Faze por dormir, meu coração!
Vai alta a noite...) E o sangue arde-me nestas veias!
Febre a cem graus! Delírio: o Céu de Luas-Cheias
Desde o Oriente ao Sol-pôr, de Norte a Sul coberto:
O mundo jovial de guarda-sol aberto!
Mar de esmeralda fluida, praias de oiro em pó!
Ó esquadras das quais era almirante eu só!
Ó clarins a soar entre balas, na guerra!
E vencer pela Pátria! E ser Conde da Terra
E do Mar! El-Rey! Ser Senhor-feudal do Mundo!
Encher a transbordar a Vida, mar sem fundo,
Com palácios, Amor, glórias, Luxo, batalhas,
E reis e generais envoltos nas mortalhas!...
Pra contar tanta coisa a encher tantos abismos,
Homens! criai outro sistema de algarismos!
Meu Deus! Que pesadelo! Ah tanta febre assusta...
Struggle-for-life![10] Ó velho Darwin, tanto custa!
Antes não ter nascido. Ó Morte, vem buscar-me...
Um lenço branco *Adeus!* nos longes, a acenar-me:
Adeus, meu lar! adeus, minha taça de leite!
E foi o dia 13... E os corcundas e o azeite
Que eu entornei, Pretas que eu vi, uivos de cães!...
Chora? Por quê, por quem, Anto? pelos *Alguéns*...
Chorar é bom. Ainda te resta esse prazer.
Lágrimas: suor da alma! Cansado? Vais morrer,
Vais dormir... Ainda não! mais febre, suores frios,
Tremuras, convulsões, nevroses, arrepios!
Unhas de leão, raspando cal numa parede!
Corpos Divinos, nus, ao léu! Luxúrias, sede
De amor místico! Amar freiras de hábito branco,
Morrer com elas despenhado num barranco,
Sob relâmpagos!...

❖ Só ❖

Jesus! Jesus! Jesus!

Ah quanto foi bem pior que a tua a minha cruz!
Quanto sofri, meu Deus! Ah quanto eu sofro ainda!
E isto num mês de paz, nesta época tão linda,
Solstício de verão[11], quando nos sabe[12] a Vida,
Quando aparece o cravo, a minha flor querida,
Quando os Sóis-postos são uma delícia, quando
Os aldeões andam a podar, cantarolando,
E, ali, ao pé dos milheirais, as lindas netas
Ceifam curvadas, como na haste as violetas!
Médico? Para quê... A doença era d'Alma.

Saía, apenas, à tardinha, pela calma,
Sorvendo aos haustos a resina dos pinheiros.
Tomava quase sempre a estrada dos *Malheiros*[13].
A nossa casa é ao virar mesmo da estrada,
Onde perpassam os aldeões na caminhada
E a mala-posta a rir, cheia de campainhas!
Ora havia lá (e há ainda) umas *Alminhas*
Com um painel antigo sob um oratório,
Que são as almas a penar no Purgatório.
E têm esta legenda: "Ó vós que ides passando
Não esqueçais a nós neste lume penando!"
Deitava-lhes[14] 10 réis, mas ficava a cismar
Que mais penava eu... se elas quisessem trocar!
E mais adiante (ainda me lembro: num atalho,
Ao pé da fonte) havia uma monte de cascalho
Com uma Cruz de pau, braços ao Sul e ao Norte,
Para mostrar que, ali, se fizera uma morte:
Ora (é um costume) quando alguém vai de longada,
Ao ver aquela Cruz, que parece uma espada,

❖ Antônio Nobre ❖

Deita uma pedra: cada pedra é uma oração.
Oh raras orações! nunca se calam, não!
Perpetuamente, lá ficam os *Padre-Nossos*,
Rezas de pedra, a orar, a orar por esses ossos!...
Eu, como os mais, deitava uma pedra, também,
Dizendo para mim: "se me matasse alguém..."
Mas eu seguia o meu passeio, estrada fora,
E ninguém me matava...
      Ah! vinham a essa hora
As moças da lavoira a cantar, a cantar,
(Faziam-me, Senhor! vontade de chorar...)
Mas quando, perto já, eu me ia aproximando,
Paravam de cantar e ficavam-me olhando...
E, que eu não fosse ouvir, murmuravam, baixinho,
Com dó, a olhar: "Como ele vai acabadinho!"

Mais adiante, encontrava a mulher do moleiro,
Que ia o cântaro encher à *Fonte do Salgueiro*[15],
Lindos cabelos empoeirados de farinha:
Era uma flor, mas parecia uma velhinha...
– Vai melhorzinho? – Assim... vou indo, vou melhor...
– Pois seja pelas Cinco Chagas do Senhor...

E um pouco mais além, no lugar do *Casal*,
Numa casa de colmo, assentado ao portal,
Estava um cego, e a fiar ao lado estava a mãe,
E mal sentia, ao longe, as passadas de alguém,
Clamava em sua voz vibrante de ceguinho:
"Meu nobre Senhor! olhe este desgraçadinho!"
Ai de mim! ai de mim! como não vê quem passa,
É que chama a atenção para a sua desgraça!

E, para bem coroar o meu trágico fado,
Dizia-me, ao passar, o Dr. Delegado:
"Vá para casa, fuja aos orvalhos da Noute".
E, grave, para si:
          "A Ciência abandonou-te!"

Horror! horror! horror! Que miserável sorte!
Em tudo via a *Velha*, em tudo via a Morte:
Um berço que dormia era um caixão pr'a cova!
Via a Foice no céu, quando era Lua-Nova...
Se ia à tapada ver ceifar as raparigas,
Via-a entre elas a cortar também espigas!
E ao ver as terras estrumadas, como lume,
Quedava-me a cismar no meu destino... estrume!
A pomba que passava era a minha alma a voar...
E era a minha agonia um pinhal a ulular!
E, ao ver meadas de linho a corarem, ao Sol,
Pensava... se estaria, ali, o meu lençol...
E o que eu cismava ao ver passar os carpinteiros,
Cantando alegres e fumando, galhofeiros,
A tiracolo a serra, o martelo e o formão...
Vinham, quem sabe! de acabar o meu caixão!
Deitava-me no chão de ventre para o Ar,
Cismava: se morrer, é assim que hei de ficar...

Como me tinha em pé, não sei. Sequer um músculo!
À hora cristã, entre as nevroses do Crepúsculo,
Entre os sussurros da tardinha, ao Sol-poente,
Quando cantam na sombra as fontes, vagamente,
Quando na estrada vão as mulinhas, a trote,
Que o alvo moleiro faz marchar sem o chicote,
Ó Natureza! tão amigos são os dois!...

❖ Antônio Nobre ❖

E se ouvem expirar os chocalhos dos bois,
Ao longe, ao longe, entre as carvalhas do caminho...
Quando na ermida dão *Trindades*, de mansinho,
E os cravos dão à luz o fruto do seu ventre...
Quando se vê os Céus doidos, místicos, entre
Soluços e ais a desmaiar, como num flato:
Ali, na encosta aonde bebem num regato
Os Animais, também bebia. Ora, uma vez
(Sim, faz agora, pelo São Martinho[16], um mês)
Quando para beber me debrucei na pia,
No fundo da água, vi uma fotografia...
Jesus! Um velho! O seu cabelo, assim ao lado,
O mesmo era que o meu, todo encaracolado!
O rosto ebúrneo! o olhar era tal qual o meu!
E o lábio... Horror! Fugi! esse velhinho era eu!

Fugi!

      E, desde então, não mais saí de casa.
Há muito, que não vejo uma flor, uma asa,
Há muito já, que não sorvi o mel dum beijo:
Do meu cortiço voou a abelha do Desejo.
As duas filhas do caseiro, ao vir da escola,
Dantes vinham-me ver, eu dava-lhes esmola.
Cantavam, riam e saltavam, um demônio!
E tão lindas, Jesus! tão amigas do Antônio...
E, agora, mal me vêem, tremem todas, coitadas!
Eu chamo-as da janela e fogem, assustadas!
E, ao vê-las na fugida, eu quase que desmaio...
Jesus, tão lindas! são duas Tardes de Maio!

Um doente faz medo. Por isso fogem dele.

❖ Só ❖

Estou, aqui, estou ido. Só tenho pele.
Nada me salva, nada! É impossível salvar-me.
E o que eu tenho a fazer é, apenas, resignar-me
E já me resignei... Mas Carlota[17], esse amor,
Quis por força chamar o bom Sr. Doutor.
E eu consenti, enfim. E lá mandou o criado
Buscar o cirurgião. Ele é o mais afamado
Nestas três léguas, o Doutor da *Presa Velha*[18].
Ei-lo que chega...
                – Olá!... (Vê-me a língua vermelha,
Toma-me o pulso...) – Está bom, isso não é nada,
Beba-lhe bem, vá aos domingos à toirada,
E, sobretudo, veja lá... nada de versos...
Mas o doutor mais eu, nós somos tão diversos!
Certo, ele é sábio, mas não tem prática alguma
Destas moléstias e o que eu tenho é, apenas, uma
Tísica d'Alma. Enfim...
                A Carlota! A Carlota!
Boa velhinha, como ela é meiga e devota!
Já estaria bem, se me valessem rezas.
E, no Oratório, tem duas velas acesas
Noite e dia, a clamar à Senhora das Dores![19]
E queima-lhe alecrim, põe-lhe jarras com flores
E sei, até, que prometeu uma novena,
Se eu escapar... Como tudo isso me faz pena!
E trata-me tão bem, tão bem! como se eu fosse
Seu filho. Dá-me, olhai, pratinhos de arroz-doce
Com as iniciais do meu nome em canela,
E traz-me o caldo, como exijo, na tigela
Por onde come o seu. E dá-me o vinho fino,
Onde me molha o pão-de-ló "pr'o seu menino"
Que é assim que eu gosto, pelo Cálix do Senhor,

Que pertenceu, outrora, ao meu Tio Reitor.
Carlota é um beijo. Faz-me todas as vontades.
Quando me sinto pior, ao bater das *Trindades*,
E me apetece comer terra, algumas vezes
(Assim, são nossas Mães, perto dos Nove Meses)
Sai a buscar uma mão cheia. Vem molhada:
Foi ela que chorou... mas diz que "é da orvalhada..."
E quando, enfim, sombrio, agoniado, farto,
Me vou deitar, a santa acompanha-me ao quarto:
Ajuda-me a despir e mete-me na cama.
E com um mimo que só sabe ter uma ama
Cobre-me bem, "durma, não cisme", dá-me um beijo,
E sai. Finge que sai, cuida ela que eu não vejo,
Mas fica à porta, à escuta, a ouvir-me falar só,
E não se vai deitar...

                Onde há, assim, uma Avó?

A todo o instante, se ouve à porta: "Tlim, tlim, tlim!"
Três léguas em redor manda saber de mim:
(Aqui, lhes deixo minha eterna gratidão.)
Toca o sino e lá vai a Carlota ao portão,
Muito baixinha, atarefada; espreita à grade,
– Quem é?... E, então, olhai!

                "É o Sr. Abade[20]
"Que manda esta perdiz, mortinha de manhã";
Mais o Sr. D. Sebastião de Vila-Meã[21]
– O bom Senhor! pra que se está a incomodar!
"Que manda este salmão do Tâmega[22], a saltar";
Mais o Sr. Doutor de *Linhares*[23] "que manda
Os cravos mais lindos que tinha na varanda";

❖ Só ❖

Mais "o da *Igreja* que oferece a codorniz
Que matou, hoje, na *Tapada de Dom Luís*[24]";
Mais o Sr. Miguel das *Alminhas de Pulpa*
"Que manda este peru e que pede desculpa";
Mais "as fidalgas de *Raimonda* e de *Tuias*[25]:
Mandam os livros e cá vêm, um destes dias..."
E, até, o Astrônomo[26], coitado! e o Zé dos Lodos[27]
Mandam coisas: sei lá... o que podem. E todos
Mandam também saber "como vai o Menino..."
E, então, Carlota, bom Deus! é tal qual o sino
Na noite a badalar as suas badaladas!
Põe-se a contar, carpindo, a minha doença às criadas.
Tudo o que eu digo, quanto faço, quanto quero:
– Olhe, Sr.ª Júlia[28], às vezes, desespero...
Mas, eu quero-lhe tanto! ajudei-o a criar...
Em pequenino era tão bom de aturar...
E depois era tão alegre, tão esperto!
E então que lindo! era mesmo um cravo aberto!
Mas, hoje, é aquilo: tem os olhinhos sumidos,
Tão faltinho de cor, os cabelos compridos,
E tosse tanta vez! já arqueia das costas...
Só falta vê-lo deitadinho, de mãos postas!
E ele é tão bom, tem tão bons modos...

– Coitadinho!
– Olhe, Sr.ª Júlia, nunca viu o linho
Que a gente deita ao Sol, quando é para secar,
E que se põe assim a esticar, a esticar?
Assim é o meu Menino...

– Ó Sr.ª Carlota,
E se eu falasse à Ana Coruja[29], essa que bota
As cartas? Foi talvez malzinho que lhe deu...
– Nunca foi assim: foi depois que se meteu

A fumar, a beber e lá com as po'sias.
Aquilo pra mim foram as companhias.
Vinha para casa, à meia-noite, noite morta,
E eu fazia serão para lhe abrir a porta.
E nunca ia à lição, ficava sempre mal
Nos seus exames, escrevia no jornal;
E o Pai (que é um santo, como há poucos) que não via
Nem vê mais nada, então nunca o repreendia
Com medo de o afligir... mas depois, quando estava
Metido à noite, só, no seu quarto... cismava.
– O Povo diz por i[30] que foi paixão que trouxe
Lá dos estudos, de Coimbra...[31]
       – Antes fosse,
Porque o remédio estava, ali, na Igreja... Adei...[32]
– Mas se a menina não quisesse... eu sei, eu sei...
– Sr.ª Júlia! Não havia de querer!
Não que ele é mesmo alguém i para se perder,
Para deitar à rua: um senhor tão prendado!
Depois, está aqui, está quase formado...

Ai valha-me, Jesus! eu perco a idéia, faço
A minha perdição... Às vezes, ergue o braço
E vai por i fora, por todas essas salas,
A pregar, a pregar, e tem mesmo umas falas
Que não enxergo bem, mas que fazem tremer:
Ontem, à noite, quando se ia recolher,
(Quando faz lindo luar, quer deitar-se sem vela)
Entrou na alcova, eu tinha ainda aberta a janela,
E diz-me, assim, tão mau: "pra que veio entornar
Água no quarto?" e vai-se a ver... era o luar!
E quando foi para chamar o cirurgião?
Jesus! quanto custou! Que não, que não, que não!

❖ Só ❖

Não tinha fé nenhuma "em um doutor humano"
Que só a tinha no Sr. Dr. Oceano.

Mas uma coisa que lhe faz ainda pior,
Que o faz saltar e lhe enche a testa de suor,
É um grande livro que ele traz sempre consigo,
E nunca o larga: diz que é o seu melhor amigo,
E lê, lê, chama-me: "Carlota, anda ouvir!"
Mas... nada oiço. Diz que é o Sr. Shakespeare.

E, às vezes, bota versos, diz coisas tão más!
Nada lhe digo, mas aquilo não se faz
Ainda, esta manhã: eu estava a pôr flores
E as velas acendia à Senhora das Dores
(Que tem dó dele, coitadinha! chora tanto...)
Vai o Menino a olhar, a olhar, sai-me d'um canto
E uiva-lhe, assim:
    "Antes as tuas Sete Espadas!"[33]

E o que à Sr.ª Júlia diz, às mais criadas.

2

MESES DEPOIS, NUM CEMITÉRIO[34]

ANTO

Olá, bom velho! é aqui o *Hotel da Cova*,
Tens algum quarto ainda para alugar?
Simples que seja, basta-me uma alcova...
(Como eu estou molhado! é do luar...)

O POVO

O luar averte as orvalhadas sobre a rua!
Jesus! que lindo...

Vamos! depressa! Vem, faze-me a cama,
Que eu tenho sono, quero-me deitar!
Ó velha Morte, minha outra ama!
Para eu dormir, vem dar-me de mamar...

A S^{RA} JÚLIA[35]

São as Janeiras[36] da Lua!

O COVEIRO[37]

Os quartos, meu Senhor, estão tomados,
Mas se quiser na vala (que é de graça...)
Dormem, ali, somente os desgraçados:
Têm bom dormir... bom sítio... ninguém passa...

O ZÉ DOS LODOS

A lua é a nossavaca[38], ó Maria[39],
Mugindo...

❖ Antônio Nobre ❖

Ainda lá, ontem, hospedei um moço
E não se queixa... E há de poupá-lo a traça,
Porque esses hóspedes só trazem osso,
E a carne em si, valha a verdade, é escassa.

> O DR. DELEGADO
> A Noite parece dia!

ANTO
Escassa, sim! mas tenho ossada ainda,
Enquanto que a Alma, ai de mim! nada tem...
Guia-me ao quarto... (a Lua vai tão linda!)
Dize-me: quantos anos me dás? Cem?

> O SR. ABADE
> E esta? Em vez de trazer a opa, que é de lugar,
> Trouxe a d'anjinho!

> A MULHER DO MOLEIRO
> É o luar, Sr. Abade, é o luar!

Oh cem! E os que eu não mostro e o peito guarda...
Os teus mortinhos, sim! dormem tão bem:
"Dormi, dormi! que vossa Mãe não tarda,
Foi lavar à *Fontinha de Belém*..."[40]

> O ASTRÔNOMO
> Isto lun-ar[41] assim! Isto é o verão
> De São Martinho![42]

❖ Só ❖

O COVEIRO
Aqui. Fica melhor do que em 1.ª:
Colchão assim não acha em parte alguma!
Os outros são de chumbo, de madeira,
Mas este, veja bem, é sumaúma...

O CEGO DO CASAL
Faz solzinho, que horas são?

Cantando:
"Colchão de raízes e de folhas, liso,
Lençóis de terra brandos como espuma,
Dá-los-ei ao rol, no Dia de Juízo..."
Pronto. Quer mais alguma coisa? Fuma?

CARLOTA
Ó luar, anda mais devagarinho!
Deixa dormir o meu Menino...
Coitadinho!

ANTO
Mais nada. Boas-noites. Fecha a porta.
(Que linda noite! Os cravos vão a abrir...
Faz tanto frio!) Apaga a luz! (Que importa?
A roupa chega para me cobrir...)

A MÃE DE ANTO[43]
Aqui, espero-te, há que tempo enorme!
Tens o lugar quentinho...

Toma lá para ti, guarda. E ouve: na hora
Final, quando a Trombeta além se ouvir,

❖ Antônio Nobre ❖

Tu não me venhas acordar, embora
Chamem... Ah deixa-me dormir, dormir!

DEUS

Dorme, dorme[44].

Paris, 1891.

FIM

Notas

1. Cognome derivado da abreviatura do nome próprio Antônio, empregado poética e recorrentemente por Antônio Nobre desde o poema "As Ondas do Mar", datado de 1888 e incluído em *Primeiros Versos* (1921, póstumo). Foi dado a Antônio Nobre por Miss Charlotte, um dos seus "amores de verão". Apareceu já no *Só* no poema "Carta a Manoel".
2. Luís de Camões (c.1524-c.1579) foi importante poeta do Renascimento português, tendo composto, além da *Lírica*, *Os Lusíadas*, epopeia que canta a glória de Portugal à época da expansão ultramarina. No *Só*, Camões aparece também nos poemas "Antônio" e "Lusitânia no Bairro Latino" (neste, de forma velada).
3. Provável referência a Santa Teresa d'Ávila, freira carmelita espanhola nascida em Ávila, Castela, famosa escritora reformadora da ordem das Carmelitas. De família nobre, entrou no convento das Carmelitas da Encarnação de Castela em 1535. No convento adoeceu e viveu cerca de quinze anos em crise espiritual, até ter uma visão do Cristo crucificado. A partir daí, trabalhou pela reforma da ordem e escreveu uma das mais importantes obras literárias da Espanha quinhentista. Seus êxtases e arroubos passionais por Cristo ficaram muito famosos.
4. Jó é umas das personagens bíblicas que teve sua fé testada por Deus. Muito rico e feliz, foi aos poucos perdendo fortuna, família, respeito, honra e felicidade, sem jamais perder a fé. Ao final, Deus restitui-lhe praticamente tudo. Jó também aparece nos poemas "Antônio" e "Lusitânia no Bairro Latino".

❖ Só ❖

5. "que outra dor mais alto se alevanta" é uma paródia da terceira estrofe do Canto I de *Os Lusíadas*, de Camões, que assim diz:
   Cessem do sábio Grego e do Troiano
   As navegações grandes que fizeram;
   Cale-se de Alexandro e de Trajano
   A fama das vitórias que tiveram;
   Que eu canto o peito ilustre Lusitano,
   A quem Netuno e Marte obedeceram.
   Cesse tudo o que a Musa antiga canta,
   Que outro valor mais alto se alevanta.
6. Foi mantido "escua" no lugar de "escoa" para manter a rima com "Lua".
7. Trata-se de um neologismo criado por Nobre para satirizar a mania romântica pela Idade Média.
8. Bancuos: tal palavra não consta nos dicionários de língua portuguesa; nas edições posteriores à 2ª do *Só* aparece "bancos".
9. Macbeth, Rei Lear e Hamlet são personagens de peças de William Shakespeare que levam no título seus nomes. *Macbeth* (c.1605) encena os conflitos do protagonista para conquistar a coroa por meio do assassinato do rei. *Rei Lear* (1606) trata da divisão do reino entre duas filhas de Lear: Goneril e Regane, que tramam contra o pai e o expulsam. Uma terceira filha, Cordélia, irá restituir ao pai o poder. Já *Hamlet* (1601) é a história de um príncipe que vive atormentado pela morte de seu pai, o rei. Este fora assassinado pelo próprio irmão, que se casara com a rainha. Hamlet se vê na obrigação moral de vingar seu pai e toda a trama gira em torno disso. Ofélia, que aparece no verso seguinte, é uma personagem de *Hamlet*. É uma bela jovem que entra num profundo conflito interior em função da fraqueza de caráter do pai, do ciúme do irmão e da ambiguidade de Hamlet. Acaba enlouquecendo e morre afogada. No *Só*, Nobre já fez referência a Hamlet nos poemas "Vida", "Adeus" e no soneto "Enterro de Ofélia". Mais adiante, ainda neste poema, Hamlet e Shakespeare aparecem novamente.
10. *Struggle-for-life* é uma expressão inglesa que significa "lutar pela vida", que aqui aparece associada à teoria da evolução das espécies do naturalista inglês Charles Darwin (1809-1882), autor da *Da Origem das Espécies através da Seleção Natural* (1859).
11. "Solstício de verão" é o dia mais longo do ano, que ocorre no Hemisfério Norte entre 21 e 23 de junho, quando o sol se encontra mais afastado da linha do Equador.

❖ Antônio Nobre ❖

12. Em Portugal, o verbo "saber", além de significar "ter conhecimento", é empregado comumente no sentido do paladar, de "saborear" alguma coisa (este molho sabe bem!) e, por extensão, ganha também a acepção de "sentir prazer" (quando nos sabe a Vida).
13. Malheiros, assim como, mais adiante, Fonte do Salgueiro, Casal, Linhares etc., são topônimos do norte de Portugal, isto, é pequenos lugarejos e vilas.
14. Além do sentido que conhecemos do verbo "deitar", em Portugal é muito empregado com o sentido de "jogar", "atirar", como, por exemplo, "deitar uma pedra ao rio"; e ainda é empregado no sentido de "estar voltado para", como, "aquela sacada deita para a rua".
15. Tanto Fonte do Salgueiro quanto Casal (cinco versos abaixo) são topônimos da região norte de Portugal. São pequenas localidades designadas por nomes bastante comuns, uma vez que podemos encontrar localidades homônimas em diversas regiões de Portugal.
16. O dia de S. Martinho comemora-se em 11 de novembro. Neste dia, os portugueses assam castanhas e prova-se o vinho novo. Também se acendem fogueiras para saltar. Tal tradição reporta-se a um suposto episódio da vida do santo, que, num dia chuvoso de inverno, dividiu sua capa em duas, para dar metade a um mendigo. Logo em seguida, porém, como por milagre, a chuva parou e o sol surgiu, criando-se assim a tradição do Verão de S. Martinho – é quando, durante cerca de três dias, mesmo sendo outono, o tempo fica melhor e mais quente. O santo reaparece citado na segunda parte de "Males de Anto".
17. Empregada que trabalhou durante muitos anos na casa da família de Antônio Nobre. Já apareceu no poema "Antônio" e no soneto 16.
18. Presa Velha designa uma localidade, provavelmente onde hoje fica a Rua da Presa Velha, no Porto. O nome é bem antigo, pois já no século XV era designada pelo nome de Casal do Vale da Presa Velha.
19. É a representação de Nossa Senhora com o coração trespassado por espadas. No Só, a mesma referência aparece no poema "Memória", que abre o livro, e no soneto de número 8.
20. Refere-se a Luís de Serpa Pinto, abade de S. Mamede de Recezinhos, freguesia de Seixo, pai de Joaquim da Serpa Pinto, amigo da família de Nobre. A figura do Sr. Abade é recorrente em todo o livro. Apareceu já em "Purinha", em "O Meu Cachimbo", no soneto de número 9 e reaparecerá na segunda parte de "Males de Anto".
21. Era o apelido de Sebastião de Bessa Veloso, caçador amigo de Augusto Nobre, irmão do poeta.

❖ Só ❖

22. Rio que vem do extremo norte de Portugal e deságua no Douro, na região do município do Porto.
23. Doutor de Linhares refere-se a Torquato Teixeira Soares, rico proprietário em Linhares, nas proximidades do Seixo.
24. Tapada de D. Luís era uma propriedade de Filgueiras, próximo do Seixo, região norte de Portugal.
25. Desde a referência a Vila Meã (sete versos acima) até Tuias, as palavras em itálico, à exceção de Tâmega, dizem respeito a pequenas localidades na região do município do Porto, norte de Portugal.
26. O Astrônomo era um velho caseiro do abade de S. Mamede de Recezinhos que era consultado sobre o tempo quando se desejava ir à caça. O apelido "Astrônomo" foi-lhe dado por Nobre. Aparece também na segunda parte deste poema.
27. O Zé dos Lodos era também conhecido pelo nome de José do Penedo, era chamado de Zé dos Lodos por comprar os lodos para fazer os jugos dos bois.
28. Era a ama de um dos sobrinhos de Nobre.
29. Era a filha do Astrônomo e possuía fama de bruxa. Morreu doida em 1915.
30. Forma popular de "aí".
31. Coimbra era a capital cultural do século XIX em Portugal. Abriga a Universidade de Coimbra, fundada no século XII e célebre especialmente pela Faculdade de Direito, para onde eram mandados os filhos da média e alta burguesia. No *Só*, Coimbra já apareceu nos poemas "Para as Raparigas de Coimbra", "Carta a Manoel", "Viagens na Minha Terra", "D. Enguiço" e "Na Estrada da Beira".
32. Há aqui uma palavra que parece estar incompleta, pois Carlota tem a fala cortada por D. Júlia. Tal recurso tem provavelmente o intuito de imitar a dinâmica de um diálogo.
33. Além da referência às espadas que estão fincadas no coração de Nossa Senhora das Dores, podemos ver aqui também uma alusão ao poema "A Nau Catrineta", de Almeida Garrett, escritor a quem Antônio Nobre muito admirava. Quando o capitão da nau, à deriva, pergunta ao marinheiro se avista alguma terra, ele responde: "Não vejo terras de Espanha, / Nem praias de Portugal; / Vejo sete espadas nuas / Que estão para te matar". O poema narra a história de um capitão que, perdido no mar, à deriva, é tentado pelo demônio, mas acaba se safando por intervenção divina.
34. Esta segunda parte do poema, uma cena dramática, é considerada pela

crítica especializada como um pastiche da cena número 5 de *Hamlet*, de William Shakespeare.
35. A S^{ra} Júlia, o Zé dos Lodos, o Dr. Delegado, o Sr. Abade, a Mulher do Moleiro, o Astrônomo, o Cego do Casal e Carlota aparecem na primeira parte de "Males de Anto", onde há notas explicativas sobre a maior parte dessas personagens.
36. Janeiras são as cantigas populares portuguesas de final de ano.
37. A figura do coveiro perpassa todo o livro, pois aparece também em "Antônio", em "Lusitânia no Bairro Latino", em "Na Estrada da Beira" e em "Ca (ro) Da (ta) Ver (mibus)".
38. A Lua aqui é tomada como vaca a partir da analogia entre campo e céu, implícita na imagem da Via Láctea (caminho de leite).
39. Aqui reaparece uma provável referência à irmã mais próxima do poeta, Maria da Glória Nobre Andresen, que já surgira no *Só* nos poemas "Antônio" e "O Sono de João".
40. "Dormi, dormi! que vossa Mãe não tarda, / Foi lavar à *Fontinha de Belém*..." é trecho de uma balada infantil.
41. Há uma clara intenção do poema em jogar com a palavra "lunar", decompondo-a em "lun" (antepositivo de raiz indo-europeia que quer dizer "luminoso, iluminar") e em "ar", dando à palavra uma dimensão ao mesmo tempo mais etérea e mais intensa.
42. Segunda referência feita a S. Martinho, que já aparecera na primeira parte do poema.
43. A mãe de Anto já aparecera no poema "Memória", que abre o livro. Naquele poema ela diz: "Vou ali adiante, à *Cova*, em berlinda, / Antônio, e já volto...", e então desaparece, deixando o eu-poético órfão. Aqui ela se encontra na cova do eu-poético, mantendo o lugar quentinho para recebê-lo, o que fecha o conflito aberto pelo seu desaparecimento no início do livro.
44. Aqui há uma clara referência ao soneto "Na Mão de Deus" de Antero de Quental, que assim termina: "Dorme o teu sono, coração liberto, / Dorme na mão de Deus eternamente!".

Caricatura de Nobre e do Só *feita por Raphael Bordalo Pinheiro para o periódico* O António Maria.

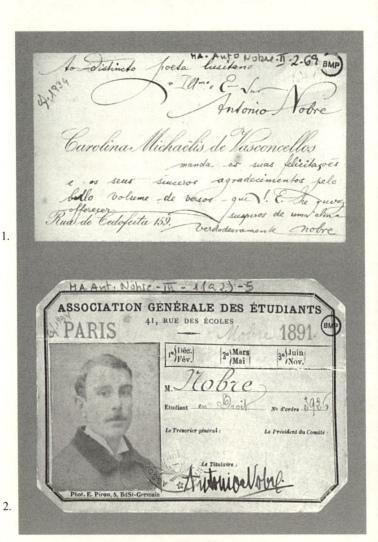

1. Cartão de visita de Carolina Michaëlis de Vasconcellos enviado a Antônio Nobre em agradecimento pelo envio do Só.
2. Carteira de estudante de Antônio Nobre.

Casa do Seixo, Penafiel.

ANTONIO NOBRE

Despedidas

1895-1899

Prefacio de José Pereira de Sampaio (*Bruno*)

PORTO
1902

Na página anterior, imagem da capa da 1ª edição de Despedidas.

❖ Sonetos ❖

1
Lógica

Ai daqueles que, um dia, depuseram
Firmes crenças num bem que lhes voou!
Ai dos que neste mundo ainda esperam!
Terão a sorte de quem já esperou...

Ai dos pobrinhos[1], dos que já tiveram
Ouro e papéis que o vento lhes levou!
Ai dos que têm, que ainda não perderam,
Que amanhã, serão pobres como eu sou.

Ai dos que, hoje, amam e não são amados,
Que, algum dia, o serão, mas sem poder!
Ai dos que sofrem! ai dos desgraçados

Que, breve, não terão mais pra sofrer!
Ai dos que morrem, que lá vão levados!
Ai de nós que ainda temos de viver!

Pampilhosa, 1893.

Nota

1. Pobrinhos é a forma coloquial para "pobrezinhos". Note-se que a coloquialidade e o emprego do diminutivo são recorrentes na poética nobriana.

2
Ao Cair das Folhas

a minha irmã Maria da Glória[1]

Pudessem suas mãos cobrir meu rosto,
Fechar-me os olhos e compor-me o leito,
Quando, sequinho, as mãos em cruz no peito,
Eu me for viajar para o Sol-posto.

De modo que me faça bom encosto,
O travesseiro comporá com jeito.
E eu tão feliz! por não estar afeito,
Hei de sorrir, Senhor! quase com gosto.

Até com gosto sim! Que faz quem vive
Órfão de mimos, viúvo de esperanças,
Solteiro de venturas, que não tive?

Assim, irei dormir com as crianças
Quase como elas, quase sem pecados...
E acabarão enfim os meus cuidados.

      Clavadel[2], outubro, 1895.

❖ Despedidas ❖

Notas

1. Maria da Glória Nobre Andresen é irmã muito próxima de Antônio Nobre. Em sua casa, situada em Carreiros (Foz do Douro), o poeta faleceu em 18 de março de 1900.
2. É estância para cura de tuberculose na Suíça, para onde Antônio Nobre se dirigiu ao saber do agravamento de sua doença. São próximas dela as localidades: Berne, Bex, Lausanne, St. Johann Am-Platz, Villeneuve, que também datam os poemas de *Despedidas*.

3

à superiora dum convento de Paris[1]

Não me esqueço de si, minha Mãe, fora
Onde fora. Ao contrário, lembro às vezes
Essa viagem nossa (de há alguns meses)
Sobre as águas do mar! Se fosse agora...

Oh o encanto da viagem sedutora!
Que bem me disse então dos Portugueses!
Que faria hoje! foram-se os reveses!
O que lá vai pela África, Senhora!

Depois, ao separarmo-nos no Tejo[2],
Disse-me (com que voz e com que modos!)
"Deus o faça feliz, ao seu desejo!"

Mas não fez, minha Mãe! Talvez no céu...
Porque afinal os homens quase todos
Têm sido e são muito mais maus do que eu...

St. Johann Am-Platz, 1896.

❖ Despedidas ❖

Notas

1. É a madre-superiora que Nobre conheceu em viagem marítima de Paris a Lisboa em maio de 1895, quando foi a Portugal para prestar o concurso para cônsul.
2. Tejo é o rio que nasce na Espanha, atravessa Portugal e desemboca no Oceano Atlântico. É muito conhecido quer porque dele partiam as naus portuguesas na época da expansão marítima, quer por ter sido celebrado em *Os Lusíadas*, de Luís de Camões. Aparece no poema cujo primeiro verso é "Eu chegara de França uns quatro dias antes" (seção "Outras Poesias") e várias vezes em "O Desejado".

4

Nossos amores foram desgraçados,
Desgraçada paixão! tristes amores!
Se Deus me dá assim tamanhas dores,
É porque grandes são os meus pecados.

Quando virão os dias desejados?
Quando virá Maio, para eu ver flores?
Nunca mais! ainda bem, santos horrores!
Que os pobres dias meus estão contados.

Passo os dias metido no meu moinho,
E mói que mói saudades e tristezas,
Moleiro que no mundo está sozinho.

Os lavradores destas redondezas
Queixam-se até de que a farinha à data[1]
Tanta é que "está de rastos de barata..."[2]

St. Johann Am-Platz, 14 maio, 1896.

❖ Despedidas ❖

Notas

1. "à data" é sinônimo de "na ocasião", "no momento".
2. "está de rastos de barata" é expressão que indica abundância, excesso, decorrente de produção e multiplicação fácil e contínua.

5

Placidamente, bate-me no peito
Meu coração que tanto tem batido!
E para mim, inda este mundo é estreito
Pra conter tudo quanto eu hei sofrido.

Meus dias vão passando como as águas
Que o vento leva em ondas, ao mar-alto,
E se de noite eu ouço aquelas mágoas
Já não descanso mais, em sobressalto.

Placidamente, bate-me no peito
Meu coração em lutas tão desfeito,
Que com a Vida, a Dor hei confundido.

E se se ganha a Paz com o sofrimento,
Deixai-me entrar enfim nesse Convento...
Pois há quem tenha, assim como eu, sofrido!

             Berne, maio, 1896.

6
Aparição

à Virgem Santíssima

Pelas espadas que tu tens no peito[1],
Pelos teus olhos roxos de chorar,
Pelo manto que trazes de astros feito[2],
Por esse modo tão lindo de andar;

Por essa graça e esse suave jeito,
Pelo sorriso (que é de sol e luar)
Por te ouvir assim sobre o meu leito,
Por essa voz, baixinho: "Há de sarar..."

Por tantas bênçãos que eu sinto n'alma,
Quando chegando vens, assim tão calma,
Pela cinta que trazes, cor dos céus:

Adivinhei teu nome, Aparição![3]
Pois consultando manso o coração
Senti dizer em mim "A Mãe de Deus!"

Lausanna, junho, 1896.

Notas

1. O verso "Pelas espadas que tu tens no peito" alude à imagem da Virgem Nossa Senhora das Dores com as sete espadas cravadas no coração. A imagem da Senhora das Dores é várias vezes evocada na obra de Antônio Nobre.
2. O verso "Pelo manto que trazes de astros feitos" refere-se ao manto adornado de estrelas que cobre a imagem de Nossa Senhora (Virgem Santíssima).
3. É Nossa Senhora da Aparição, nome dado à Virgem Santíssima em rememoração ao momento em que Cristo, já morto, lhe aparece.

7

Todas as tardes, vou Léman[1] acima,
(E leve o tempo passa nessas tardes)
A pensar em Coimbra[2]. Que saudades!
Diogo Bernardes[3] deste meigo Lima[4].

Na solidão, pensar em ti, anima,
Oh Coimbra sem par, flor das Cidades!
Os rapazes tão bons nessas idades
(Antes que a vida ponha a mão em cima)

Alegres cantam nos teus arrabaldes.
Por mais que tire vêm cheios os baldes,
Mar de recordações, poço sem fundo!

Freirinhas de Tentúgal[5], passos lentos!
E o chá com bolos, dentro dos conventos!
Meu Deus! meu Deus! e eu sempre a errar no Mundo!

       Lausanna, junho, 1896.

❖ Antônio Nobre ❖

Notas

1. Léman é o rio que passa por Genebra (Suíça) e pode ser considerado como a fronteira natural entre aquele país e a França. Aparecerá, também, no soneto 8.
2. Coimbra é a capital cultural do século XIX em Portugal. Abriga a Universidade que, fundada no século XII, tornou-se célebre especialmente pela Faculdade de Direito, para onde eram mandados os filhos da média e alta burguesia, não só portuguesa, mas também brasileira. Aparece no poema cujo primeiro verso é "Eu chegara de França uns quatro dias antes" (seção "Outras Poesias") e em "Afirmações Religiosas".
3. Diogo Bernandes (1532-1605) nasceu em Ponte de Barca, cidade margeada pelo rio Lima e localizada no Minho, norte de Portugal. Escritor do Renascimento português, sua produção poética revela o pastoralismo convencional, especialmente o que toma o rio como emblemático da origem geográfica do autor. Por isso, é conhecido como o "poeta do Lima".
4. Lima é um rio da região do Minho, norte de Portugal, que margeia cidades como Ponte de Barca, Ponte de Lima e Viana do Castelo, onde deságua no Atlântico.
5. Tentúgal é uma pequena cidade, próxima de Coimbra, conhecida, sobretudo, pelos doces conventuais que, inicialmente, eram produzidos pelas freiras.

8

a meu irmão Augusto[1]

Léman[2] azul, que, mudo e morto, jazes.
Quanto és feliz! assim pudesse eu sê-lo!
Nem a sombra dos montes, nem seu gelo,
De turvar tuas águas são capazes.

Minhas cartas inúteis de doutor
Eu rasgaria, é certo, com prazer,
Se eu pudesse um dia vir a ser
Dessas ondas, um simples pescador.

Léman azul, nas águas sossegadas,
Quantas vidas tu levas confiadas!
Pareces ver meu mal, e escarnecê-lo!

Só do meu coração, ao alto-mar,
Ninguém se quis ainda sujeitar.
Quanto és feliz! assim pudesse eu sê-lo!

Villeneuve, junho, 1896.

❖ Despedidas ❖

Notas

1. Augusto Nobre é, talvez, o irmão mais querido do poeta e aquele com quem mais estreita relação manteve. Cientista de renome no campo da Biologia, foi professor universitário, acadêmico, Reitor da Universidade do Porto e Ministro da Instrução. Por sua iniciativa, foram publicados postumamente *Despedidas* e *Primeiros Versos*, fazendo cumprir o desejo manifestado por Antônio Nobre antes de sua morte.
2. Ver nota sobre essa localidade no soneto anterior (7).

9[1]

a Justino de Montalvão[2]

Em St. Maurice[3] (aqui perto) há um convento
De Franciscanos[4]. Fui-me lá há dias.
Quando eu entrei, toca a Ave-Marias[5].
Iam cear. Fora mugia o vento.

Um pálido Cristo, ao fundo da sala,
Espalha em redor seu alvo clarão:
E, quando se reflete a Cruz pelo chão,
Os frades ingênuos não ousam pisá-la.

"Meu irmão..." disseram ao verem-me à porta
Vontade, Senhor, tive eu de chorar!
Tão só me sentia, pela noite morta...

E quando na volta, à luz das estrelas,
Meu doido passado me vim a evocar,
Pensei no perdão duma alma daquelas.

Bex, junho, 1896.

❖ Despedidas ❖

Notas

1. Esse soneto, dedicado a Justino de Montalvão, é inspirado na visita de Antônio Nobre ao *Couvent dês Pères Capucins* (Convento dos Padres Capuchinhos) em St. Maurice (ver nota 3, logo abaixo), na Suíça.
2. Justino de Montalvão (1872-1949) foi um dos amigos com quem Antônio Nobre conviveu na adolescência e juventude passadas em Leça da Palmeira. Jornalista e diplomata, escreveu sobre Nobre os artigos: "Antônio Nobre", *Diário da Tarde*, 19 de março de 1900; "'As Despedidas' de Antônio Nobre", *O Primeiro de Janeiro*, Porto, 18 de março de 1902; "Impressões e Aspectos", *O Primeiro de Janeiro*, Porto, 19 de março de 1903; "Lady Quimera", *O País*, Rio de Janeiro, 26 de junho de 1918; "O Romance de Anto", *O País*, Rio de Janeiro, 27 de junho de 1918; "As Musas de Anto", *Jornal de Notícias*, Lisboa, 29 de outubro de 1939.
3. St. Maurice é uma pequena vila, a cinco quilômetros de Bex (Suíça), onde Nobre ficou hospedado por alguns dias durante sua viagem de regresso a Portugal das estâncias suíças de cura para tuberculose.
4. "Franciscano" é empregado para aludir a uma das ordens de São Francisco ou a Ordem dos Frades Menores.
5. "Ave-Marias" é sinônimo do entardecer. "Toca a Ave-Marias" alude à prática tradicional no catolicismo de soar o sino ou reproduzir a Ave--Maria de Gounod diariamente às 18:00 horas.

10

Senhora! a todas as novenas ides,
E porque vós lá ides, vou também.
É um descanso sem par às minhas lides,
Aos meus males, e em suma faz-me bem.

Essas graças que tendes (vós sorrides?)
Só nas flores as vejo, em mais ninguém.
Se o vosso corpo é magro como as vides,
Os cachos d'uvas que o cabelo tem!

Fazeis-me andar numa contínua roda,
Pelas igrejas da cidade toda,
S. Luís de França[1], Encarnação[2] e mais.

Senhora! assim comigo em beato dais,
Faço-me frade e vou para um convento...
E adeus! que lá se vai o casamento!

                                    Lisboa, janeiro, 1897.

❖ Despedidas ❖

Notas

1. S. Luís de França é uma igreja localizada na região da Baixa de Lisboa; atualmente, pertence à paróquia Sra. da Pena e é denominada São Luís dos Franceses.
2. Encarnação é uma igreja da região da Baixa de Lisboa.

11

Há já duzentos sóis, há quatro luas[1],
Que te pedi que a Igreja abandonasses.
Tu és cruel, Senhora! continuas,
Como se agora apenas começasses.

À sexta-feira e ao sábado jejuas,
E tanto te pedi que não jejuasses.
E o que dói mais, Senhora, é que insinuas
Em voz que tanto dói: "Se me imitasses..."

Nenhuns pecados tens. És anjo e santa.
Boa como o céu, simples como a planta,
Coses pr'os pobres, fazes boas-obras!

Quais são os teus pecados? pecadores,
Senhora! são os vossos confessores.
Homens e basta: são maus como as cobras!

Lisboa, 1897.

Nota

1. Luas, como *sóis*, é usada como marcação temporal.

12

Monólogo d'Outubro

a meu irmão Augusto[1]

Outono, meu Outono, ah! não te vás embora!
Às minhas, eu comparo as tuas estranhezas.
Ah! nos teus dias não há julhos[2] nem aurora,
E só crepúsculos... Crepúsculos são tristezas!

E tu que já passaste o Outono só comigo
Não pensas ao cair de tantas agonias
Nas minhas, que tu sabes, ó meu melhor amigo?
Caí, folhas, caí! tombai melancolias!

Ides morrer, folhas! mas morrer que importa?
Lá vai mais uma... mal nasceu e já vai morta.
Levais saudades? Coitadinha, sois tão nova!

Tendes razão? Nem sei a falar a verdade.
Tombar quisera eu, só pra esquecer. Saudade,
Irmão, não a terei também, lá pela cova?...

Foz, 1897.

❖ Antônio Nobre ❖

Notas

1. Ver Soneto 8 (*Despedidas*).
2. "Julhos" é mencionado aqui como sinônimo de verão, uma vez que na Europa a referida estação ocorre entre junho e setembro.

13

Pedi-te a fé, Senhor! pedi-te a graça,
Mas não te curvas nunca, pra me ouvir.
Tudo acaba no mundo... tudo passa,
Mas só meu mal se foi e torna a vir.

Não busco a morte com arma ou veneno,
Mas enfim pode vir quando quiser.
Eu estarei de pé, firme e sereno,
Sorrir-lhe-ei até quando vier.

Tristes vaidades deste pobre mundo!
Já me parecem tais como elas são:
Tristes misérias deste mar sem fundo.

Se tive algumas eu, na mocidade,
Não foram elas mais que uma ilusão.
E um dia eu ri da minha ingenuidade

       Lisboa, janeiro, 1898.

14

O mar que embala, às noites, o teu sono
É o mesmo, flor! que à noite embala o meu.
Mas em vão canta a minha ama do Outono,
Pois pouco dorme quem muito sofreu.

Mas tu feliz qual rainha sobre o trono,
Dormes e sonhas... no quê, bem sei eu!
O teu cabelo solto ao abandono,
As mãos erguidas de falar ao céu...

Feliz! feliz de ti, doce Constança![1]
Reza por mim, na tua voz quimérica,
Uma Ave-Maria de Esperança!

Por minha saúde e glória (Deus ma dê)
Por essa viagem que vou dar a América...
Quando, um dia, voltar, dir-te-ei por quê!

                            Ilha da Madeira, maio, 1898.

❖ Despedidas ❖

Nota

1. Constança Teles da Gama pertencia à família Teles da Gama (ver nota sobre Niza, apensa ao Soneto 20). É, na Ilha da Madeira, a figura feminina mais importante para Antônio Nobre, quer no tocante ao convívio pessoal, quer por ser a musa inspiradora de grande parte dos poemas compostos durante sua estadia naquela localidade em busca de restabelecimento da sua saúde abalada pela tuberculose. Aparecerá, também, nos sonetos 19 e 23 (*Despedidas*).

15
Mamã

Toda a Paz, todo o Amor, toda a Bondade,
Toda a Ternura que de ti me vêm,
Amparam-me esta triste mocidade
Como nos tempos em que tinha Mãe.

Quanto eu te devo! Ódios, impiedade,
Indignações e raivas contra alguém,
Loucuras de rapaz, tédios, vaidade,
Tudo isso perdi – e ainda bem!

Salvaste-me! Trouxeste-me a Esperança
Nunca ma tires não, linda criança,
(Linda e tão boa não o farás, talvez!)

Pois que perder-te, meu amor, agora,
Ai que desgraça horrível! isso fora
Perder a minha Mãe, segunda vez.

       Ilha da Madeira, 1898.

16

Há vinte anos já, que andas na Terra,
Há vinte dias só que te conheço!
Eu andava perdido pela serra,
E o que eu era então, já não pareço.

Há vinte dias só que te conheço!
Ó meu beijo de Luz! minha Quimera!
És a Graça de Deus (com qu'estremeço)
Talvez, o que no mundo, inda me espera.

Sonho da minh'alma! Ó meu céu d'estio!
Pois não tens piedade deste frio
Que sinto em mim, na minha solidão!

Minha bênção de Cristo, prometida,
Não serás tu a Paz da minha vida?
Oh! não me digas não, que és Ilusão!

Quinta Almeida[1], Funchal, abril, 1898.

❖ Antônio Nobre ❖

Nota

1. Quinta Almeida supõe-se ser o nome dado à quinta da família Teles da Gama, do convívio de Antônio Nobre durante sua permanência na Ilha da Madeira. Sabemos que Nobre viveu no antigo Hotel Royal (na Quinta Vitória) e, nos meses de verão, numa pequena casa no Trapiche, região montanhosa na Ilha da Madeira e, pela carta enviada ao irmão Augusto Nobre em 21 de outubro de 1898, que o poeta frequentava a casa do Bispo e do Governador e a quinta da referida família.

17
Riquinha[1]

Sofrer calada as suas próprias dores
E chorar como suas as dos mais,
Tal a Rainha do seu nome, em flores
Transforma pedras e em sorrisos ais.

A toda a parte leva o sol e amores,
É a *Saúde dos Enfermos*[2] nos Casais;
E, no mar alto, os velhos pescadores
Invocam-na entre espuma e temporais!

Quem será ela, tão piedosa e doce!
Com uns tais olhos que não tinha visto
Será a Virgem! Oxalá que fosse!

Oh! flor mais bela do jardim desta Ilha!
Fora outrora, talvez, filha de Cristo,
Se Cristo houvesse tido alguma filha!

                              Ilha da Madeira, 1898.

Notas

1. Riquinha era o apelido por que era familiarmente nomeada Isabel Teles da Gama, a mais nova das três filhas da família Teles da Gama (ver nota sobre Niza, soneto 20 de *Despedidas*). Sofria da mesma doença que Antônio Nobre e eram, ambos, tratados pelo mesmo médico, Dr. Vicente Machado, e muitas vezes companheiros nas "curas de ar livre".
2. "*Saúde dos Enfermos*" é a expressão com que Antônio Nobre define a Purinha, imagem feminina símbolo de ideal e pureza, em poema homônimo incluído no *Só*.

18

O Teu Retrato

Deus fez a noite com o teu olhar,
Deus fez as ondas com os teus cabelos;
Com a tua coragem fez castelos
Que pôs, como defesa, à beira-mar.

Com um sorriso teu, fez o luar
(Que é sorriso de noite, ao viandante)
E eu que andava pelo mundo, errante,
Já não ando perdido em alto-mar!

Do céu de Portugal fez a tua alma!
E ao ver-te sempre assim, tão pura e calma,
Da minha Noite, eu fiz a Claridade!

Ó meu anjo de luz e de esperança,
Será em ti afinal que descansa
O triste fim da minha mocidade!

      Ilha da Madeira, junho, 1898.

19

Sestança[1]

Ia em meio da minha Mocidade,
Perdido d'afeições, ao vento agreste,
Quando na Vida tu me apareceste.
Sestança, minha Irmã da Caridade!

Ninguém de mim dó teve, nem piedade,
Ninguém na tinha, só tu a tiveste:
Quantas velas à Virgem acendeste!
Quantas rezas nos templos da cidade!

Que te fiz eu, Espelho das Mulheres!
Para assim merecer um tal cuidado
E tudo quanto ainda me fizeres?

Bendito seja Deus que me escutou!
Bendito seja o Pai que te há procriado!
Bendita seja a Mãe que te gerou!

    Ilha da Madeira, Quinta da Saúde, 29-7-1898.

❖ Despedidas ❖

Nota

1. Sestança é o epíteto dado a Constança Teles da Gama, que pertencia à família Teles da Gama (ver nota sobre Niza, apensa ao próximo soneto [20]). Na Ilha da Madeira é a figura feminina mais importante para Antônio Nobre, quer no tocante ao convívio pessoal, quer por ser a musa inspiradora de grande parte dos poemas compostos durante sua estadia naquela localidade em busca de restabelecimento da sua saúde abalada pela tuberculose. Aparece também nos sonetos 14 e 23 (*Despedidas*).

20
Emílias[1]

(a uma senhora que não quer ser Emília)

Emília és, quer queiras, ou não queiras:
Que lindo nome o teu, soante de brisas!
É um nome de pastoras e moleiras,
Loira morgada do solar dos Nizas![2]

Muitas Emílias há, entre ceifeiras,
Há Emílias nos serões das descamisas...
Se tu, Senhor! dás nome às Amendoeiras
Com o nome de Emília é que as batizas!

Que Santa Emília te acompanhe, Rainha!
E com a tua Mãe seja madrinha,
Quando ela, um dia, te levar à Igreja!

E, ó pura Glória, que em teus olhos brilha!
Doces presságios meus, que a tua filha
Seja loira também e Emília seja!

                Ilha da Madeira, novembro, 20, 1898.

❖ Despedidas ❖

Notas

1. Emília Teles da Gama é a mais velha das três filhas da família Teles da Gama (ver nota abaixo).
2. Niza é o apelido da família Teles Gama, constituída pelos progenitores Conde e Condessa de Cascais e pelos seis filhos: Emília, Constança, Isabel, Vasco, Sebastião e Domingos, com a qual Antônio Nobre mantém relações muito estreitas durante sua estadia na Ilha da Madeira em busca de restabelecimento da sua saúde abalada pela tuberculose. Nesse poema e na correspondência, Nobre utiliza o epíteto no plural, referindo-se aos Nizas como amigos de extrema bondade e consideração. A alusão ao "solar dos Nizas" evidencia a distinção dessa família.

21

O coração dos homens com a idade,
A pouco e pouco, vai arrefecendo...
Quão diversos me vão aparecendo
Do que eram ao abrir da mocidade!

O sorriso não tem já lealdade,
Lágrimas são difíceis... não as tendo.
Palavras não vos faltam, estou vendo
Mostrar o que sentis só por vaidade.

Já não me ilude a Glória que sonhei.
Perdi a fé em tudo quanto amei.
Mas, só agora, eu sei o que é viver!

Não fazes bem, assim, em rir de mim!
Tenho tido na vida horrores sem fim,
Mas, só agora, eu sei o que é sofrer!

     Ilha da Madeira, dezembro, 1898.

22

O Senhor, cuja Lei é sempre justa,
Deu-me uma infortunada mocidade,
Talvez para eu saber (o que é verdade)
Quanto é bom ser feliz, mas quanto custa!

Feliz de quem, no mundo sem piedade,
Encontrou alma que lhe entenda a sua,
Que o mesmo é que ter na mão a Lua
Tão longe nessa triste Eternidade!

Os meus dias passavam tristemente
Quando encontrei o teu olhar ridente:
Foi a bênção de luz da Mãe de Deus!

Vais deixar-me de novo só na vida!
Ao cabo de viagem tão comprida
Talvez sintas mais perto os olhos meus!

      Ilha da Madeira, janeiro, 1899.

23

Adeus a Constança[1]

Vai o teu Pai andar ao sol de verão,
E mais à chuva e ao vento; e só depois
Poderá ter a colheita desse pão
Que semeou cantando ao pé[2] dos bois.

Feliz que eu fui em te encontrar na vida,
Minha doce Constança desejada!
Antes de ver-te a ti não via nada,
Nem para mim a lua era nascida.

Tu vais partir em breve com teu Pai
Por esse mar que tão piedoso está.
Não sede amargas, ondas, mas chorai!

Vais ver campos em flor que te conhecem...
E se a colheita se fizesse já,
Talvez na volta as ondas te trouxessem!

Ilha da Madeira, 1899.

❖ Despedidas ❖

Notas

1. O soneto 23, "Adeus a Constança", foi escrito por ocasião da partida da Ilha da Madeira de Constança Teles da Gama que, acompanhada de seu pai, regressou ao continente. Constança Teles da Gama pertencia à família Teles da Gama (ver nota sobre Niza, apensa ao soneto 20, de *Despedidas*). É, na Ilha da Madeira, a figura feminina mais importante para Antônio Nobre, quer no tocante ao convívio pessoal, quer por ser a musa inspiradora de grande parte dos poemas compostos durante sua estadia naquela localidade em busca de restabelecimento da sua saúde abalada pela tuberculose. É mencionada nos sonetos 14 e 19 (*Despedidas*).
2. "ao pé de" é expressão que significa "perto (de)", "pouca distância".

24

Antes de Partir

Vários Poetas vieram à Madeira[1]
(Pela fama que tem) a ares do Mar:
Uns pra, breve, voltarem à lareira,
Outros, ai deles! para aqui ficar.

Esta ilha é Portugal, mesma é a bandeira,
Morrer nesta ilha não deve custar,
Mas para mim sempre é terra estrangeira,
À minha pátria quero, enfim, voltar.

Ilhas amadas! Céu cheio de luas!
Ah como é triste andar por essas ruas,
Pálido, de olhos grandes, a tossir!

Eu vou-me embora, adeus! mas volto a vê-las,
Vou com as ondas, voltarei com elas,
Mas como elas pra tornar a ir!

                    Ilha da Madeira, fevereiro, 1899.

❖ Despedidas ❖

Nota

1. Madeira ou Ilha da Madeira é a maior e a mais povoada das ilhas que integram o arquipélago Madeira, descoberto em 1419 pelos navegadores portugueses Gonçalves Zarco e Tristão Vaz Teixeira. Com a capital em Funchal, Madeira é mundialmente conhecida pelo clima ameno subtropical, pela beleza natural e pelo vinho a que dá nome. Aparece também no poema "Dispersos" (seção "Outras Poesias").

25

Meu pobre amigo! Sempre silencioso!
Assim eu fui. Cismava, lia, lia...
Mudei no entanto de Filosofia.
Não creio em nada! e fui tão religioso!

Tomei parte no Exército glorioso
Que foi bater-se por Israel[1], um dia!
Cri no Amor, no Bem, na Virgem Maria,
Não creio em nada! tudo é mentiroso!

Não vale a pena amar e ser amado,
Nem ter filhos dum seio de mulher
Que ainda nos vêm fazer mais desgraçado!

Não vale a pena um grande poeta ser,
Não vale a pena ser rei nem soldado,
E venha a Morte, quando Deus quiser!

                St. Johann-am-Platz, outubro, 1899.

❖ Despedidas ❖

Nota

1. Israel aparece aqui como referência bíblica, uma vez que a alusão ao "Exército glorioso" que defendeu aquele país remonta ao episódio bíblico.

❖ Outras Poesias ❖

a Francisco Cezimbra[1]

Eu chegara de França uns quatro dias antes
E via-me tão só num deserto sem fim,
Lá deixara a alegria, amores, estudantes,
Via a vida, aqui, negra, diante de mim.

Que havia de fazer? Eu não tinha um desejo,
Nada no mundo me podia estimular!
Ai quantas vezes, ao passar junto do Tejo[2],
Perdoa-me, Senhor! pensei em me afogar!

Perdoa-me, Senhor! tu deves perdoar,
Pois para que me deste assim um coração!
Tudo quanto via me dava que cismar,
De tudo tinha dó, de tudo compaixão.

Ó meus amigos de Coimbra![3] que saudades
Eu sentia ao pensar nos tempos d'ilusões!
Por que chamaria eu agora só vaidades
Ao que outrora pra nós tinham sido visões?

❖ Antônio Nobre ❖

E conheci depois a fase lastimosa
(Ó meus amigos certos, não ma queirais lembrar)
Em que descri de tudo, até da meiga rosa
Que via entre velas, aos pés dalgum altar.

De tudo ri então, Senhor, como um perdido,
Mas era um riso mau, Francisco, que feria...
Tu cuja alma em flor ainda me sorria
Como pudeste tu, meu riso ter vencido?

1895.

Notas

1. Francisco de Souza e Holstein (Francisco ou Misco Sezimbra) (1871--1926) é um dos amigos de Antônio Nobre em Coimbra, à época dos estudos na universidade, a quem o poeta também dedicou o "Soneto Diminutivo (A Misco)", anotado em uma das páginas de seu *Código Civil*.
2. Tejo é rio que nasce na Espanha e atravessa a região sul de Portugal, desaguando no mar em Lisboa. Tem grande importância na história e cultura portuguesas, pois por ele saíam as embarcações rumo às navegações expansionistas. Aparece, também, no soneto 7 (*Despedidas*) e repetidas vezes no longo poema "O Desejado".
3. Coimbra é a capital cultural do século XIX em Portugal. Abriga a Universidade que, fundada no século XII, tornou-se célebre especialmente pela Faculdade de Direito, para onde eram mandados os filhos da média e alta burguesia, não só portuguesa, mas também brasileira. Já apareceu no soneto 7 (*Despedidas*) e aparecerá, nesta mesma seção, no poema "Afirmações Religiosas".

Ladainha[1] da Suíça

a Martinho de Brederode[2]

Quando cheguei aqui, dizia baixo o povo
Pelas ruas, vendo-me passar:
– Vem tão doentinho, olhai! e é ainda tão novo...
E assim sozinho, sem ninguém para o tratar!

(Que boa a Suíça! que bom é este povo!)

Raparigas de luar, pastoras destes Andes[3],
Diziam entre si: Quem será este Senhor?
Todo de preto, tão pálido, olhos tão grandes!
E rezavam por mim, baixinho com amor.

(Ó pastoras tão meigas destes Andes!)

Por fim entrei receoso em uma casa imensa
Com Jesus-Cristo ao fundo e velas e alecrim.
Treme-me ainda hoje a minha alma se nela pensa:
Rezas... doentes... ais... corredores sem fim!...

(Ah que tristeza a dessa casa imensa!)

No alto da escada umas Irmãs da Caridade

❖   Antônio Nobre   ❖

Vieram, a sorrir, perguntar: "Como vai?"
No olhar delas (tão doce!) havia tal bondade,
Que me julguei feliz, até sorrir, olhai!

    (Minhas boas Irmãs da Caridade!)

Uma delas guiou-me ao meu quarto donde a paisagem
Ante meus olhos se estendia e os deslumbrou...
– "E então como passou? Gostou da sua viagem?
E a Nossa-Suíça que tal acha, não gostou?"

    (Ó Suíça da divina Paisagem!)

Não me deixava com perguntas. Era Suíça
E não deixara nunca esta alva nação.
Ignorava o que era a Verdade, a Justiça:
Tudo nela era instinto, inocência e perdão.

    (Que ingênua és ainda, Suíça!)

– Vá, quero que me diga o seu nome, primeiro
E depois donde vem, quem é... pelo falar...
– Venho da beira-mar, e sou um marinheiro.
E ela tornou-me: O mar! Eu nunca vi o mar!

    (Nos meus olhos o viste tu primeiro.)

Com que doçura, com que mimo e com que graça
Me arranjou tudo! Até meu leito quis abrir[4].
E como uma ama diz ao menino que a enlaça,
Disse-me: "Boas noites. Faça por dormir!..."

    (Ó Suíça cheia de graça!)

❖ Despedidas ❖

E eu assim fiz. Adormeci, feliz, sereno,
E no outro dia eu já estava melhor.
Passado três, passei de pálido a moreno
Passado um mês, "não é nada" disse o doutor.

(Oh! quanto eu era então feliz, sereno!)

E a boa Irmã toda contente e dedicada,
Que sempre estava à escuta em biquinhos de pé,
– Vê, tantos sustos! e afinal não era nada!
E se ele disse "não é nada" é que não é!

(Ó boa Irmã, de voz tão delicada!)

Falou verdade o bom doutor. Ergueu-se em breve
A minha doida mocidade arrependida.
Benditos sejais vós, Alpes cheios de neve!
Benditos sejais vós que me salvaste a vida!

(E o meu coração que doce paz vos deve!)

Bendita sejas tu, ó Suíça meiga e boa!
Gloriosa entre os mais povos, sê bendita!
Bendita sejas tu, de Cristiânia[5] a Lisboa!
Bendita sejas tu entre as nações, bendita!

(Bendita sejas, minha Suíça boa!)

Lausanna, 1896.

❖ Antônio Nobre ❖

Notas

1. Ladainha: é um tipo de oração composta por uma série de invocações breves seguidas de respostas repetidas. Na Lírica nobriana, o termo "ladainha" aparece com frequência e denomina (explícita ou implicitamente) poemas um pouco mais longos, compostos em tom conversacional e rico em evocações que presentificam pessoas e lugares.
2. Martinho Teixeira Homem de Brederode (1866-1940) é irmão de Fernando Brederode, um dos amigos de Antônio Nobre à época dos estudos em Coimbra. Fez o Curso Superior de Letras e ingressou na carreira diplomática através do concurso ocorrido em 1895, cujos dois primeiros lugares couberam a Alberto de Oliveira e a Antônio Nobre – cargo que Nobre nunca veio a ocupar pela doença que o vitimou.
3. Andes aparece aqui como referência aos Alpes Suíços.
4. "abrir o leito" é expressão que significa o ato de desfazer parcialmente a cama, dobrando a borda superior dos lençóis e cobertores para que se possa deitar.
5. Cristiânia: Christiania é uma pequena localidade na Suíça.

Confissão Duma Rapariga Feia

Há raparigas neste mundo,
Há raparigas que são feias,
Mas nenhuma tanto como eu.
De mim tenho nojo profundo,
Ciúmes do Sol, das luas cheias,
Que vão tão lindas pelo céu!

Nos arraiais, nas romarias,
Adelaides, Joanas, Marias,
Todas têm par, mas menos eu.
Todas bailam, rindo e cantando,
E eu fico-me a olhá-las cismando
Na sorte que o Senhor me deu!

Se eu fosse cega ou aleijada,
Talvez ficasse resignada,
Por que havia de queixar-me eu?
Mas sendo sã, sendo perfeita
Tua vontade seja feita,
Senhor! é sorte, é fado meu!
....

Afirmações Religiosas

Ó meus queridos! ó meus S.ᵗᵒˢ limoeiros!
Ó bons e simples padroeiros!
Santos da minha muita devoção!
Padres choupos! ó castanheiros!
Basta de livros, basta de livreiros!
Sinto-me farto de civilização!

Rezai por mim, ó minhas boas freiras,
Rezai por mim escuras oliveiras
De Coimbra[1], em S.ᵗᵒ Antonio de Olivais[2]:
Tornai-me simples como eu era dantes,
Sol de Junho, queima as minhas estantes,
Poupa-me a *Bíblia*, Antero...[3] e pouco mais!

No mar da Vida cheia de perigos
Mais monstros há, diziam os antigos,
Que lá nas águas desse outro mar.
O que pensais vós a respeito disto,
Ó navegantes desse mar de Cristo!
Heróis, que tanto tendes que contar?[4]
Chorai por mim, ó prantos dos salgueiros,

❖ Despedidas ❖

Pois entre os tristes eu sou dos primeiros!
Lamentos ao luar, dos pinheirais,
E vós ó sombra triste das figueiras![5]
Chorai por mim ó flor das amendoeiras
Chorai também ó verdes canaviais!

E quando enfim, já farto de sofrer
Eu um dia me for adormecer
Para onde há paz, maior que num convento
Cobri-me de vestes, ó folhas d'outono,
Ai não me deixeis no meu abandono!
Chorai-me ciprestes, batidos do vento...

1897.

Notas

1. Coimbra é a capital cultural do século XIX em Portugal. Abriga a Universidade que, fundada no século XII, tornou-se célebre especialmente pela Faculdade de Direito, para onde eram mandados os filhos da média e alta burguesia, não só portuguesa, mas também brasileira. Apareceu no soneto 7 (*Despedidas*) em no poema cujo primeiro verso é "Eu chegara de França uns quatro dias antes" (seção "Outras Poesias").
2. Santo Antônio de Olivais é pequena localidade próxima de Coimbra, região centro-oeste de Portugal.
3. Antero de Quental (1842-1891) é considerado um dos melhores sonetistas portugueses, ao lado de Luís de Camões e Bocage. Foi o líder de sua geração literária e teve participação decisiva, como mentor intelectual, do grupo do Cenáculo (dentre os membros incluem-se Eça de Queirós e Teófilo Braga), na divulgação das teorias socialistas de Proudhon, da teoria da evolução, da crítica bíblica de Renan, da Ideia hegeliana e na gestação do Realismo em Portugal. Escreveu, dentre outras obras, *Odes Modernas* (1865), *Causas da Decadência dos Povos Peninsulares* (1871) e *Sonetos* (1886).

4. Os versos "Ó navegantes desse mar de Cristo! / Heróis, que tanto tendes que contar?" reportam aos navegantes da época da expansão marítima portuguesa, no final do século XV e início do XVI, e consequentemente a *Os Lusíadas*, de Luís de Camões, bem como à tradição de que os portugueses são um povo marítimo.
5. A caracterização das sombras das figueiras como tristes decorre do fato de, em Portugal, as referidas árvores serem consideradas como malditas na crença popular, uma vez que foi em uma figueira que Judas Iscariotes se enforcou por se arrepender irremediavelmente de ter traído Cristo.

Ares da Andaluzia[1]

Ó formosa Andaluzia!
Terra de Nossa Senhora!
Ó formosa Andaluzia!
Onde o luar parece dia
Onde é dia a toda a hora!

Ai eu tenho sete musas[2]
Quais delas prefiro eu?
Ai eu tenho sete musas,
Três delas são andaluzas
Porque as outras são do céu.

Málaga[3], terra de encantos,
Terra das vinhas douradas!
Málaga, terra de encantos!
Igrejas cheias de Santos,
E Virgens cheias de espadas![4]

Vossa boca tem desejos
Que a boca das mais não tem...
Vossa boca tem desejos

E já morria por beijos
No ventre da vossa mãe!

Ó meninas de Sevilha[5]
Sou doente, vinde amparar-me,
Ó meninas de Sevilha
Deixai-me a vossa mantilha,
Que eu não quero constipar-me!

Ó menina, olá, a mais alta
Por que foge e me olha assim?
Ó menina, olá, a mais alta,
Se a beleza não lhe falta,
Não julgue que é mais que a mim.

Ai esta Vida é tão curta!
Ai o Amor dura um instante,
Ai esta Vida é tão curta!
Dormir, um dia, entre murta
Nos braços duma outra amante!...

Olhos de Cadiz[6] tão pretos
(E o mar ao pé[7] tão azul!)
Olhos de Cadiz tão pretos,
De luto por esqueletos
Que o mar traz com o vento sul.

Já sorvi na minha boca
Beijos de toda a Nação!
Já sorvi na minha boca
Tanto mel, cabeça louca!
Mas assim como estes, não!

❖ Despedidas ❖

Menina das pandeiretas!
Que contente que hoje estais!
Menina das pandeiretas!
Tão séria, de capas pretas,
Ao lado de vossos Pais.

Vem beber a mocidade
Com a tua trança solta.
Vem beber a mocidade,
Não torna a vir esta idade
E o Amor como ela não volta.

Ó seios como pombinhos
Ó seios por quem bateis?
Ó seios como pombinhos
Tão alegres nos seus ninhos
Não sei eu, mas vós sabeis...[8]

Notas

1. Andaluzia nomeia a região sul da Espanha, cuja capital é Sevilha, a quarta maior cidade espanhola, e cuja importância é destacada ao ser apresentada como *ponte* entre Europa e África. Ocupada pelos fenícios em 1100 a.C., a Andaluzia deixa evidentes as heranças árabe e moura, entrelaçadas e absorvidas, entretanto, com e pelo cristianismo.
2. É possível que esse verso ("Ai eu tenho sete musas") seja decorrência da ideia clássica, apoiada na Mitologia, de que o fazer artístico e as Ciências são regidos e inspirados por nove divindades, todas filhas de Zeus e Mnemósine (memória). São as nove musas: Calíope (poesia épica), Clio (história), Erato (poesia do amor), Euterpe (música), Melpômene (tragédia), Polímnia (hinos), Talia (comédia), Terpsícore (dança) e Urânia (astronomia).
3. Málaga está localizada na costa sudoeste da Andaluzia e foi fundada por volta de 1100 a.C., quando se iniciou a colonização fenícia da re-

ferida região. Destacam-se, com relação a Málaga, a influência cultural árabe, visigótica e romana, bem como a proximidade com a África, que possibilitou a entrada do islamismo na Ibéria.
4. Dialoga com o verso "Pelas espadas que tu tens no peito" (soneto 6, de *Despedidas*), que alude à imagem da Virgem Nossa Senhora das Dores com as sete espadas cravadas no coração. Como exposto em nota ao referido soneto, tal imagem é recorrente na poesia de Nobre.
5. Sevilha, do árabe *Isbiliya*, é a quarta maior cidade da Espanha e capital da Andaluzia – está situada no sudoeste da Espanha, às margens do rio Guadalquivir. Em Sevilha nasceram Cristóvão Colombo e Diego Velázquez e seu período áureo deu-se entre os séculos XVI e XVII.
6. Cadiz foi a primeira cidade fundada pelos comerciantes fenícios procedentes de Tiro, no ano de 1100 a.C., com o nome de Gadir. Nos séculos XV e XVI tornou-se ponto de partida para as viagens marítimas de Cristóvão Colombo e detentora de direito comercial sobre as embarcações vindas da Índia e das Antilhas.
7. "ao pé de" significa "próximo", "a pouca distância".
8. No poema "Purinha", do *Só*, há os versos: "E os seus seios serão como dois ninhos, / E os seus sonhos serão os passarinhos". Evidente diálogo entre as obras de Nobre.

Contas de Rezar

>A Maria dos Prazeres,
>Misericórdia dos mares!
>Que escrevi para tu leres,
>Que eu fiz para tu rezares!

Maria dos Prazeres.   Antonio sem Eles.

Maria é! Violeta da Humildade
Onda do mar das Índias! sempre triste!
Por que andará tão triste nessa idade
Se o Deus em que ela crê para ela existe?

Maria é! Violeta da Humildade!
Onda do mar das Índias! tão modesta,
E tão grande que ela é! Que dor funesta
A faz andar tão triste, nessa idade?

E eu digo ao vê-la entrar, meiga e modesta,
Na Igreja, quando ajoelha e se persigna:
"Parece incrível faça parte desta
Humanidade mentirosa e indigna!"

❖ Antônio Nobre ❖

Quanto ela é Santa! quanto ela é boa!
Até tem dó e compaixão por mim...
Mal diria eu que a trágica Lisboa
Tinha em seus muros uma Santa assim!

Ela nasceu para assistir às guerras,
Ela nasceu pra atravessar os mares,
Ela nasceu pra ir a longes terras,
Ela nasceu para proteger os lares

Ela nasceu para ir com portugueses,
Ao que a vida arriscou, sarar-lhe as feridas,
Com remédios, ao pé[1], meses e meses,
Ou dar-lhe a unção com suas mãos compridas!

Ela nasceu para levar consigo
Um exército leal, místico e forte.
Ser a última a dobrar ante o inimigo
E a primeira a morrer, sorrindo à morte!

Ela nasceu pra comandar armadas
Vestir a blusa azul dos marinheiros.
Morrer que importa! Sobre águas salgadas,
No imenso oceano, não faltam coveiros![2]

Ela é formosa e grande entre as mulheres,
Sua doçura é toda de veludo...
Mas as respostas que dão os malmequeres!
Tristes, Senhor! como na vida é tudo!

Quando ela passa toda cor de cera,
Devagarinho e de missal na mão,

❖ Despedidas ❖

Vai tão ligeira, lembra uma galera
Que segue viagem de vento à feição![3]

Os seus olhos tão negros e tão belos
Que grandes são! têm penas disfarçadas...
Que são eles? Ogivas de castelos
Com duas meninas sempre debruçadas.

O seu cabelo é negro e imenso e roça
Pelo chão, como a noite e a escuridade,
Aparta-o ao meio assim... Parece Nossa
Senhora, quando tinha a sua idade.

A sua voz baixinha vem da Alma,
Tudo o que há nela é do que eu gosto mais,
É assim que fala a aragem pela calma,
Quando mareantes pedem temporais!

Vozes assim só se ouvem no convento
À oração em silêncio habituado,
Que Deus entende a voz do Pensamento:
Pode falar-se a Deus e estar calado!

Os seios lembram duas pombas gêmeas
No seu ninho a dormir, muito quietinhas.
Amor, protege o sono delas, teme-as,
Não acordes as pombas, coitadinhas!

Que dizer do seu corpo, esbelto de asa!
Tão delgado, onde passa o seu anel?
É o mais lindo Torreão da sua Casa!
É uma nau da Índia, a *S. Gabriel*[4].

❖ Antônio Nobre ❖

Os seus braços são débeis! mas exaltam
E sustentam em mim toda a Esperança!
Os seus braços, Senhor! são os que faltam
A certa Vênus que se admira em França![5]

O seu sorriso é o sol, quando aparece,
Vê-la a sorrir é ver o sol cantar;
Mas o seu habitual, ai não se esquece!
É o sol às tardes quando cai no mar...

A sua boca é uma romã vermelha,
Mostrando em risos os seus grãos de opala
Favo de beijos, que dá mel à abelha,
A sua boca é uma flor com fala!

Lisboa, 1898.

Notas

1. "ao pé de" significa "próximo", "a pouca distância".
2. Na poética decadentista e simbolista, a morte nas águas do mar simboliza a morte ideal uma vez que o movimento contínuo das ondas leva ao lento desfazer do corpo físico e a consequente (re)integração dele na Natureza.
3. "Vento à feição" é expressão usada para designar vento favorável que imprime velocidade à embarcação a vela.
4. *S. Gabriel* é o nome da nau comandada por Vasco da Gama na viagem em que chegou a Índia, em 1498. É ainda o título de um poema incluído no livro *Clepsidra*, de Camilo Pessanha – poema que o autor compôs à época das comemorações do quarto centenário da viagem do Gama.
5. Refere-se a Vênus de Milo, estátua que foi encontrada sem os braços em 1820, mas é de cerca de 130 a.C. Trata-se de uma estátua grega, representando Afrodite, atribuída ao escultor Alexandros de Antioquia. Hoje se encontra no Louvre, em Paris.

A Ceifeira[1]

(INCOMPLETA)

....
Por que é que
          te odeiam os homens, se os levas
A um mundo melhor?
Ó velha hospedeira da aldeia do nada[2],
Tenho as malas prontas, vou breve partir.
Prepara-me um quarto na tua pousada[3],
Que tenha a janela para o sul voltada
E fontes à roda para eu dormir...

Notas

1. Desde o *Só*, o vocábulo "Ceifeira" é usado como epíteto para morte. Para sentido literal, ver o vocabulário de apoio ao final deste volume.
2. Esse verso, na sequência dos dois primeiros, alude à Morte, vista pela poética decadentista e simbolista como pacificadora, como saída ansiosamente aguardada, posto que põe fim à angústia do sentir, à dor existencial.
3. Pousada (ou "quarto na tua pousada"): aparece aqui, como no *Auto da Alma*, de Gil Vicente, metaforizando esquife e tumba.

Sensações de Baltimore[1]

(INCOMPLETA)

Cidade triste entre as tristes,
Oh Baltimore!
Mal eu diria que na terra existes
Cidade dos Poetas e dos Tristes,
Com teus sinos clamando "Never-more"[2].

Os comboios relâmpagos voando,
Pela cidade de Baltimore,
Levam uns sinos que de quando em quando
Ferem os ares, o coração magoando,
E os sinos clamam "Never-more, never-more".
....
Baltimore, 1897.

Notas

1. Baltimore é cidade localizada à costa do Atlântico, próxima a Washington, onde está sepultado Edgar Allan Poe. Em carta datada de Filadélfia, maio de 1897, destinada a Justino de Montalvão, Antônio Nobre alude ao poema incompleto "Sensações de Baltimore", afirmando tê-lo escrito depois de sua visita àquela cidade, da qual o poeta diz: "aquela terra é muito estranha, cheia de mistérios". Sobre o poema, diz ser composto de

❖ **Despedidas** ❖

"uns versos estranhos também" (cf. Antônio Nobre, *Correspondência*, Lisboa, Imprensa Nacional / Casa da Moeda, 1982 [Carta 201]).
2. *Never-more* significa "nunca mais". É a expressão repetida pelo corvo no poema "O Corvo" (1845), de Edgar Allan Poe (1804-1849).

Ao Mar

(SONETO ANTIGO)

Ó meu amigo Mar, meu companheiro
De infância! dos meus tempos de colégio,
Quando pra vir nadar como um poveiro
Eu gazeava à lição do mestre-régio!

Recordas-te de mim, do Anto[1] trigueiro?
(O contrário seria um sacrilégio)
Lembras-te ainda desse marinheiro
De boina e de cachimbo? Ó mar, protege-o!

Que tua mão oceânica me ajude,
Leva-me sempre pelo bom caminho,
Não me faltes nas horas de aflição.

Dá-me talento e paz, dá-me saúde,
Que um dia eu possa enfim, poeta velhinho!
Trazer meus netos a beijar-te a mão...

Nota

1. Anto é o cognome derivado da abreviatura do nome próprio Antônio,

❖ Despedidas ❖

dado por Miss Charlotte, um dos seus amores de verão. É empregado poética e recorrentemente por Antônio Nobre desde o poema "As Ondas do Mar", datado de 1888 e incluído em *Primeiros Versos* (1921, póstumo). Através do apelido Anto, não apenas o poeta (sobretudo em sua correspondência) mas também o sujeito poético passam a referir-se a si mesmos como se fosse um outro.

Dispersos

1

– Sofro por ti nesta ausência,
Tanto que não sei dizer.
– Meu Antonio! Tem paciência!
Sofrer por mim é sofrer?

2

Ah quem me dera abraçar-te
Contra o peito, assim, assim...
Levar-me a morte e levar-te
Toda abraçadinha a mim!

3

Ai ela é tão pequenina
Que, quando ao meu colo vai,
Diz o povo: uma menina
Que vai ao colo do Pai!

❖ Despedidas ❖

4

És tão fraca, tão fraquinha,
Que, ao passar, uma andorinha
Com um simples encontrão
Podia deitar-te ao chão.

Mas também te levantava
Sem grande custo: bastava
Beijar-te (nem isso, até)
Logo te punhas em pé!

5

Espreitei à tua porta,
Quis ver-te a dormir, sorrindo...
Mas ai! só vendo-te morta,
Saberei como és dormindo!

6

– Dá-me um beijinho, que eu peço?
– Isso sim! – Furto-lho então!
– Não que eu meto-o num processo
Pelo crime de ladrão!

7

O teu sono – ai que ventura
Tantos sonhos, que sei eu?
O meu é uma noite escura
Com uma *estrela* no céu!

8

Coração, bates saudades
Saudades tão tristes são,
Lembra-me o sino às Trindades,
O sino faz: Dlão! dlão! dlão!

9
ADEUS!

Ai! na hora da partida,
Parte-se o coração!
Ai! como é triste a Vida!
Uns ficam,... outros vão!...

Ilha da Madeira, 8 de janeiro, 1899.

10

O coração apodrece,
Apodrece como o mais
Mas a dor, ai! reverdece,
Essa não morre jamais.

11

És morena, moreninha,
Morena de andar ao sol!
No dia em que fores minha
Como hás de ser moreninha
Na brancura do lençol!

❖ Despedidas ❖

12

São as meninas da Ilha da Madeira[1]
Ternas, graciosas, pálidas, ideais:
Fica-se doido, vendo-se a primeira,
Doido se fica, se se vêem as mais;
Qual é a mais bela da Ilha da Madeira?
 Se são todas iguais?

Madeira, 1899.

13

Há um lindo lugar, em Trás-os-Montes[2],
Com uma casa só, a casa dela.
O mais é o pôr-do-sol, bouças e fontes
Que compõem a sua parentela.

Encanto de possuir uns tais parentes!
Fidalga excepcional que é a Purinha![3]
Que ela nas veias tem sangue dos poentes.
E os cravos brancos chamam-lhe: Priminha!

Oh que ascendência! que família estranha!
Onde há fidalgos com uns tais avós?
Sois os seus Pais, pinheiros da montanha,
E assim ela é altinha como vós!

14

Amo-te toda porque és linda, linda, linda!
Teus olhos, tua voz, teu sorriso, eu sei lá!

Mas o que eu amo mais, o que amo mais ainda,
É a alminha de Deus que dentro de ti está.

15

Uma alma chega ao pé[4] do seio da Purinha!
E bate devagar, docemente: "truz! truz!"
– Quem é? (responde lá de dentro uma vozinha)
– (Antonio...) e logo veio à porta, com a luz.

16

Mamã te chamo porque me trazes ao peito,
Filha te chamo pelo mimo que te dou,
Irmã te chamo porque te tenho respeito,
Noivinha te chamo porque teu noivo sou!

17

Na sexta-feira às dez horas olha pra lua,
Que eu, tão longe, ai tão longe! hei-de olhá-la também:
Assim minha alma encontrar-se-á lá com a tua!
E quem se encontra, filha! é porque se quer bem!

18

Tu és altinha como eu[5], embora
Eu seja um homem e tu uma criança!
Tanto que ao irmos pela estrada, agora,
Ouvi dizer: "Que lindo par de França!"

❖ Despedidas ❖

19

Teus olhos são dois céus. E neles leio
O que nos outros lêem os pastores:
Estrela da manhã dos meus amores!
Sete-estrelo[6] que vais do céu em meio!

20

Ai que saudade! O amor das Estrangeiras!
Que chegam, sabe Deus donde e com que fito,
E um dia, lá se vão andorinhas ligeiras,
E nunca pousam, andorinhas sem Egito!

21

No vosso leito, à cabeceira, ponde isto,
Ponde este livro, ao pé do vosso coração:
Adormecei, rezando a "Imitação de Cristo"[7]
E "Nun'Alvares"[8], que é de Cristo a imitação.

Ilha da Madeira, 1898.

22

I
Quem ler os "Filhos de D. João primeiro"[9]
Se o não é, faz-se soldado ou marinheiro:

II
Que a Dona do livro tenha pois cautela,
Que se for para a guerra eu irei com ela.

Ilha da Madeira, outubro, 1898.

Notas

1. Madeira ou Ilha da Madeira é a maior e a mais povoada das ilhas que integram o arquipélago Madeira, descoberto em 1419 pelos navegadores portugueses Gonçalves Zarco e Tristão Vaz Teixeira. Com a capital em Funchal, Madeira é mundialmente conhecida pelo clima ameno subtropical, pela beleza natural e pelo vinho a que dá nome. Aparece também no poema "Antes de Partir" (seção "Sonetos", de *Despedidas*).
2. Trás-os-Montes está localizada na região chamada de Alto do Douro, a nordeste de Portugal.
3. "Purinha" é o título de um dos poemas incluídos no *Só*, no qual o sujeito poético define seu Ideal de mulher e descreve o dia de seu casamento. O cognome passou a ser empregado pelo poeta para referir-se à Margarida Lucena, moça de quem era noivo e com a qual pretendia casar-se.
4. "ao pé de" significa "próximo", "a pouca distância".
5. No poema "Purinha", a amada também é descrita como "alta": "És alta como a Torre de David".
6. Sete-Estrelo é a designação popular da constelação das Plêiades; é recorrentemente citada no *Só*.
7. *A Imitação de Cristo* é composta por quatro livros, foi escrita por Tomás de Kempis, nascido em Kempis, diocese de Cologna, em 1379-1380 e morto em 25 de julho de 1471. O livro foi primeiramente publicado anonimamente; apenas em 1441 é que Tomás assinou seu nome num códice, hoje depositado na Biblioteca Real de Bruxelas. É considerada, na comunidade cristã, como obra santa, venerável e fundamental.
8. Nuno Álvares Pereira [...] (n. 24/6/1360 – m. 1/4/1431) foi beatificado em 1918 e tem a memória litúrgica celebrada a 6 de novembro. É conhecido como "Santo Condestável". Juntamente com o Mestre de Avis, filho ilegítimo de D. Pedro I e futuro D. João I, preparou, depois da morte de D. Fernando, o assassinato do conde de Ourém, João Fernandes Andeiro, valido e amante da rainha. Considerando o Mestre de Avis como rei, combateu Castela, que invadia Portugal. Sua intervenção foi decisiva para a aclamação de D. João, Mestre de Avis, como rei de Portugal em abril de 1385 e para a vitória em Aljubarrota – resposta armada de Nun'Álvares para a consolidação do poder real de D. João I, Mestre de Avis. A Batalha de Aljubarrota tornou-se lendária, pois se passou a acreditar que o exército português, bem menos numeroso, pôde derrotar o espanhol devido à oração de Nuno Álvares Pereira. Aparece, também, no longo poema "O Desejado".

❖ Despedidas ❖

9. *Os Filhos de D. João I* é uma obra de Oliveira Martins (1845-1894), publicada em 1891. Faz parte, como o livro *Vida de Nun'Álvares*, do seu projeto de escrever biografias sobre os homens de importância decisiva para Portugal.

❖ O Desejado ❖

O* poema, cujos fragmentos são agora publicados, não seria uma composição de caráter peculiarmente épico mas sim melhormente lírico. Autorizaria esta conjetura o tom subjetivo do talento do poeta e ela é confirmada pelo que ele chegou a realizar da sua concepção. Assim, quanto de narrativamente histórico houvesse de ser objeto de sua obra viria coado através da imaginação do autor. Ele propunha-se evocar não uma figura de crônica mas um tipo de lenda, e seu alvo era fazer sentir ao leitor o encanto idealista e romanesco do sebastianismo, considerado como elemento de estímulo para a fé na nacionalidade e como incentivo e consolação nas esperanças e nas decepções da pátria.

Pelo que ficou depreende-se que o autor desenhara a largo traço o programa da sua obra; mas em suas diversas seções não trabalhou com assiduidade igual. Uma leitura atenta dos fragmentos pareceu permitir coordená-los numa ordem clara de sucessão, marcando-se com adequado sinal tipográfico as interrupções que aí aparecem. Nesta melindrosa faina foi de

---

* Prefácio, ao poema "O Desejado", de autoria de José Pereira Sampaio (Bruno), que reuniu os fragmentos do referido poema para publicação.

inestimável valia a cooperação prestada pela benemerência de pessoa distintíssima, a ex.ᵐᵃ snr.ª D. Constança da Gama, que tivera ensejo de ouvir do poeta os diversos episódios compostos, bem como a explanação genérica de sua fantasia e de seu intento.

O livro abriria, como abre, por uma dedicatória geral *À Lisboa das naus cheia de glória*, a qual seria seguida de uma invocação, em oferecimento, *Às Senhoras de Lisboa*, que é uma espécie de introdução à história de Anrique[1]. Esta, diz o autor tê-la ouvido ao mar e vem contá-la a elas, pedindo uma lágrima para os sofrimentos de seu herói. A este apresenta-o o poeta como penando das mais amargas desilusões e possuído da triste convicção de que nada na vida o poderia abalar ainda ou comover sequer, depois de ter devaneado tanto sonho e de haver visto tantas quimeras suas caídas por terra e murchas logo ao despertar.

Anrique enganara-se, porém; a sua alma generosa e confiante ainda haveria de vibrar muito e mui doridamente; e, nos seus primeiros versos, que não ficaram definitivamente concluídos, Antônio Nobre fazia a confidência às Senhoras de Lisboa do arrebatamento passional de Anrique, escarnecido pelo prosaico positivismo que zomba do seu afã da glória, como se ela fosse dote que se oferecesse. A feição simbolista do poema de Antônio Nobre demonstra-se, neste enlace concepcional, pela representação da Lua, imagem do quanto

---

1. Anrique é a forma ancestral, arcaica, de Henrique. No poema "O Desejado", nomeia o sujeito poético que, muito frequentemente, a emprega para referir-se a si como se fosse um outro, a exemplo do que ocorre com "Anto", no *Só*. É, também, um modo de o sujeito poético de "O Desejado" evidenciar a sua ancestralidade, isto é, a sua ascendência brasonada e heroica.

❖ Despedidas ❖

é vã e irrealizável a aspiração a um alvo inatingível, sonho inefável desfeito em fumo.

Em Anrique se personifica a abstração; e, abandonando seu solar português, o sonhador abala-se na busca do ideal para terras de Espanha, finalmente de França, onde vamos encontrá-lo em Paris, exausto e desvairado pela insatisfação de um desejo alto e incoercível. A Paris erroneamente se encaminhara já no fito de encontrar da ciência transcendental o remédio oculto a males irremediáveis; e são pungentes as alusões e referências que a todo o instante aparecem à história própria do poeta, em sua ideação e em seu cruel sofrimento.

Em Paris recebe Anrique a hospitalidade dum convento, onde é acolhido pelos carinhos paternos de um velho e santo monge, que, embora Anrique não lhe tenha aberto a altiva alma, tenta perscrutar-lhe a ferida, para lhe aplicar salutífero bálsamo.

Em uma dessas melancólicas tardes que parece haverem exercido sobre o poeta uma misteriosa influência e que ele toca com um encanto vago e penetrante, o seu herói Anrique, que divaga, na fase mística e exaltada em que se encontra, pelas ruas, sem propósito exato e à mercê de mil flutuantes pensamentos, entra, ao acaso, no templo de um convento de freiras, justamente na ocasião em que elas iam começar a entoar a sua novena da tarde. Às primeiras notas daquele cântico suave, Anrique queda-se extático, no arroubo que o trespassa e embebe, como um eco de saudade irrefletida e apaixonada. É que em uma das frescas vozes que ali alevantavam hinos de amor divino, Anrique julgara encontrar a reminiscência de uma outra voz puríssima, doce e harmoniosa, que deixara lá para longe, para além das serras, em Portugal, quando não fora mais que a muito natural semelhança de duas vozes meigas de rapariga.

No frêmito da ilusão jubilosa e magoadora, uma excitada alucinação o faz delirar, em lamentos onde a incoerência da palavra é o transunto de uma aniquiladora tristeza. Como natural reação, logo em sua alma e de seus lábios rebenta uma explosão de força e de entusiasmo, saudando o seu amor com palavras frenéticas e desvairadas, em como que parece lançar um repto e vibrar um desafio. Prestes acode o desalento final e, após consolações inúteis do bom frade, nas palavras de Anrique põe o poeta toda a resignada amargura da sua alma.

Já então de todo a quimera parisiense se diluíra. Já de todo Anrique se voltara novamente e de vez para o seu Portugal. De regresso ao reino, afoita-o o encontrar-se com a sua bem-amada; singrando vem Tejo[2] acima a barca que o reconduz. Um ardor imenso o impulsiona e move; Anrique saúda com férvido entusiasmo o passado heroico de Lisboa; mas a atroz realidade do presente surge perante o ímpeto épico como uma sátira trágica. Ao passado volve olhos cobiçosos da esperança no futuro; e a compensação profética que se lhe desenha é lhe figurada na vinda fantasiosa do *Desejado*, do quimérico D. Sebastião[3], do lendário "Rey-Menino", que foi o símbolo de todo o anelo e de toda a fé, que foi a encarnação

---

2. Tejo é o rio que nasce na Espanha, atravessa Portugal e desemboca no Oceano Atlântico. É muito conhecido quer porque dele partiam as naus portuguesas na época da expansão marítima, quer por ter sido celebrado em *Os Lusíadas*, de Luís de Camões. Apareceu no soneto 3 (*Despedidas*) e no poema cujo primeiro verso é "Eu chegara de França uns quatro dias antes" (seção "Outras Poesias"); aparecerá, ainda, várias vezes em "O Desejado".
3. D. Sebastião (1554-1578) é o último descendente da Dinastia de Avis. Coroado aos quinze anos, reinou entre 1568 e 1578, quando, na sua segunda viagem a África, morreu na batalha ocorrida entre os portugueses, invasores, e os mouros em Alcácer-Quibir. Aparecerá com muita frequência em todo o poema.

❖ Despedidas ❖

ideal de todos os sonhos de império, de todas as aspirações messiânicas do povo português.

Porém, Anrique não demora muito neste pensamento exterior; logo o preocupa a sua torsionante crise moral; por completo o toma a ideia de que é chegado enfim à terra onde, há tantos anos, o espera sua noiva. Então, saúda-a, também a ela, com palavras que patenteiam a ansiedade que sente de repousar afinal de suas infrutuosas fadigas contemplativas.

Mas do velho solar só restam ruínas; pelo filho pródigo que volta, só aguarda a velha ama Teresa. Acorre, contudo, o povo numa dura e indiscreta curiosidade; e do coração de Anrique soltam-se involuntariamente lamentos acres, pela traição daquela que ele amara. Aí, ele conta, a si mesmo, alheado, a história da sua aflitiva agonia interior, onde mais doem na recordação as ingenuidades e os cândidos embustes da quadra florente e ilusionante.

Este é o episódio capital da crise subjetiva que perpassa na trama lírica do poema de Antônio Nobre. Depois desta desconsoladora estada em Portugal, Anrique resolve-se a voltar a França, na saudade, agora corrosiva, do sossego tumular dos claustros. Ali o esperam os resignados conselhos; ali ele se votará a uma confissão sincera e plena, embora pretenda a aparência duma dignidade soberba e orgulhosa, sob a máscara duma indiferença gélida.

Infelizmente para as boas letras, o poeta não pôde levar a cabo o seu amplo propósito; mas para o cabal entendimento da ordenada sequência da sua fantasia cremos que estas linhas darão alguma luz. Assim, suspendemo-nos, ansiosos de que, desprendendo-se de nossa companhia, o leitor, *de per si*, aprecie e encareça, com legítimos gabos, as composições que seguem, algumas das quais, sem favor, se podem qualificar de maravilhosamente belas.

à Lisboa das naus cheia de glória[1]

I

Lisboa à beira-mar, cheia de vistas.
Ó Lisboa das meigas Procissões!
Ó Lisboa de Irmãs e de fadistas!
Ó Lisboa dos líricos pregões...
Lisboa com o Tejo[2] das Conquistas,
Mais os ossos prováveis de Camões![3]
Ó Lisboa de mármore! Lisboa
Quem nunca te viu, não viu coisa boa![4]

II

És tu a mesma de que fala a História?
Eu quero ver-te, aonde é que estás, aonde?
Não sei quem és, perdi-te de memória,
Dize-me, aonde é que o teu perfil se esconde?
Ó Lisboa das Naus, cheia de glória,
Ó Lisboa das Crônicas, responde!
E carregadas vinham almadias
Com noz, pimenta e mais especiarias...

III

Ai canta, canta ao luar, minha guitarra,
A Lisboa dos Poetas Cavaleiros!
Galeras doidas por soltar a amarra,
Cidade de morenos marinheiros,
Com navios entrando e saindo a barra
De proa para países estrangeiros!
Uns pr'a França, acenando Adeus! Adeus!
Outros pr'as Índias, outros... sabe-o Deus!

IV

Ó Lisboa das ruas misteriosas!
Da *Triste Feia*, de *João de Deus*[5],
Beco da Índia, *Rua das Fermosas*,
Beco do Fala-Só (os versos meus...)
E outra rua que eu sei de duas *Rosas*,
Beco do Imaginário, dos *Judeus*,
Travessa (julgo eu) *das Izabéis*,
E outras mais que eu ignoro e vós sabeis.

V

Meiga Lisboa, mística cidade!
(Ao longe o sonho desse mar sem fim.)
Que pena faz morrer na mocidade:
Teus sinos, breve, dobrarão por mim.
Mandai meu corpo em grande velocidade,
Mandai meu corpo pra Lisboa, sim?
Quando eu morrer (porque isto pouco dura)
Meus Irmãos, dai-me ali a sepultura!

❖ Despedidas ❖

VI

Luar de Lisboa! aonde o há igual no Mundo?
Lembra leite a escorrer de tetas nuas![6]
Luar assim tão meigo, tão profundo,
Como a cair dum Céu cheio de Luas!
Não deixo de o beber nem um segundo,
Mal o vejo apontar por essas ruas...
Pregoeiro gentil lá grita a espaços:
"Vai alta a lua!" de Soares de Passos[7].

VII

Formosa Cintra[8], onde, alto, as águias pairam,
Cintra das solidões! beijo da Terra!
Cintra dos Noivos que, ao luar, desvairam,
Que vão fazer o seu ninho na serra...
Cintra do Mar! Cintra de Lord Byron[9],
Meu nobre Camarada de Inglaterra!
Cintra dos Moiros com os seus adarves,
E, ao longe, em frente, o Reyno dos Algarves![10]

VIII

Romântica Lisboa de Garrett![11]
Ó Garrett adorado das mulheres,
Hei de ir deixar-te, em breve, o meu bilhete
À tua linda casa dos *Prazeres*[12].
Mas qual seria a melhor hora, às sete,
Garrett, para tu me receberes?
O teu porteiro disse-me, a sorrir,
Que tu passas os dias a dormir...

IX

Pois tenho pena, amigo, tenho pena;
Levanta-te daí, meu dorminhoco!
Que falta fazes à Lisboa amena!
Anda ver Portugal! parece louco...
Que pátria grande! como está pequena![13]
E tu dormindo sempre aí, no "choco".
Ah! como tu, dorme também a Arte...
Pois vou-me aos toiros, que o comboio parte!

X

Ó Lisboa vermelha das toiradas![14]
Nadam no Ar amores e alegrias.
Vede os Capinhas, os gentis Espadas,
Cavaleiros, fazendo cortesias...
Que graça ingênua! farpas enfeitadas!
O Povo, ao Sol, cheirando às maresias!
Vede a alegria que lhes vai nas almas!
Vede a branca Rainha, dando palmas!

XI

Ó suaves mulheres do meu desejo,
Com mãos tão brancas feitas pra carícias!
Ondinas[15] dos Galeões! Ninfas do Tejo!
Animaizinhos cheios de delícias...
Vosso passado quão longínquo o vejo!
Vós sois Árabes, Celtas e Fenícias!
Lisboa das Varinas e Marquesas...
Que bonitas que são as Portuguesas!

XII

Senhoras! ainda sou menino e moço[16],
Mas amores não tenho nem carinhos!
Vida tão triste suportar não posso:
Vós que ides à novena, aos *Inglesinhos*[17].
Senhoras, rezai por mim um *Padre Nosso*,
Nessa voz que tem beijos e é de arminhos,
Rezai por mim, vereis, – vossos pecados,
(Se acaso os tendes), vos serão perdoados...

XIII

Rezai, rezai, Senhoras por aquele
Que no Mundo sofreu todas as dores!
Ódios, traições, torturas, – que sabe ele!
Perigos de água, e ferro e fogo, horrores![18]
E que, hoje, aqui está, só osso e pele,
À espera que o enterrem entre as flores...
Ouvi: estão os sinos a tocar:
Senhoras de Lisboa! ide rezar.

Clavadel, outubro, 1895.

Notas

1. Um dos manuscritos desse fragmento aparece com o título "Lisboa", seguido da dedicatória "Em honra de Garrett". Esse fragmento, escrito em 1895, foi enviado por Antônio Nobre para ser integrado aos textos que homenageavam Almeida Garrett por ocasião do primeiro centenário de seu nascimento, em janeiro de 1899, em atenção à solicitação dos organizadores das comemorações.
2. Tejo é o rio que nasce na Espanha, atravessa Portugal e desemboca no

❖ Despedidas ❖

Oceano Atlântico. É muito conhecido quer porque dele partiam as naus portuguesas na época da expansão marítima, quer por ter sido celebrado em *Os Lusíadas*, de Luís de Camões. Aparece no soneto 3 (*Despedidas*), no poema cujo primeiro verso é "Eu chegara de França uns quatro dias antes" (seção "Outras Poesias"), no texto introdutório deste poema e várias vezes neste.

3. Luís de Camões (*c*.1524-*c*.1579) foi importante poeta do Renascimento português, tendo composto, além de obras líricas, *Os Lusíadas*, epopeia que narra a glória de Portugal pela descoberta do caminho marítimo a Índia. É provável que Nobre tenha escrito esse verso em alusão ao fato de que o túmulo exato de Camões nunca foi encontrado, uma vez que o poeta foi sepultado sem caixão, junto com outras pessoas, na mesma carneira subterrânea, na Igreja de Santa Ana. Em 1880, por ocasião do terceiro centenário de sua morte, alguns dos "ossos prováveis de Camões" – assim como as cinzas de Vasco da Gama – foram trasladados em urnas cingidas de coroa de prata para o Mosteiro dos Jerônimos, em Lisboa.
4. Esse verso faz referência ao dito popular com que o povo português enaltece a sua capital.
5. Nessa estrofe, o poeta alude às várias ruas da Lisboa de seu tempo. A de nome *João de Deus* é homenagem ao poeta João de Deus Ramos (1830--1896), que pertence cronologicamente à geração do Ultrarromantismo português. Escreveu poesia lírico-amorosa e sátira e sua principal obra é *Flores do Campo*.
6. Na poesia de Antônio Nobre é repetida essa imagem da lua como "vaca" (poema "Poentes de França", *Só*) ou como "formosa leiteirinha" (poema "Ca (ro) Da (ta) Ver (mibus)", *Só*). Essa imagem do luar associado ao leite remete à Via-Láctea e à ideia de que o leite é poeira das galáxias.
7. Antônio Augusto Soares de Passos (1826-1860) é poeta do segundo Romantismo português. O fragmento "Vai alta a lua!" é parte inicial do primeiro verso ("Vai alta a lua! na mansão da morte") do poema "Noivado do Sepulcro" (*Poesias*), sem dúvida um dos mais conhecidos do autor. Sua poesia, além do pessimismo, do cemiterial, apresenta uma nota de protesto libertário.
8. Cintra é a forma arcaica de Sintra, pequena localidade serrana, de vegetação exuberante, próxima a Lisboa, para onde a realeza, a aristocracia e, depois, a alta burguesia se retiravam para pequenas temporadas.
9. Lord Byron (1788-1824), importante autor da fase do Romantismo noturno inglês, é considerado como referência de poeta rebelde e revolucionário pelos escritores da segunda geração do Romantismo português

e brasileiro. É bastante comentado o encanto que Byron tinha por Sintra, que conheceu em seu caminho para a Itália quando foi expulso da Inglaterra. Tal encanto foi registrado no livro *Child Harold* ao escrever "Lo Cintra's glorious Eden".

10. Na expressão "Cintra dos Moiros", o poeta refere-se à importante presença dos mouros naquela localidade, ainda hoje visualmente testemunhada pelas ruínas das muralhas mouras, das quais se tem ampla visão do mar. Disso parece decorrer a alusão ao "Reyno dos Algarves" que, embora impossível de ser avistado a partir de Sintra, se sabia "ao longe, em frente", no extremo sul de Portugal. Observe-se a grafia arcaica utilizada nos dois versos aqui comentados.
11. João Baptista da Silva Leitão (1799-1854) tomou o apelido Garrett do nome de aristocratas ascendentes de seu pai. Foi figura importantíssima na implantação do Liberalismo – político, social, cultural – em Portugal e é o primeiro autor do Romantismo naquele país. No conjunto de sua obra destaca-se a proposta de, juntamente com Alexandre Herculano (1810-1877), fazer em Portugal uma literatura genuinamente portuguesa, nacional, de resgate da alma popular, da tradição folclórica.
12. A "casa dos prazeres" pode nos remeter ao ardente caso de amor entre Almeida Garrett e Rosa Montufar, a Rosa da Luz, depois Viscondessa da Luz – amor cujo correspondente literário é a obra *Folhas Caídas*, de 1853.
13. Esse verso alude à dicotomia passado-presente, tão recorrentemente glosada na literatura portuguesa. A "pátria grande" do Quinhentos "está pequena" no século XIX, sobretudo depois do Ultimatum inglês (1890) que pôs fim ao sonho português de voltar a ser nova potência colonizadora, dominando as terras da região de Moçambique e Angola, ao sul do continente africano.
14. Evidente referência à tradição das touradas na Península Ibérica (Portugal e Espanha). Em Lisboa, há o Palácio dos Touros, onde decorrem as touradas.
15. Ondinas é o nome dado às ninfas das águas.
16. A expressão "menino e moço" alude à obra *Menina e Moça*, de Bernardim Ribeiro, cuja primeira versão data de 1554. Essa fonte literária está presente em várias composições do *Só*. Bernardim Ribeiro tem também importantes poemas reunidos no *Cancioneiro Geral*, de Garcia de Resende.
17. Inglesinhos é uma igreja em Lisboa, cujo nome, de fato, é Nossa Senhora dos Ingleses.

❖ Despedidas ❖

18. Esses versos dialogam com a estância 147 do canto 10 de *Os Lusíadas*, em que Luís de Camões trata dos perigos enfrentados pelos navegantes da nau de Vasco da Gama recém-chegados a Portugal. Apresentados, como n'*Os Lusíadas*, posteriormente ao episódio das ninfas, os versos "Que no Mundo sofreu todas as dores! / Ódios, traições, torturas, – que sabe ele! / Perigos de água, e ferro e fogo, horrores!" remetem-nos à oitava: "Olhai que ledos vão, por várias vias, / Quais rompentes leões e bravos touros, / Dando os corpos a fomes e vigias, / A ferro, a fogo, a setas e *pilouros*, / A quentes regiões, a plagas frias, / A golpes de *Idolatras* e de Mouros, / A perigos incógnitos do mundo, / A naufrágios, a *pexes*, ao profundo!"

às senhoras de Lisboa

Ainda bem, Senhor! que deste a Noite ao Mundo.
Gosto do Sol, oh certamente! mas segundo
O meu humor. À noite, há esquecimento, há Paz,
De dia, apenas tenho um ou outro rapaz
Para a palestra. Ah sim! e o mar também às vezes.
Mas agora (há aqui uns três ou quatro meses)
Faço da noite dia. As grandes descobertas
Que eu descobri! Estou de janelas abertas
Quando os outros estão de janelas fechadas...
Ó fontes a correr como línguas de espadas!
Ó fontes a furar quais mineiros a frágua,
Ó fontes a rezar, como freirinhas d'água,
Com ladainhas na voz, de joelhos nas encostas,
E só vos falta estar, como elas, de mãos postas!
Ouvi, lá rezam: sob o céu, todo estrelado,
"Padre-Nosso! que estás no céu, santificado..."
Noites e dias sem parar um só momento,
Só vós me ouvis, e eu só a vós e mais o vento.
Que dor é a vossa! qual será? não sei, não sei
Chorai, fontes, chorai! Fontes correi, correi!
Águas, só de perdão, suspiros e piedades,

❖ Despedidas ❖

Ó fontes de Belém! Ó fontes de saudades!
Contai para eu cismar, uma bonita história
Qualquer, a que vos vier mais depressa à memória.
Contai que eu sou ainda uma criança, gosto
Tanto de histórias! pelas luas brancas de agosto!
Histórias à lareira, como contam as criadas
Histórias de ladrões, mais histórias de fadas,
A do Zé do Telhado[1] e da triste viúva
Que só saía à rua pelas noites de chuva!
E essa (que faz chorar) de Pedro Malas Artes![2]
Os tristes ventos a assoprar das quatro partes:
São os ventos do sul: (cegos pedindo esmolas,
Sofrem tanto com ele!) mais o vento das rolas;
Mais o do oeste, que abre e fecha as portas
E geme nos pinhais, pelas noites mortas,
Erguendo as folhas secas, caídas pela terra.
Mais o vento do norte, o vento da Inglaterra
Que azula o céu e o rio, e deu ao mar a glória
De levar as Naus do Gama[3] à Índia da vitória.
E o mar, Senhor! o mar, ai! como chora às Luas!
Pelos seus golfos e canais (as suas ruas)
Sonetos de ais que só compreende quem ama:
E de noivos a quem deu o lençol e a cama:
As descobertas de meus Pais, dos Portugueses:
(Pois quando o vento é forte também conta às vezes)
O mar! como ele conta às noites tanta história,
Contos de cavaleiros sublimes de vitória;
Contos de espadas nuas, em mãos desses guerreiros,
E contos de segredo que ouviu aos marinheiros
Lá pelas noites calmas, à luz da Lua branca,
Quando choram seus males, que só a Lua estanca.
O mar! O mar, oh sim! O mar é meu amigo.

Quantas vezes sorrindo, vem conversar comigo
Nessas noites tão longas d'infinda solidão
Em que vela no mundo, tão só meu coração!
Quantas vezes na hora em que dormem crianças
E as flores dormem também, e dormem as esp'ranças
Para embalar o peito de quem no mundo as tem;
À hora em que há mais treva nas sombras desta terra,
(Que tantas sombras, ai! de dia mesmo encerra.)
À hora em que há mais luz no céu todo estrelado,
Eu fico só e cismo, nas dores do meu passado.
E quando enfim eu choro, pensando nessas mágoas,
Lá ouço a voz sublime daquelas grandes águas
Que querem vir chorar comigo e conversar.
História é uma dele, esta que vou contar;
Ouvi-a em alta noite escura de Janeiro.
E pra ma vir contar, o Mar chorou primeiro.

Um dia, olhai Senhoras, eu fui tal como o Fausto[4]:
Pedir conselho à ciência de um velho, sábio e exausto,
Pois com a ajuda dele, eu queria vir contar
Um conto que eu ouvira, de noite ao pé do mar.
Pedi-lhe me fizesse, ao menos um sorriso
(Para o luto do meu conto, era ele bem preciso)
Pedi-lhe uma alma branca, de luz e d'alegria:
Mas ele olhou-me grave e nada me dizia!
Que via nos meus olhos, o bom do sábio enfim
Quando assim olhava, cismando, para mim?
E desviando então, o seu olhar profundo
Que tantos fados lera nas sortes deste mundo:
"Uma lágrima, só pra ti, posso eu fazer."
(Tais palavras, Senhor, fizeram-me estremecer)
"Obrigado, lágrimas tenho eu de mais na vida."
E vim deitar ao vento a minha voz dorida.

❖ Despedidas ❖

Senhoras escutai-a! se tendes coração,
Se dais esmola ao pobre, com vossa própria mão:
Lembrai-vos que ouvir a voz duma Desgraça
Também é caridade, Senhoras cheias de Graça!
Dai-me um pranto vosso a este sofrimento,
Senhoras! uma lágrima. Com ela me contento.

Notas

1. Zé do Telhado é personagem folclórica de Portugal; famoso bandido, morador nos arredores da Lixa. Sua biografia foi traçada por Camilo Castelo Branco em *Memórias do Cárcere*. Aparece em poemas do *Só*.
2. Pedro Malas Artes ou Pedro Malasartes é figura tradicional dos contos populares tanto em Portugal como na Espanha. Espécie de herói às avessas, é um tipo burlão, astucioso, sem escrúpulos e sem remorsos e com habilidade excepcional e despudorada para enganar, ludibriar, sobretudo os ricos e vaidosos, avarentos e orgulhosos, do que decorre a grande simpatia que o herói sem caráter inspira.
3. Vasco da Gama é ilustre navegador convocado pelo rei D. Manuel como comandante da esquadra, composta pelas embarcações *S. Gabriel*, *S. Rafael* e *Bério*, que descobriu o caminho marítimo para a Índia. Partiu de Lisboa com destino ao Oriente em 8 de julho de 1497, lá chegando no ano seguinte, em 1498. Em 1499, regressava ao reino com as naus carregadas de especiarias.
4. Fausto é personagem da obra homônima de Goethe. Na obra, Fausto faz um pacto com o demônio para ter poder, conhecimento absoluto, eterna juventude, abrindo mão de sua própria alma.

Era uma vez, o moço Anrique[1] que vivia
Lá na nobre Nação de Portugal. Um dia
Errava nos jardins de seu solar de Castro,
Mais lindo que o Sol, altivo como um astro!
Anrique era criança, só tinha vinte anos
Mas tinha cem ao menos de dor e desenganos.
Era poeta, Senhoras: e basta só dizê-lo
Para sem maior pergunta poder compreendê-lo!
Já dera volta ao Mundo, achara decepções!
Já conhecera a Vida, perdera as ilusões!
Mas confiado ainda, que pra melhor nascera
Seu ideal d'alma ainda não perdera.
Sonhava um sonho d'ouro, e quando alguma esperança
Caía: sonhava outra vez, (são sonhos de criança
Mas que fazem sofrer: e Anrique mais sofria
Porque, se as crianças choram, Anrique não chorava
E a sua alma altiva a lágrimas não dobrava).
Ao vento frio de inverno inquieto e desolado
Perdia a fé no sonho que tinha acalentado,
Mas quando abria os cravos a luz das primaveras,
Voltavam, como os cravos, a rir, suas quimeras.

❖ Despedidas ❖

O famoso solar fica numa planície
Extensa, plana, igual como uma superfície.
Os montes em redor envolvem-na uns atrás
Dos outros. Foi formoso o solar, mas aí agora jaz[2]
Quase tudo em ruínas caídas pelo chão
Desde que aí morrera o último seu barão.
Não se erguiam mais as pedras, porque a Mãe
De Anrique só o ouvia a ele, e a mais ninguém.

Havia agora um ano, que andava pensativo
Embora sempre austero, embora sempre altivo.
Ficava horas inteiras às grades dos jardins
Pisando, distraído, as folhas dos jasmins.
A fronte sempre erguida, os olhos sempre abertos,
Olhando os nevoeiros, nos montes encobertos,
E deixando que as horas corressem devagar
Absorto como estava naquele seu cismar.
Que pensamento novo seria, pois, aquele!
Que tão estranho era no sofrimento dele!
Pois nunca assim sorrira, pois nunca assim também
Ficara tanto tempo ao pé de sua Mãe
Sem falar nos países d'estranhas paisagens,
Que louco percorria em busca de miragens.
Nessa tarde, pois, sozinho, Anrique passeava
Colhendo aqui um cravo, que logo abandonava.
A Lua que nascia, atrás duma montanha
Ainda não o vira; mas nascia tamanha!
E era uma Lua d'agosto, muito vermelha
E parecia assim uma cara de velha.
Quedou-se Anrique, ao vê-la, e branco de paixão:
Gritou ao vento: "Vou-me agarrar a Lua com a mão"!
Ah como estava longe! e o monte era tão alto!

Mas Anrique (o que são as crianças) foi-se dum salto
A casa de sua Mãe e pediu-lhe a bênção
(Os seus olhos não vêem, os seus miolos não pensam).
Tira do armário a capa e a espada dos Avós[3],
Não deixa o seu bordão de viagem, todo aos nós.
Pra atender ao capricho que o levava ao Alto-Mar
Ficava só e pobre no seu caído Lar.
E por isso crescia a erva nos jardins,
E caíam por isso as folhas dos jasmins,
E Anrique podia, de noite, ver estrelas
Que entravam no seu quarto, sem vidros as janelas.
Trêmulo ajoelha grave, e reza os mandamentos
Lança o cabelo em caracóis aos 4 ventos
E partiu!
       Vinde ver daí comigo, Senhoras,
Anrique longe vai, mas vamos às pastoras
Que andam à guarda das ovelhas nesses montes;
Certo, o viram passar nos vales e nas pontes!
Uns montes são imensos, outros são menores:
A Lua passa sempre acima dos maiores.
Ai Anrique, não pares, bem podes caminhar
Que a Lua voa e parece ir tão devagar...
E Anrique vede-o! Lá se vai tão satisfeito
Porque ela segue no caminho do seu peito.
Senhoras quereis saber! Anrique (criança em flor)
Andava na paixão do seu primeiro amor;
Tinha encontrado enfim nas sombras do seu céu
Um coração que amara e compreendera o seu.
Mas, zombando, os pais da sua amada
Apontaram-lhe, a rir, a casa além tombada.
Riram também, Senhoras, das suas poesias
Que tinham o cheiro agreste, do campo e maresias!

❖ Despedidas ❖

E vendo aquele orgulho que nunca era vencido,
E vendo aquele olhar, pra ela sempre erguido,
Elas riram ainda mais, dizendo-lhe que trocasse
A Fortuna que não tinha, pela Glória que alcançasse.

Anrique era um poeta, Senhoras desculpai
O seu pensar ingênuo, os erros em que cai.
Não vê na Lua mais, que um prêmio ao seu amor.
Senhoras perdoai-lhe! ele era um sonhador.
Anrique se eu pudesse dizer-te baixo, ao ouvido,
Quem é o vulto escuro, nas sombras escondido,
Que vela sobre ti com tão ardente olhar
Que nem o volve atrás ao abandonado Lar?
Anrique se soubesse que a tua Mãe doente
Te segue pelos montes, andando mansamente?

Ao dar da meia-noite ele pára em sobressalto;
Ergueu pr'o céu os olhos: a Lua ia tão alto!
Mas não desanimou. Vestiu nova esperança,
Sorriu ao luar branco que a vista lhe descansa;
Achou que do céu vinha um sorriso melhor,
Fixou um novo monte, um monte inda maior
E deitou a correr para ir lá apanhá-la: –
Estrelas riam à Lua, de noite a acompanhá-la.

Que cair de folhas em meio da primavera!
Ao ver o pastor triste quem diria que era
O senhor altivo e nobre de casas com brasão!?
Quando o viam às noites sentado pelo chão,
Os olhos sempre fitos nas nuvens, vagamente
Passavam mais de largo, andando mansamente

(Os bons dos camponeses!) não fossem perturbar
Aquele que vivia só para contemplar
A Lua que no céu subia lentamente.

Notas

1. Anrique é a forma ancestral, arcaica, de Henrique. No poema "O Desejado", nomeia o sujeito poético que, muito frequentemente, a emprega para referir-se a si como se fosse um outro, a exemplo do que ocorre com "Anto", no *Só*. É, também, um modo de o sujeito poético de "O Desejado" evidenciar a sua ancestralidade, isto é, a sua ascendência brasonada e heroica, que remete ao mito sebástico, presente no poema.
2. A antiga grandeza e formosura do "solar de Castro", oposta à sua decadência, à sua ruína, e associada ao contar a história de Anrique, pode nos remeter à obra *A Ilustre Casa de Ramires*, de Eça de Queirós (1845-1900). Publicada primeiramente na *Revista Moderna*, em 1897, nela é narrada a história de Gonçalo, o último descendente dos ilustres Ramires, que também habita um solar deixado pelos avós, outrora imponente, então arruinado.
3. Em *A Ilustre Casa de Ramires*, de Eça de Queirós, Gonçalo também recebe, em sonho messiânico, as armas dos avós para que possa alterar o estado de decadência em que se encontrava.

Senhora minha, perdão
Anjo do meu coração
Pois a escrever eu me afoito?
Este ano no Julho, a oito
Dia de Vasco da Gama[1]
(Doravante assim se chama).
Ai as saudades que eu tenho!
Pois olha, escrevo-te e venho
Dar-te notícias do teu
Apaixonado. Sou eu.
Anrique, pastor de ovelhas[2].
Tenho-as brancas e vermelhas.
Pretas de todo o tamanho.
Tivesse-te eu no rebanho
Porém, como tu, ainda
Não vi nenhuma mais linda.
Eu pensei que tu amavas
O teu pastor, mas brincavas.
Mas amo-te eu, muito embora.
– Não sou amado, Senhora?
– Não o és, nem nunca o hás de ser –

❖ Antônio Nobre ❖

Pois seja o que Deus quiser!
Vou pelas serras mais altas,
Mas vejo que tu me faltas
E logo fico a pensar:
Que bom e triste é amar!
Um amor sem esperança
É um bem que não se alcança.
Nasci, debaixo dum Signo
Que em nada me é benigno[3];
Já não pode ser desfeito
O que está feito, está feito.
Ai de mim! não sou amado!
Ai de mim, triste e coitado!
Fumo saindo dos casais
Que aspirações vós levais!
As minhas não vão tão alto:
Só co'a Lua me sobressalto.
São bem simples e modestas:
Bons dias e boas sestas!
Com muito pouco me sustento:
O amor é meu alimento,
O meu pão de cada dia,
Lágrimas, minha água fria,
Que nas fontes bebe a loba
E a dos rios é saloba...
Quem me dera andar contigo
No mar cheio de perigo!
Ir à África numa Nau
Na *San Rafael*[4] de pau,
Como os nossos portugueses!
E andar por lá sete meses,
Sete anos, ou mesmo mais

❖ Despedidas ❖

Sem medo dos temporais!
Outros há pior de passar...
Já tantos tive no mar,
Já tantos tive na Terra
Que já mais nenhum me faz guerra.
Nós dois sós, e por que não?
Sem maior tripulação.
Eu seria o comandante
Daquela nau almirante!
Oh que formosa serias
Queimada das maresias!
Vestida de marinheiro.
Ai sobe! sobe! gajeiro
Àquele topo real,
Diz adeus a Portugal,
Que lá nos vamos, Adeus!
E partiríamos com Deus!
Oh que viagem venturosa!
Pela Ásia religiosa
Mais pelas terras do Sul
Com mar e céu sempre azul!
Obedecer-me-ias, eu sei,
Ao meu mando, como a El-Rey.
De beijos o meu comando
Pra ti iria voando.
E a nossa nau bem posta
Iria de costa em costa,
Tu subirias aos mastros
(Tão altos que vão aos astros)
Sem receio das porcelas!
E dobraria as velas!
A bujarrona, a latina,

Com tuas mãos de menina!
Oh! vem daí comigo! eu parto!
Quando estivesses de quarto
A mão no leme segura
A nau iria à ventura
Ver no céu planetas novos,
Ver pela terra outros povos,
Outras leis, novos costumes,
Capelas, cheias de lumes,
A Califórnia do Oiro[5]
E lá achar um tesoiro.
Ver (que isso nunca se perde)
O célebre "raio verde"
Do sol-pôr no mar da América![6]
Oh! a viagem quimérica!
Oh suspiros das aragens!
Oh fantásticas miragens!
Roubaríamos às palmeiras
Folhas verdes pra bandeiras,
Folhas verdes são precisas!
Meigas que elas são às brisas
E que doidas aos tufões!
Ver passar os tubarões
Mais as senhoras baleias
Que hoje fazem de sereias
Mais as toninhas em danças,
Que choram como crianças,
Mais os peixes-voadores[7]
(Que são para caçadores)
E os argonautas[8] com velas
Como peixes caravelas
Aos quais, Senhoras, os ingleses

❖ Despedidas ❖

Chamam "barcos portugueses"
Para escarnecer de nós...
Fossem vivos teus Avós!
Ver temporais! Que beleza
Relâmpagos! E o mar reza!
E, a nau, se quiser que ande
Ah! sim, como Deus é grande!
Não tenhas medo. Morrer
Não custa nada, é viver.
Custa menos que se pensa.
O principal é ter crença.
Morre o corpo, a alma abre asa
E vai: é mudar de casa...
Mas nem sempre há mares grossos
E que houvesse: Os padres-nossos
Fazem muito em tua boca.
Voz doce acalma voz rouca!
Tu não temes temporal
És filha de Portugal!
Se morrêssemos, que importa!
Que bela serias morta!
Minha Senhora da Esp'rança
Já na Bem-aventurança!
Pois quem, Senhora, não deve,
A ira do céu não teme.
Ir contigo pr'o outro Mundo,
E juntos para o Profundo
Para esses mares salgados,
Num abraço amortalhados!
Meu pensamento flutua,
Perdoa (lá vem a Lua)
Esta carta tão comprida!

Mas eu amo nesta vida
Duas coisas, tu primeiro,
Depois o mar, sou poveiro![9]
Mas hoje, Senhora minha,
Sou pastor sem pastorinha,
Ainda ontem era estudante
Porque não sou navegante!
Foi sempre a minha paixão;
Era a minha vocação,
Mas a minha mãe não quis,
Talvez, fosse mais feliz.
Ah, Senhora! vou deixar-te!
Minha Mãe por toda a parte:
Oh Anrique! Anrique, onde estás?
A pregação que ela faz
Tudo por amor de ti,
(E já lhe oiço a voz daqui)
E as ovelhas? Ai, Senhor!
Não sirvo para pastor.
Cada uma pra seu lado
Não dou conta do recado.
Minha mãe ralha que ralha,
Ai, Senhor! Jesus me valha.
E adeus que me vou embora.
Pois, boas noites, Senhora!
Ah! estou, aqui, tão bem...
E lá torna a minha Mãe
– Anrique, Anrique, onde estás?
– Onde te somes, rapaz!
Tem razão, é já tão tarde!
Na lareira o lume arde
E fuma, acesa a candeia:

❖ Despedidas ❖

Minha Mãe que faz a ceia!
Há que tempo ela passou
Com a lenha que encontrou!
Desprezada nos caminhos...
Nós somos mui pobrezinhos!
E eu, aqui, à lua, à farta.
Pronto. Acabo, aqui, a carta.
Adeus! são horas de eu me ir
Cear, rezar... e dormir.
Nossa-Senhora me ajude!
A minha mãe não se ilude
Com toda essa demora.
Ela bem sabe, Senhora!
E lá torna a Mãe: Anrique
Queres que eu me mortifique?
Anda cear, não tens fome?
Jesus! Jesus! Santo Nome!
Eu bem sei e bem no entendo.
O que são Mães! Em me vendo
Quando todo me concentro,
Que trago paixão cá dentro.
Isso já há muitos meses.
Mas nada diz. Só às vezes
Quando não como e me deito
Assim... a tossir do peito,
Também não quer ela, comer
E aventura-se a dizer:
"Amores – filho, paixões
Só trazem consumições!"
E assim é, assim, Mãezinha!
Pois adeus, Senhora minha!

❖ Antônio Nobre ❖

Notas

1. Como já dissemos na nota "Vasco da Gama", foi no dia 8 de julho de 1497 que a esquadra comandada pelo referido navegador deixou Lisboa rumo à Índia.
2. No fragmento anterior, Anrique apresentou-se como poeta e, agora, apresenta-se como pastor de ovelhas. Na literatura, sobretudo de matriz clássica, também é recorrente a imagem do poeta como pastor de ovelhas, normalmente associada a um ideal de vida simples, natural, bucólica.
3. No poema "Memória" (*Só*) há os versos: "Mais tarde, debaixo dum signo mofino, / Pela lua-nova, nasceu um menino". É a ideia de que desde o nascimento o indivíduo é predestinado à existência trágica, sobretudo pelos sinais de mau agouro: o "signo" que não é "benigno"; o sino que, na época, anunciava a morte, proclama, inversamente, o seu nascimento.
4. A nau *San Rafael* era comandada por Paulo da Gama, irmão de Vasco da Gama, que navegava na *S. Gabriel*.
5. A alusão à "Califórnia do Oiro" trata da descoberta do ouro na referida localidade – descoberta que ocorreu no século XIX e desencadeou intenso fluxo em direção às regiões mineiras.
6. "Raio verde / Do sol-pôr no mar da América" que Nobre deve, efetivamente, ter visto quando viajou à América do Norte entre 12 de maio e 3 de junho de 1897, em busca de melhores ares para se recuperar da doença que o afligia.
7. Peixes-voadores é uma espécie de peixe dotada de longas barbatanas que lhes permite planar sobre as águas quando dão saltos para fugir de seus predadores. Num dos seus cadernos de apontamentos, Antônio Nobre escreveu: "– Peixes – voadores. – Pardalas, tubarões".
8. Argonautas é o nome dado aos marinheiros de *Argos*, primeiro navio existente no mundo, segundo a mitologia, no qual Jasão, Orfeu, Hércules, entre outros, fizeram a viagem fantástica a Colchos em busca do Velo de Ouro. Por ser símbolo de navegadores e navegações arrojadas, em *Os Lusíadas* os tripulantes das naus comandadas por Vasco da Gama são chamados de argonautas.
9. Poveiro é o nome dado aos habitantes das aldeias piscatórias de Póvoa de Varzim, ao Norte de Portugal.

Vai alta a Lua branca, serena, silenciosa
Da luz dos Boulevards, fugindo desdenhosa.
É a hora em que Paris começa a louca vida
Na trágica cidade, ao sol adormecida.
Ó Paris de Baudelaire![1] Paris da minha pena
Que em tempos já molhei nas águas do teu Sena.
Que mistérios eu leio, Paris, no teu folgar!
Que mistérios eu vejo, passando os Boulevards!
Ó vede a palidez da luz daquele gás,
Vede a cor mortuária, que aos rostos ele traz!
Olhai pr'as criancinhas que passam sob a chuva;
Olhai pr'o pranto fácil dos olhos da viúva,
Que pede aqui cantando, e canta ali chorando,
E assim de pranto e riso seu pão vai amassando;
Ó Paris de Verlaine[2] e poetas sonhadores!
Mais de mendigos ricos, de fidalgos salteadores;
Paris que me acolhestes n'agreste mocidade
Eu não te amo não[3], mas dou-te uma saudade.
Senhoras, como o Sena vai triste, amarelento,
Turvado pelas rugas sulcadas pelo vento.
Não vejo aqui, Senhoras, a luz do vosso Tejo

❖ Antônio Nobre ❖

Nem vejo o céu azul, Senhoras!... mas eu vejo
Uns olhos fitos n'água... uns olhos lusitanos,
Que pela luz que têm não contam muitos anos.

E a lua que anda fugida, lá pelo céu profundo
Deixou cair no rio, o seu retrato, ao fundo.
....

Senhoras, Anrique ouvira a voz duma das freiras
E quando no adro branco, as notas derradeiras
Perderam-se voando, julgou num som dorido
Reconhecer a voz do seu amor perdido!

São sonhos de poeta; mas sonhos como lírios
Tão brancos como eles... vermelhos nos martírios!

....
Vinde daí, Senhoras, comigo quereis ouvir?
Ingênuo é o seu cantar... talvez vos faça rir!

"Vi-te há pouco rezando nas novenas
Ai tão linda, tão pálida, meu Deus!
Quais são as tuas dores, as tuas penas,
Por quem levantas tuas mãos aos céus!

"Cantai, ó freiras Beneditinas[4],
    Cantai, cantai,
Cantai novenas, cantai matinas,
    Cantai, cantai.

"No Boul'Mich[5], os castanheiros da Índia
Começam a despir as folhagens, ao luar,

❖ Despedidas ❖

Que belas armações, para galeras da Índia
Se ainda houvesse Índias, neste mundo, a conquistar!

"Tudo tão triste! todos tão tristes!
Olhai, são poucas todas cautelas,
Doentes do peito, cuidado, ouvistes?
Tirai do armário vossas flanelas!

"Cantai o canto Gregoriano[6]
    Para eu chorar!...
Cantai ó freiras! durante um ano
    Para eu... chorar!...

"Andam meus olhos lusitanos
    A procurar-te,
Minha quimera! tenho vinte anos!
    Eu quero amar-te!

"Ó sinos de toda a França
Cantai, cantai, o meu mal,
Tão alto, essa voz não cansa,
Que ela os ouça em Portugal!

"Cantai o canto Gregoriano
    Para eu chorar!...
Cantai ó freiras, durante um ano
    Para eu... chorar!...

É Anrique Senhora, Anrique só na Vida.
A sua Mãe ficara em Hespanha[7] adormecida.

❖ Antônio Nobre ❖

Notas

1. Charles Baudelaire (1821-1867), poeta do Romantismo francês, é célebre pelas inovações temáticas e formais que introduziu na poesia, renovando-a. Sua principal obra é *Flores do Mal* (1857).
2. Paul Verlaine (1844-1896) é autor ícone do Simbolismo francês, juntamente com Rimbaud, Mallarmé e Baudelaire. É seu o verso "de la musique avant tout le chose" (a música antes de tudo), que evidencia um dos elementos fundamentais da poética simbolista. Algumas de suas obras são *Poèmes Saturniens* (1866), *Fêtes Galantes* (1869), *Romances san Paroles* (1874), *Jadis et Naguère* (1884).
3. "Eu não te amo não" evoca o verso "Ó poentes de França! não vos amo, não!" (do poema "Poentes de França", incluído no *Só*), o qual, por sua vez, dialoga com esse outro "Ai! não te amo, não", do poema "Não te Amo", de *Folhas Caídas*, de Almeida Garrett. Tanto em "Poentes de França" como em "Não te Amo" os versos citados são repetidos como verso final de grande parte das estrofes.
4. Beneditino(s) é o nome que se dá aos membros da Ordem de São Bento e aos religiosos que vivem segundo a regra de São Bento.
5. Boul'mich nomeia um bairro em Paris.
6. O canto gregoriano deve seu nome a São Gregório I e tornou-se a base do canto eclesiástico da igreja católica.
7. Hespanha é o sentido latino de Hispania, como se designava ancestralmente a Península Ibérica. Mais um exemplo da ancestralidade que Nobre deseja imprimir ao poema.

Morrera já o Sol; os altos castanheiros
Choravam à voz do vento, quais lúgubres troveiros.
Os choupos retorciam os troncos já despidos,
Parecendo erguer ao céus seus braços ressequidos,
Ao darem as "Trindades" no claustro, de mansinho,
Fugiu um bando d'aves pousadas no caminho.
A cruz meio inclinada parecia desmaiar
Perdida na cor pálida da luz crepuscular;
Eram mistérios da hora nervosa da tardinha
Em que s'adianta a morte, e treme a alma minha!
A hora em que perdido do Lar, dos meus Irmãos,
Cismando no meu Lar, eu junto as frias mãos;
A hora em que o traidor por mais que faça esforços
Não pode em si calar o susto dos remorsos;
A hora em que se acende o lume nas lareiras
E ladram cães ao longe, em vela pelas eiras;
A hora em que entristece na rua o caminhante,
E pára vendo o Sol cair agonizante;
E as raparigas trêmulas se vão fechar as portas,
Ouvindo as longe as rãs, gritar em águas-mortas!

Ó Senhora d'altas Esferas!
Castelã[1] das minhas quimeras!
 Ó meu amor!
Amor místico, amor celeste
Que tu pelo Natal me deste,
 Senhor! Senhor!

Sou forte agora, e temeroso,
Sou um Rei Todo-Poderoso,
 Senão olhai!
Só diante de ti me humilho
Senhor! Senhor! Sou teu filho
 E tu meu Pai!

Venham armadas de Inglaterra
Venham as naus de toda a terra,
 De todo o mar!
Que eu só por entre elas e o Oceano,
Na minha nau a todo o pano,
 Hei de passar!

❖ Despedidas ❖

Venha o exército da Alemanha,
Mais seus aliados, mais a Hespanha,
    Hei de vencer!
Tu és grande, és forte, Guilherme![2]
Tu és um mundo, eu sou um verme...
    Vamos a ver!

Venha uma imensa tempestade,
Caiam raios sobre a cidade,
    Venham trovões!
Que eu irei só para as janelas,
Sem Santa-Bárbara[3], sem velas,
    Sem orações!

Soldados de Alsácia e Lorena![4]
(A bela França assim mo ordena)
    Vamos! Então?
Atirai balas aos meus peitos,
Que eu apanho-as como confeitos,
    Na minha mão!

Venham Filósofos, Doutores,
Venha Spinoza[5], outros maiores,
    Gregos, Judeus;
Venham Estóicos[6], Pessimistas,
Cínicos, os Positivistas...[7]
    Eu creio em Deus!

Ó morte, minha amiga de outrora
Que fazes ai, há mais duma hora!
    Queres-me? Ah sim?
Cortei as relações contigo

Ó vai-te! já não sou teu amigo,
    Nem tu de mim!

Ó Luís de Camões e da Esperança!
Ao pé de ti sou uma criança,
    Mas ouve cá!
Vamos cantar ao desafio,
À sua janela, sobre o rio,
    Ver qual mais dá...

Ó troveiros de toda a parte
D. Pedro!, D. Diniz!, D. Duarte![8]
    O que sois vós?
Minha lira é do seu cabelo,
E os meus versos, quereis sabê-lo?
    São sua voz!

Ó vento cantante do Norte!
Minha lira agreste é mais forte
    Do que a tua!
Vinde todos, troveiros do ar,
Em desafio comigo a cantar
    Por essa rua!

....
............................"Repara como há luz
No céu, mesmo de noite. A luz duma alegria
À noite do teu céu também virá um dia.
Anda daí comigo; não ouves como o vento
Desfolha sem piedade, os choupos do convento!"

Tantas folhas pelas ruas... que me importa
São mais desgraças a bater-me à porta.

❖ Despedidas ❖

"Ó verga a tua alma, tão alta como os astros
Que roçam pelas ondas e vão também aos astros."

Notas

1. Os termos "Senhora" e "Castelã" são tradicionais no discurso amoroso e advêm das medievais cantigas de amor, que patenteiam a posição de superioridade da mulher com relação ao amado, a submissão desse àquela e o distanciamento entre ambos.
2. Provavelmente, o poeta alude ao Conde de Borgonha entre 1059 e 1087, Guilherme I, o Grande, também conhecido pelo cognome *Tête-hardie* ("Cabeça-ousada"), cujo filho-segundo, chamado Raimundo, foi mandado, como vários outros cavaleiros de idêntica condição de nascimento, para a Península Ibérica para auxiliar os príncipes cristãos no combate aos muçulmanos. Raimundo casou-se com Urraca, filha de Afonso VI, rei de Leão, Castela, Galiza e Portugal, e teve sob seu domínio feudal a região entre Douro e Minho e de Coimbra entre 1094 e 1096, quando aquelas terras foram concedidas ao seu primo Henrique pelo casamento com Tarasia (Teresa). Conde de Portugal em 1097, Henrique e a mulher Teresa foram os fundadores da primeira dinastia portuguesa; eles são os pais de Afonso Henriques (1109-1185), primeiro Rei de Portugal e fundador da Nacionalidade (ver adiante, a nota 10 da página 409).
3. A Santa Bárbara é atribuído o poder de acalmar as tempestades.
4. Alsácia é a região oriental da França, às margens do Rio Reno, entre os Vosges e a Floresta Negra. Lorena está localizada na região nordeste do mesmo país, também tendo como limite os Vosges de um lado e a planície parisiense, de outro. A parte leste de Lorena pertenceu, juntamente com Alsácia, à Alemanha entre 1870 e 1914.
5. Após estudos para ser rabino, Joaquim Baruch Spinoza (1632-1677) tomou contato com as teorias de Galileu, com o pensamento renascentista de Giordano Bruno e com o racionalismo de Descartes. Foi expulso da comunidade judaica, acusado de blasfêmia pelo seu racionalismo, e tornou-se filósofo panteísta.
6. Estoicismo é a doutrina dos filósofos gregos Zenão de Cicio (340-264 a.C.) e seus seguidores Cleanto (século III a.C.) e Crisipo (280-208 a.C.) e dos romanos Epicteto (*c*.55-*c*.135) e Marco Aurélio (121-180). Caracteriza-se por considerar como fundamentais o problema moral, a austeridade do caráter e a impassibilidade diante da dor e/ou infortúnio.

❖ Antônio Nobre ❖

7. Positivismo é a doutrina de Auguste Comte (1798-1857), de orientação antimetafísica e antiteológica. Preconiza o conhecimento fundamentado no empírico, nos dados da experiência.
8. O poeta evoca nessa estrofe o regente (D. Pedro) e os reis (D. Dinis e D. Duarte) que – sobretudo os dois últimos – desempenharam papel fundamental na consolidação da língua portuguesa e da cultura em Portugal. D. Dinis, da Dinastia de Borgonha e rei durante 1279 e 1325, fundou, em 1288, a primeira universidade portuguesa, sediada em Lisboa. Durante o seu reinado, o português tornou-se a língua oficial do país; a corte – como ocorreu nos séculos seguintes – foi o centro de cultura e o rei, além de trovador eminente, foi protetor dos poetas e das letras e conservador das tradições nacionais. D. Duarte, rei da Dinastia de Avis, cujo governo se prolongou por apenas cinco anos (1433-1438), e o regente (1441-1448) D. Pedro são representantes de um período em que o interesse esteve voltado para os problemas teóricos e doutrinários, portanto um período cujo maior destaque foi a prosa doutrinária. D. Duarte escreveu *Leal Conselheiro* e *Ensinança de Bem Cavalgar Toda Sela* e foi o primeiro a estudar a palavra e o sentimento *saudade*. Mantinha em sua biblioteca o volume intitulado *Livro das Trovas de El-Rei*. D. Pedro escreveu a *Virtuosa Benfeitoria* e traduziu autores latinos como Cícero e Sêneca.

Vem entrando a barra a galera "Maria"
Que vem de tão longe e tão linda que vem!
Toca em terra o sino pra missa do dia
Em frente, em Santa Maria de Belém![1]

Mareantes trigueiros no alto dos mastros,
Ai dobram as velas não são mais precisas!
Ai que lindas eram, às luas e aos astros!
Que doidas, aos ventos! que meigas, às brisas!

Desdobra as amarras! apresta a fateixa!
Pois todos em breve a nau vão deixar;
Ó terra! Que saudade a de quem te deixa
Ó terra! pela aventura do alto mar!

Entra o piloto e abraçam-se estes e aqueles;
Abraçam-se e riem tanto à vontade...
Abraços que levam almas dentro deles,
Sorrisos de bocas que falam verdade!

Nota

1. Santa Maria de Belém é o nome de uma igreja próxima do rio Tejo, no bairro de Belém, onde se rezava missa para abençoar os navegadores na época dos descobrimentos marítimos.

Só as entende (capitães, não as sentis)
Quem algum dia, passou as águas salgadas
Quem um dia, as passou numa hora infeliz
Quem, um dia, as passou, com as frontes curvadas.

E "Maria" vai indo pelo Tejo acima,
E cisma Anrique: "Que lindo Portugal!"
Vêm as ninfas, vai uma dá-lhe uma rima,
Vai outra (gostam dele) e vai faz-lhe um sinal.

E Anrique cisma: "Quem não te viu ainda!
Ó minha Lisboa de mármore! Lisboa
De ruínas e de glórias! Tu és linda
Entre as cidades mais lindas, ó Lisboa!"

Ó minha Lisboa! com ouros tão constantes
Pelas serras e céus e pelo rio! Com seus
Jerônimos[1] dos Poetas e Mareantes![2]
Lisboa branca de João de Deus![3]

❖ Antônio Nobre ❖

Notas

1. O Mosteiro dos Jerônimos, em estilo manuelino, está localizado no bairro Belém (Lisboa), próximo ao mar, ainda na foz do rio Tejo, de onde partiam as naus para as conquistas ultramarinas. O rei D. Manuel fundou-o em comemoração ao êxito da viagem de Vasco da Gama e destinou-o à ordem de S. Jerônimo. Sua construção efetiva foi iniciada em 1501-1502.
2. Esse verso pode aludir ao fato de que no interior do Mosteiro dos Jerônimos, no local projetado para ser Panteão real, encontram-se construções tumulares em homenagem ao poeta Luís de Camões e ao navegador Vasco da Gama.
3. Ver nota apensa ao fragmento "À Lisboa das Naus Cheia de Glória".

I

Ó Lisboa! num século bem perto
Quando a África e as Ásias se mostrarem
Civilizadas, sem um só deserto,
E as esquadras do mundo inteiro entrarem
Naquele Tejo sobre o mundo aberto,
Para dos grandes ventos descansarem,
Ó Lisboa (não são glórias quiméricas)
(Voltada sobre as Ásias e as Américas!

II

Por que é que Deus aqui te pôs à entrada[1]
Senão para destinos imperiais?
Do mar da Índia a viração salgada
Respirá-la tu, antes dos mais.
A ver és tu, primeira, a alvorada
E a última o sol nos fins ocidentais.
Lisboa! quando eras pequenina
Houve uma fada que te leu a sina?

III

O que já foste tu, noutras idades
Grande e famosa acima das Nações,
Tu de novo o serás, porque as cidades
Têm várias mortes e ressurreições,
Outras infâncias, novas mocidades,
Novas conquistas, outros galeões...
Ó coragens, ó cóleras, tormentos,
Trovões, Índias, relâmpagos e ventos!

IV

Velha Lisboa, minha mãe-madrinha
Tu voltarás a ser o que já foste,
E não, não cuides que é ilusão minha,
Pois nenhuma já tenho a que me encoste!
Não sei que dentro em mim mo adivinha
Não sei que voz mo diz de que eu mais goste.
E bem no sabes de bem longe: os Poetas
Não se enganam – são bruxos, são Profetas![2]

V

Lá onde escoa o Tejo, os Escultores
De entre a água erguerão altos heróis,
Poetas, Santos e Navegadores:
Nun'Alvares[3] sorrindo aos seus dóis-dóis,
Feridas de Astros! admiráveis flores!
(Com auroras e poentes como os sóis...)
Luís de Souza[4], cismático[5], e Frei Gil[6],
Pedr'Álvares, a mão para o Brasil...[7]

❖ Despedidas ❖

VI

Vasco da Gama a apontar lá para onde
Nasce o sol, terra da sua Índia amada,
Outro a olhar lá, onde o sol se esconde[8],
Camões olhando triste a onda salgada;
Mas a onda passa, passa e não responde...
Que a leva o fado, vai muito apressada...
Todos tão vivos, os heróis colossos,
Que dir-se-ia que têm sangue e ossos.

VII

E do seu forte, S. Julião[9], em suma,
Sobre toda esta glória e esta mágoa,
Luas conta a desfiar uma por uma,
(Ondas do mar) Salve-Rainhas de Água
E Ave-Marias, de dourada espuma...
E os outros, no deserto dessa frágua
Pela noite o acompanham; e assim
Rezam todos por séculos sem fim.

VIII

Eu confio em ti, reza d'Heróis,
E confiar em ti, não é vaidade.
Vossos nomes de bronze são faróis
Que luz darão, à nossa tempestade.
O nosso Rey... (cabelo em caracóis!)
Já não dorme no Paço... Piedade!
Deixareis a Pátria engrandecida
Por vossas mãos pra sempre ser vencida?

IX

Cor do céu a bandeira e cor de neve
Não a vejo na torre a flutuar!

Senhor! Vós bem sabeis que o Rey não deve,
Outras armas que a vossa apresentar.
Se assim deixais que outro povo a leve,
Por que a deste ao nosso pra guardar?
Não é ele o mesmo que em Ourique
A aclamou nas mãos do teu Henrique?[10]

X

Anda tudo tão triste em Portugal!
Que é dos sonhos de glória e d'ambição?
Quantas flores do nosso laranjal
Eu irei ver caídas pelo chão!
Meus irmãos Portugueses, fazeis mal
Em ter ainda no peito um coração.
Talvez só eu! (Amor ai tu m'entendes!)
Possa ainda ter a paz que já não tendes.

XI

Talvez só eu irmãos! mas é que a mim
Deve o Senhor as flores com que s'enfeita
A mocidade!... que é dele o meu jardim!
Dizei-me vós irmãos, na vida estreita
Toda a desgraça não terá um fim?
Se a ventura não pode ser perfeita
Tenho agora a Pátria em sepultura!
Que mais quereis na taça d'amargura?

XII

Virá, um dia, carregado de oiros,
Marfins e pratas que do céu herdou,
O Rei-menino que se foi aos moiros[11],
Que foi aos moiros e ainda não voltou.

❖ Despedidas ❖

Tem olhos verdes e cabelos loiros,
Ah não se enganem, (ainda não chegou)
Virá El-Rey-Menino do Estrangeiro,
Numa certa manhã de nevoeiro...

XIII
Tem loiros os cabelos, e é criança,
Tem olhos verdes de luar noturno:
Olhos verdes, são olhos de esperança!
Olhos verdes, são Luas de Saturno![12]
Veio da África mais a sua lança
Vai p'lo mundo, rezando taciturno.
Tão pobrezinho, olhai! estende a mão:
"Quem dá esmola a D. Sebastião?"[13]

XIV
Esperai, esperai, ó Portugueses!
Que ele há de vir, um dia! Esperai.
Para os mortos os séculos são meses,
Ou menos que isso, nem um dia, um ai.
Tende paciência! finarão reveses;
E até lá, Portugueses! Trabalhai.
Que El-Rey-Menino não tarda a surgir,
Que ele há de vir, há de vir, há de vir!

Notas

1. Menção ao fato de que Portugal, geograficamente, está localizado "na entrada" da Europa, o que faz com que seja considerado, juntamente com a Espanha, como território-ponte, através dos quais a Europa estabelecia comunicação marítima com o mundo. Em *Mensagem* de Fernando Pessoa aparece a mesma ideia, como mostra o verso "Portugal é a face com que a Europa mira o mundo".

❖ Antônio Nobre ❖

2. A ideia de que os poetas são "bruxos", são "profetas", portanto detentores de poderes mágicos e supra-humanos, corresponde à imagem do poeta maldito, reelaboração da figura do vate, que caracteriza a lírica moderna. Ao mesmo tempo que tais poderes os tornam detentores de qualidades excepcionais, seja para o fazer poético, seja para o ver antecipadamente os fatos, determina a eles existência trágica, malfadada.
3. Nuno Álvares Pereira foi beatificado em 1918 e tem a memória litúrgica celebrada a 6 de novembro. Nun'Álvares Pereira (n. 24/6/1360 – m. 1/4/1431) é conhecido como "Santo Condestável". Juntamente com o Mestre de Avis, filho ilegítimo de D. Pedro I e futuro D. João I, preparou, depois da morte de D. Fernando, o assassinato do Conde de Ourém, João Fernandes Andeiro, valido e amante da rainha. Considerando o Mestre de Avis como rei, combateu Castela, que invadia Portugal. Sua intervenção foi decisiva para a aclamação de D. João, Mestre de Avis, como rei de Portugal em abril de 1385 e para a vitória em Aljubarrota – resposta armada de Nun'Álvares para a consolidação do poder real de D. João I, Mestre de Avis. A Batalha de Aljubarrota tornou-se lendária, pois se passou a acreditar que o exército português, bem menos numeroso, pôde derrotar o espanhol devido à oração de Nuno Álvares Pereira. É mencionado, também, no poema "Dispersos" (seção "Outras Poesias").
4. Ao regressar a Portugal, depois de ter estado preso em Argel, Manoel de Souza Coutinho (1556-1632) casou-se com D. Madalena de Vilhena, supostamente viúva de D. João de Portugal, desaparecido em Alcácer-Quibir com D. Sebastião (1554-1578). Foi capitão-mor de Almada e guardador-mor da Saúde, mas depois da morte da filha D. Ana de Noronha separou-se da mulher e professou na Ordem de São Domingos, passando a chamar-se Frei Luís de Souza. Estando na Ordem, escreveu: *Vida e Obra de D. Frei Bartolomeu dos Mártires* (1619), *História de São Domingos* (3 tomos publicados em 1623, 1662 e 1678), *Os Anais de D. João III*, entre outros.
5. Cisma é palavra grega que designa separação, divisão. É usada principalmente na linguagem eclesiástica para referenciar a pessoa que se nega a se submeter ao Papa, sucessor de Pedro. Na história da Igreja Católica houve dois grandes cismas: o de 1054, que separou a Igreja Católica da Igreja Bizantina, denominada desde então de Ortodoxa, e o do Ocidente que entre 1378 e 1417 dividiu a cristandade ocidental entre dois Papas. Cisma significa também dissensão de opiniões e separação de religião, comunidade, partido político. É esse sentido que utilizamos

❖ Despedidas ❖

para explicar a possibilidade de ler "cismático" como aquele que adotou o Cisma.

6. Segundo a lenda, Frei Gil de Santarém vendeu a alma ao Diabo para ter o poder da bruxaria, mas, de servo, passou a senhor daquele. Diz-se que muito foi feito pela intervenção do Frei, considerado santo, e que o próprio Diabo era obrigado por ele a rezar, ouvir missa e confessar. Em *D. Branca*, Almeida Garrett cognomina o Frei de "frade bruxo", "meio frade / E mais que meio bruxo" (cf. *D. Branca*, canto IX, estrofe XVI).

7. Estimulado pelo sucesso da viagem de Vasco da Gama à Índia, Portugal preparou uma expedição, composta por treze navios e mais poderosa que a daquele navegador, para ir novamente à fonte de especiarias no continente asiático. Comandados por Pedro Álvares Cabral (1467/1468--1520), os navios deixaram Lisboa em 9 de março de 1500 seguindo a rota de Gama. Não obstante, navegaram para sudoeste mais do que o antecessor e acabaram por aportar no Brasil, em 22 de abril do mesmo ano. Depois de explorar a região costeira de nosso país, a frota, com exceção da nau de Gaspar de Lemos, que Cabral mandou a Portugal para comunicar o feito, partiu a 2 de maio para a Índia, de onde regressou em meados do ano seguinte com grande êxito: lucros ainda maiores que os obtidos por Gama na região do Índico e um novo e promissor território a ser explorado na América do Sul.

8. Nesse verso o poeta parece aludir a navegadores que empreenderam viagens à América do Norte, como Pedro de Barcelos e João Fernandes Lavrador que, em 1495, chegaram a Groenlândia e Gaspar Corte Real, que alcançou a Terra Nova em 1500, explorando-a detalhadamente. Entretanto, a América do Norte não despertou oficialmente o interesse da nação portuguesa talvez por pertencer ao domínio espanhol, segundo o Tratado de Tordesilhas que *concedeu* a parte oriental do globo a Portugal e a ocidental a Castela.

9. O Forte de São Julião da Barra foi construído no reinado de D. João III, decorrido entre 1521 e 1557. Essa fortificação assegura a defesa da Barra do Tejo, controlando a entrada e a saída das embarcações.

10. Nobre, pelo contexto, parece referir-se a Afonso Henriques, filho do conde D. Henrique e Tarasia, que recebeu como feudo, em 1096, uma porção de terra ao Norte de Portugal, ao se casarem. Em 1139, Afonso Henriques derrotou o exército muçulmano em Ourique, ao tentar somar novos territórios à cristandade e prolongar o domínio cristão sobre aqueles. Foi a sua primeira grande vitória, apesar de não ter sido muito

significativa para a conquista cristã. Segundo a lenda, o êxito daqueles poucos portugueses contra os inúmeros mouros deveu-se à proteção divina, após o aparecimento de Cristo, com as suas cinco chagas, a Afonso Henriques. A partir de então, a bandeira portuguesa passou a ter cinco escudetes em forma de cruz – que, na época, além de representar as cinco chagas de Cristo, simbolizavam também os cinco reis mouros vencidos no confronto em questão. Afonso Henriques foi o primeiro rei português (da dinastia Borgonha, que reinou absoluta até 1383, com a morte de D. Fernando I) e é tido como o fundador da nacionalidade portuguesa.

11. Alusão a D. Sebastião (1554-1578), último descendente da Dinastia de Avis e rei de Portugal de 1568 a 1578. Nesta data, viajou à África na tentativa de expandir as colônias portuguesas. Na segunda viagem, ocorreu a Batalha de Alcácer-Quibir, na qual desapareceu em confronto com os mouros. Como seu corpo não foi encontrado, em Portugal houve a expectativa de que o rei regressaria, numa manhã de nevoeiro, àquele país para restituí-lo à antiga grandeza. Mantivemos a ortografia antiga ("oiro", "moiro", "Rey") para conservar o tom de ancestralidade heroica que o poeta deseja dar ao poema "O Desejado".

12. Saturno (latim) é o deus da agricultura e, segundo a tradição, foi antigo rei de Roma, onde introduziu a arte de cultivar a terra e instalou a cidadela no Capitólio. Seu reinado foi caracterizado como Idade de Ouro. É conhecido na Grécia como Cronos, divindade que, confinada, juntamente com os irmãos, no mundo subterrâneo pelo pai Uranos, rebelou-se, instigada pela sua mãe, contra aquele, castrando-o e depondo-o. Segundo a lenda, o seu reinado foi a Idade de Ouro na terra.

13. Nesse verso é sugerida a simbologia, mais ou menos recorrente, segundo a qual aquele rei é imagem do Portugal decaído, arruinado, inferiorizado desde Alcácer-Quibir e a consequente passagem ao domínio espanhol. Com o desaparecimento de D. Sebastião em África em 1578, Portugal foi governado durante dois anos por D. Henrique I, filho de D. Manuel. Com a sua morte em 1580 e com a ausência de herdeiros diretos de D. Sebastião e D. Henrique I, Portugal sucumbiu ao domínio espanhol, concretizado nos Filipes I, II e III. A essa condição ficou sujeito até a Restauração da Independência em 1640, quando ascendeu ao trono o Duque de Bragança, rei D. João IV, iniciando a dinastia bragantina.

Lá vem, lá vem minha Amada,
Rainha de Portugal.
Vem com a capa estrelada,
Debaixo dum pálio real
Todo de seda vermelha
Com saias de ouro e coral.
Vê o povo que ajoelha
E faz o "pelo-sinal!"

Que linda é! que formosa!
Que graça ela tem a andar!
Pajens vestidos de rosa
Vão à frente a encaminhar,
Tirando as pedras da rua
Não vá ela tropeçar,
Tão leve, parece a Lua,
Tão leve que vai no Ar!

Vinde ver, vinde às janelas,
Meninas de Portugal![1]
Deixai o bordado, as telas,

Deixai a agulha e dedal[2].
Não temais a feia inveja
Vinde vê-la cada qual.
E que em honra dela seja
Esta noite o arraial.

Sua beleza é tamanha
Que pertence a Portugal.
Como obra de arte, estranha,
É um poema, é uma catedral.
Aos Lusíadas semelhante,
Aos Jerônimos igual,
Onde os poetas e o mareante
Dormem o sono final!

Nem Mafra[3] com seu convento
Tem maior a altivez
....
Não se esquece, visto uma vez!
O seu corpo é uma obra de graça
E de que suave palidez!
A minha amada é Alcobaça[4]
Onde jaz a linda Inês![5]

É fidalga de nascença,
Mais do que os Reis, do que vós:
Já poetas na Renascença
Cantaram seus bisavós.
Mas mais fidalga é ela ainda
Por sua alma (sem avós).
Ah! lá vem ela tão linda
E vem rezando por nós!

❖ Despedidas ❖

A minha Amada é fidalga
Que tem no mar seus brasões.
Tem na boca aromas de alga
Brisas da Índia e outras regiões,
O que prova, donde vejo,
Já no tempo de Camões
Era sobrinha do Tejo
E prima dos Galeões!

É toda de casos belos
A sua nobreza fina,
Toda torres e castelos[6]
Com legendas de menina.
Excede Reis e Profetas
....
Menos os Santos e Poetas
Que têm costela divina!

Notas

1. Está evidente aqui outra relação com os versos finais da quadra repetida três vezes no poema "Purinha" (*Só*): "Meninas, lindas meninas! / Qual de vós é o meu Ideal? / Meninas, lindas meninas / Do Reyno de Portugal!"
2. Nos versos transcritos a seguir, do poema "Saudade", do *Só*, o poeta também aludiu aos acessórios usados para bordar ao reportar a essa atividade: "Saudades daquela que, cheia de linhas, / De agulha e dedal, / Eu vejo bordando Galeões e andorinhas / No seu enxoval".
3. O Convento de Mafra foi mandado construir na localidade de Mafra por D. João V com o ouro levado do Brasil para cumprir a promessa feita pelo nascimento de um herdeiro para o trono português.
4. O Mosteiro de Alcobaça é conhecido simplesmente como Alcobaça, como demonstra o poeta. Foi edificado entre 1172 e 1252. Uma das abadias mais ricas da ordem de Cister, de concepção e estrutura românicas, mas

com uma abóboda gótica, e influenciada por Santiago de Compostela (Espanha) e pelos mosteiros de Cluny e Clairvaux (França), Alcobaça é um dos mais importantes monumentos arquitetônicos de Portugal e um dos expoentes da primeira arquitetura gótica na Europa. Nele estão os túmulos de D. Pedro, D. Inês de Castro e D. Urraca.

5. Inês de Castro foi dama de companhia de Constança, mulher de Pedro, herdeiro do rei Afonso IV. Foi barbaramente assassinada no final do reinado de Afonso IV (século XIV) por manter relacionamento amoroso com o infante Pedro, com quem teve quatro filhos. No Canto III de *Os Lusíadas*, há o episódio Inês de Castro, no qual Camões tematiza o amor de Inês e Pedro, o assassinato dela e a vingança do infante.

6. Esse verso retoma vários outros do poema "Purinha" (*Só*), como o "Há de ser alta como a *Torre de David*" e outros subsequentes: "Mas em que Pátria, em que Nação é que me espera / Esta Torre, esta Lua, esta Quimera?", "Mas qual a vila, qual a aldeia, qual a serra / Que este Palácio de Ventura encerra?" e "Mas em que sítio, aonde? aonde? é que se esconde / Esta Bandeira, esta Índia, este Castelo, aonde? aonde?". Notemos, na repetição de "aonde", o tema do *ubi sunt*? (onde estais?) tão recorrente na poesia de Antônio Nobre.

Já se ia em pleno dia. Pela cidade os galos
Cantavam o regressar do moço ao lar paterno.
Queimavam raios de sol, com seu ardor eterno.
Nem os sentia Anrique. Sorria a festejá-los.

Ai meu Anrique louco, que alegria é essa?
Não sabes que dor nova, a tua vida espera?
Anrique, o velho frade tratou-a de quimera...
Lembra-te dele, Anrique, não tenhas tanta pressa.

Que sinos na cidade! que loucas harmonias!
Os sinos tocam todos e tocam... casamento!...
Ai Anrique se pudesses voltar ao teu convento!
Ouvir o teu sineiro tocar Ave-Marias!

Se tu pudesses ver Anrique, além da serra,
Se tu pudesses ver Anrique, o teu solar!
Ai foge Anrique foge! não voltes ao teu lar,
Que te dirão as pedras caídas pela terra?

– Quatorze luas já foram passadas,
Desde que eu a perdi e ao seu amor;
Meu coração tem ainda as janelas fechadas,
Ainda vestem de luto os meus criados, Senhor.

O POVO
Quimeras tombadas! Quimeras tombadas!

– A sorte deu-me já cabelos pretos
E não preciso pois de os enlutar.
– "Mas olhe as brancas... meu senhor"
O branco é luto, podes, Ama, descansar!

O COVEIRO
O branco é luto: são brancos os esqueletos

– Ó ilusões que em ti pus tão amigas!
Oh! a esperança que em minha alma é morta!
Antes eu te visse cobertinha de bexigas
Ou em farrapos, a pedir, de porta em porta...

❖ Despedidas ❖

TODOS
Antes a visses morta!
Antes a visses morta!

– Dei-te o meu coração a ti, bela entre todas,
Coração, que a ninguém ainda se dobrara,
Chego do mar, venho assistir às tuas bodas,
Ah! no mar salgado, por que não ficara.

UM PASTOR
Toca a noivado em Santa Clara[1]
Dobra a defuntos três léguas em roda!

– Fugiu-me a minha amada e com ela a fortuna,
Meu Lar por terra! sem ninguém na multidão
Fiquei na vida só, como o Conde de Luna,
Mais sua espada. Ai do meu pobre coração!

(Meu coração cala-te ou fala baixo: massa
Os mais a nossa dor. Sim cala-te é melhor)
A procissão das Dores[2] em mim sinto que passa
E passa... e passa e cada vez será pior.

TERESA
Não que o fim duma desgraça
É o começo d'outra maior!

– Parti um dia, numa romagem,
Levando a Esponja, o Fel, a Cruz![3]
Regresso altivo dessa viagem
Feliz, ansioso, (E nunca o supus)

❖ Antônio Nobre ❖

>TERESA
>Senhor Doutor, tenha coragem!
>Olhe que mais sofreu Jesus!

– E que vejo eu, Senhor! O meu prato sem sopa,
Meu Lar em pó, o amor dela já não é meu.
Minhas camisas, hoje, são de estopa,
Foram de seda... Que vejo eu!

>OS VIZINHOS
>Foste à pândega por essa Europa,
>Aí tens o pago que o Senhor te deu!

– O mundo deu-me cabelos pretos
Ai não preciso de os enlutar!
Pretos meus olhos são ....
E mais em breve porque vou cegar...

>UM CEGO
>A Anrique ceguinho dirão
>Olhe não vá tropeçar...

– Amar a ela e dela ser amado,
Ir em breve pedir a sua mão!
E de repente tudo escangalhado!
Ai que desgraça! como os outros são!

>TERESA
>E que menino tão estimado!
>E tudo nele é perfeição!

❖ Despedidas ❖

– "Anrique meu amor, filho de Porto-Cale!"[4]
Me dizia ela... Ai do meu coração!
Amor já me não tem, não há já Portugal...
E que vejo Senhor! de ruínas pelo chão!

OS MENDIGOS
Tantos vadios sem nada na mão
Sempre à espera de D. Sebastião.

– Ó D. Sebastião a ti comparo,
El-Rey de Portugal, a minha sorte,
Se te encontrasse na vida, serias meu amparo,
Ser-mo-ás talvez depois da morte.

D. Sebastião, rey dos desgraçados,
D. Sebastião, rey dos vencidos,
El-Rey dos que amam sem ser amados.
El-Rey dos gênios incompreendidos[5].

Notas

1. Santa Clara é o nome de um convento de freiras em Coimbra, famoso pelos doces que fabrica (sobretudo os chamados pastéis de Santa Clara).
2. "Procissão das Dores" reporta à procissão de Nossa Senhora das Dores, representada como uma mulher que tem o coração exposto no peito e atravessado por uma, três ou sete espadas em referência à dor que Maria sentiu pela crucificação de Cristo.
3. Cf. os versos: "Mas foi a uma festa, vestido de anjinho, / Que fado cruel! / E a Antônio calhou-lhe levar, coitadinho! / A *Esponja do Fel*..." (poema "Antônio", *Só*). A referência aos sinais da agonia de Cristo está evidente também nos poemas "Lusitânia no Bairro Latino" e "Purinha" (ambos do *Só*), nos quais as moças aldeãs, "essas Marias", trazem, nas "romarias / E procissões" e na quimérica festa de casamento de Anto e Purinha, o símbolo da traição de Judas, conforme demonstram, respectivamente:

"Nas mãos (com luvas) *trinta moedas*, em anéis, / Ao pescoço serpentes de cordões, / E sobre os seios entre cruzes, como espadas, / Além dos seus, mais trinta *corações*!" e "as mais raparigas do sítio, solteiras, / Hão de bailar bailados sobre as eiras, / Com *trinta moedas* de ouro sobre o peito!" Em "Os Figos Pretos" (*Só*), o quarteto "– Trágicas, nuas, esqueléticas, sem pele, / Por trás de vós, a Lua é bem uma caveira!... / Ó figos pretos, sois as lágrimas daquele / Que, em certo dia, se enforcou numa figueira!" remete ao arrependimento de Judas pela sua traição a Cristo e seu consequente enforcamento em uma figueira.
4. Porto-Cale é a forma arcaica de Portugal.
5. É interessante notar que no manuscrito desse fragmento, incluído no espólio de Antônio Nobre na Biblioteca Pública Municipal do Porto, sob a cota M-SER-818, o poeta não assinalou as "personagens" que "falam" nas estrofes de *segunda voz*, com exceção da estância em que apresenta o comentário atribuído a "Todos". Além disso, no autógrafo, o extrato termina com o dístico "Não que o fim duma desgraça / É o começo de outra maior" – décima primeira estrofe das 23 que compõem o texto impresso.

Saí, um dia a barra à procura de glória,
Entre soluços e orações, cuja memória
Me faz tremer. (Ah! foi numa tarde d'outono,
Que linda! O mar espreguiçava-se com sono....)
Por essa barra saem, cheios de pecados,
Bandidos com seus crimes e mais os degredados,
Traidores à Pátria e ao Rey, infelizes e ladrões,
Por lá saiu, também numa noite, Camões[1].
No barco em que segui viagem nessa água,
Levava aos ombros um baú cheio de Mágoa
E mais um saco de Dor que por lá me ficou.
De volta trago três, que aquele não chegou.
Os Homens conheci nessa jornada pelo mundo.
Não lhes quero mal, seu erro é tão profundo!

Todos partiram, todos me fugiram.
Os ladrões assaltaram-me à estrada.
Quiseram-me matar. Não conseguiram.

Ninguém me resta, não me resta nada!
Fui enganado nos meus leais amores.
Já tive de salvar a minha vida à espada.

❖ Antônio Nobre ❖

No meu jardim semeei lilases,
Passado tempo vi nascer ortigas;
Cada dia que nova dor me trazes?

Lavrei canduras e colhi intrigas,
Nasceram ódios onde pus perdões.
Não digas mais meu coração! não digas!...

Procriei Gigantes vi nascer Anões,
Plantei nesta alma vinhas de Piedade
E vindimei, Senhor! Ingratidões!

Nunca se deve ter tanta Bondade,
Quando é excessiva, e tanto dó inspira,
É uma falta até de Dignidade.

Ora eu assim cercado de mentira,
Longe de tudo e todos, e enganado
(Quando se foi tão criança, o que admira!)

Vi-me sem Deus, só, triste e em tal estado
Que se o contasse choraríeis... Não!
Não falta em que empregar pranto salgado.

Que infortúnio, meu Deus! que decepção!
Minha crença católica perdi-a,
Já não sei persignar-me com a mão.

Durante meses, sempre, dia a dia,
Ainda fui, por hábito, à Igreja:
Não sabia rezar a Ave-Maria!

❖ Despedidas ❖

Chegava ainda até "bendita sejas..."
E ao ver a Virgem d'olhos sobre mim
Corava de pudor como as cerejas.

Nunca na Terra se viu nada assim!
Minha vida mudou-se de repente.
A tosse veio... vós sabeis o fim.

Foi a queda do Império do Ocidente!
Foi o desastre de Alcácer-Quibir![2]
A Hespanha veio com Filipe[3] à frente!

Que mais viria e estava para vir?
E fui a França consultar um Bruxo
Que eu já de há muito desejava ouvir[4].

À porta havia uma cruz de hera e buxo.
E ao centro, no jardim, dentre uma frágua,
Erguia-se em girândola um repuxo.

Bolas de sabugueiro à mercê da água
Iam e vinham, graças de meninos,
Ascensões de prazer, quedas de mágoa!

Era a sorte a brincar com os destinos...
Não deixava de ter engenho o dianho
Do Bruxo! Mas que símbolos tão finos!

Entrei. E vi um Velho alto, tamanho,
De barbas brancas a tocar-lhe os joelhos.
– Sóis vós o Bruxo? – "Sim! esse é o meu ganho!"

Tinha um sorriso que só têm os velhos.
E os lábios brancos (de quem já não ama)
Que contrastavam com os meus, vermelhos.

– Venho de longe, aqui, por vossa Fama.
Vosso nome chegou ao meu País.
– O teu país, Senhor, como se chama?

Não: dá-me a mão, ela melhor mo diz:
"Oh vens de Portugal? Oh se o conheço!
Manda-me para cá muito infeliz..."

Ouvindo tais palavras, estremeço.
Nele fixo os meus olhos de admirado.
E que me diga os Fados que eu lhe peço.

Sombrio, o Bruxo assenta-se, calado,
Numa cadeira antiga, ao pé do lume.
Eu assentei-me tímido, ao seu lado.

Ó momento que um século resumo!
Ó São Paulo[5] do Amor! Mártir cristão,
Que ao ver a espada já lhe sente o gume

Na sua mão tomou a minha mão.
Seus olhos frios crava-mos na palma,
Mas de repente muda de expressão.

Que passado, Senhor! tem dó desta alma!
Catástrofes! Naufrágios! tantos perigos!...
Mas eu logo acudi, com grande calma:

❖ Despedidas ❖

– Basta. Deixai-me em paz o tempo antigo.
Eu conhecia-o já antes de vós.
Pra que lembrar-mo? Sede meu amigo!

Numa sala contígua, etérea voz
Rezava a ladainha, eram mulheres.
– *"Estrela da manhã! – ora por nós!"*[6]

– "Nada te digo, pois que assim o queres!
Ouves? Lá dentro, rezam minhas filhas.
E rezarão o tempo que quiseres."

E continuou a ler: "Que maravilhas!
Que mão estranha! mão de tempestade!
Mares, golfos, canais, cabos e ilhas!

Vais em meio da tua mocidade.
Tens vindo em tua nau, desde criança,
Por um sombrio mar da antiguidade.

Agora, aqui, o temporal descansa
E vê: segundo a altura do quadrante
Dobras o Cabo da Boa Esperança![7]

Coragem! meu sombrio navegante!
Paciência! mais um pouco e aportarás
À Índia! mais[8] tua esquadra de almirante!

Ali, te aguardam Bens te espera a Paz
A boa Glória e mais do que isso, até,
Um grande Amor, – e ali te coroarás!"

❖ Antônio Nobre ❖

O Velho disse. E, logo, pus-me em pé.
Mui feliz, não querendo ouvir o resto,
Que eu sei o vazio que este mundo é.

Adeus! disse eu àquele sábio honesto,
Formoso e de olhos grandes como céus!
Adeus! e parti logo, altivo e presto.

Caía o sol no oceano. Orei a Deus.
Uma nau me esperava... Erguemos ferro
E abalamo-nos de França. Adeus! Adeus!

Que pecado Senhor! ou grande erro
No mundo cometi que me dás tantos
Trabalhos, como na África em desterro?

Não posso ser bem sabes como os Santos.
Mas quantos homens neste mundo avisto
Tão felizes (e maus!) quantos e quantos![9]

E se não fui eu que pequei, ó Cristo!
Pecariam os meus antepassados?
Quem foram eles? Vem contar-me isto!

Religiosos, marítimos, soldados?
E justas são as leis com que me aterras
Sendo eles os únicos culpados?

Na Arábia, na Fenícia ou outras terras
Causaram, vai em séculos, paixões
Fomes e sedes, ou atearam guerras?

❖ Despedidas ❖

Comeu a terra os ossos desses leões,
As suas cinzas foram-se nos ventos
E eu sofro, após quinhentas gerações?[10]

Que injusta coisa! que desleais tormentos!
Que faz rezar, à noite, de mãos postas,
De que serve cumprir teus mandamentos?!

Quem sabe se não foram meus avós,
Senhor! Que tanto e tanto te ofenderam,
Mas meus arquiprimeiros bisavós?

Quando os vulcões da terra arrefeceram,
E lentamente, aos poucos, e as primeiras
Eflorações da vida apareceram;

Talvez, que um tigre eu fosse, que nas carreiras
E uivando, à lua, e destruísse as matas
Que levaste a criar noites inteiras!

Talvez no dia em que baixaste
À terra, para ver a tua obra
Vestido d'alvas vestes como pratas,

Fosse eu, covarde! a pequenina cobra
Oculta entre jasmins que te mordeu...
Quando ias a colher algum... de sobra!

Outrora o sol ardia no alto céu,
Pediste sombra à árvore num monte
Que ergueu a rama e essa árvore... era eu!

❖ Antônio Nobre ❖

Quando o sol caía, à tarde, no horizonte,
Todo vermelho como agora, vede!
Sequioso, ias beber a água da fonte.

E eu (que era água) não quis matar-te a sede!
Quem sabe se uma vez, pela noitinha,
Foste ensaiar o mar, deitando a rede,

E cobiçou o peixe que lá vinha
E ta furtou, (brinquedos de criança!)
Alguma onda do mar, minha avózinha?

Mas mesmo assim, Senhor! Senhor d'esp'rança!
Como devo sofrer perseguições?
(Eu concordo) é legítima vingança?

Ah não! eu não descendo de leões
Nem da vil cobra que se vai de rastros,
Que só concebe e dá à luz traições!

Nem dos pinheiros altos como mastros
Nem das águas que vão regando os milhos:
Nós os poetas, descendemos de astros,

Nós os poetas, Senhor! somos teus filhos![11]
... Assim cismava eu pelo mar alto
Sob o luar partindo-se em vidrilhos...

Quando numa manhã de azul cobalto,
Ao acordar, me vi no claro Tejo
Orei a Deus. E logo saí dum salto.

❖ Despedidas ❖

Meses passaram, longos! que nem vejo
Que diferença em séculos, ou meses:
O tempo marca-o a ânsia do Desejo!

Que fazia eu? Nada. Cismava, às vezes,
Errante, ao "Deus dará" da vida:
Sempre assim fomos nós os Portugueses!

Ora em dia de Santa Aparecida
(Mais uns minutos, esperai, Senhores,
Que eu acabo esta história tão comprida),

Errava num montado entre pastores
Quando, súbito, vi uma Donzela
Tão linda! num Solar, colhendo flores.

Oh doçura de carne ou de estrela!
Que esvelteza[12] e que graça de alfenim!
Meu coração disse-me baixo: "É ela!"

Qual de vós, Homens! Já não teve assim
Uma visão, vendo erguer-se entre
Nuvens, a vossa torre de marfim?

Deixai que a minha alma se concentre.
Deixai! que esse dia é maior que quando
Minha Maezinha me pariu do ventre.

Quedei-me, ao vê-la em êxtase olhando.
Dobraram-se-me os joelhos e ajoelhei;
Meus lábios moviam-se... rezando!

❖ Antônio Nobre ❖

Quem será ela? a filha d'algum Rei?
Atrás, seguiam-na duas aias velhas:
Quem será ela, quem será? Não sei.

Era em Agosto. O sol ardia. Abelhas
Voavam, ao sol, enquanto ela lia
Um livro de horas[13] com folhas vermelhas.

Que paz! nem uma árvore bulia!
E calavam-se as fontes! Que doçura!
Mas de repente uma voz chamou: "Maria!"

Maria se chamava! Oh que ventura!
Partiu. Eu quis segui-la, mas não pude!
Que torpor esse que ainda hoje dura!

A Virgem me proteja e Deus me ajude!
Vai alta a noite, eu caio de fadiga,
Bambas as cordas do meu velho alaúde!

Ó Gênio[14], não te partas sem que eu diga
O encanto, mais a graça encantadora
Daquela virgem Castelã antiga.

Minha fronte vergou-se, cismadora:
– Quem será ela, mística visão!
Parece com seu Ar Nossa Senhora!

Mas eu já tive tanta decepção
(Lede, lede, o princípio desta história)
Que contive essa súbita paixão.

❖ **Despedidas** ❖

Tudo na Vida engana, até a Glória.
Para deixar de o crer fora preciso
Lavar no Lethes[15] minha fiel memória.

Assim pensava eu, meio indeciso,
Quando na estrada junto a mim passava
Um velhinho a rezar ao Paraíso.

Num cajado de lodo se apoiava.
E detinha-se, às vezes, um momento,
Erguia ao céu o olhar, e suspirava.

As barbas brancas, flutuando ao vento;
Devia ter um século de idade
E talvez vinte ou mais de sofrimento!

Parou ao ver-me e olhou-me com bondade:
Depois na sua voz meiga de brisa:
– Uma esmola, Senhor, por caridade!

Uma lembrança dentro em mim se enraíza.
– Dou-te, bom velho! tudo que quiseres,
Se em troca me dás vestes e camisa.

O velhinho sorriu como as mulheres.
A quinzena me deu, e eu dei-lhe a minha,
Que na botoeira tinha malmequeres...

Ninguém a essa hora pela estrada vinha.
Tudo despiu, me deu: fiquei perfeito.
E eu dei-lhe em troca tudo quanto tinha.

Mas não estava ainda satisfeito,
As suas barbas brancas eu queria,
Comprar-lhas era falta de respeito!

Comprar-lhas nunca eu me atreveria!
Mas o bom velho o pensamento ouviu,
Que aquele olhar excepcional ouvia.

Ó grandes barbas! que ainda ninguém viu!
Ó grandes barbas! como eram belas!
Tal como outrora as de D. João[16], em Diu![17]

– Não lhas vendo, Senhor! mas dou-lhas, qué-las?
Ó povo português! quanto és simpático!
Ó povo português! das caravelas!

Cortou-as. Deu-mas. Eu fiquei extático.
Beijei-lhe as mãos curvado... E o bom velhinho
Lá se foi, a cismar... tossindo... asmático...

O sol caía ao longe no caminho!
Não tarda a noite, já lhe sinto os passos,
Mas há tempo: ela anda devagarinho.

Esfarpelei sem grandes embaraços;
A toillete tem poucos elementos,
Muitos remendos sim, rotos os braços...

Perdia-se o velho ao longe, em passos lentos;
"Que nomes tens, amigo?" lhe gritei.
"Manoel". E digo eu, "dos Sofrimentos"[18].

❖ Despedidas ❖

Caía a noite: com pressa caminhava.
Segui os passos deixados por Maria
Que flores na mão, andando, desfolhava:

Não era aviso que assim diria?
O meu olhar teria percebido?
Que luz d'esperança a minha alma via!

Entrei no pátio, Senhores! Mas que atrevido
Irão achar o pobre esfarrapado!
Um mendigo velho... e tão malvestido!

Pedi esmola e parei sobressaltado.
Enquanto alguns me enchiam a sacola
Um olhar lindo em mim era fixado.

E que olhar pra mim! tanta doçura evola!
Senhores, eu não me tinha enganado...
(Assim julguei então... a Vida foi-me escola!...)

Ela passou, de manso, para o meu lado
E murmurou o meu nome, assim, baixinho...
Disse-me depois o que houvera sonhado!

TERESA

– "E depois, menino, sabemos já o resto...
Para que mortifica assim o coração?"

– Ai minha Teresa! tu tens talvez razão:
Esse amor primeiro foi-me tão funesto!

Ó os meus dias idos em contemplação!
Ó os meus loucos sonhos que daí trouxe!
Falava eu às flores, como se ela fosse:
"Maria" eu lhe chamava, cego de paixão.

Hei de gravar-te em bronze e tornar-te imortal!
Eu hei de lançar o teu nome aos quatro ventos!
Eu, o humilde Snr. Manoel dos Sofrimentos,
Eu, por graça de Deus, poeta de Portugal[19].

Notas

1. Em 1552, Luís de Camões partiu de Lisboa, a bordo da nau *S. Bento*, com destino a Índia, à serviço do Rei português. Antes disso, havia estado, entre 1545 e 1548, em tirocínio do serviço militar, na África, onde perdeu um olho em luta com o exército marroquino.
2. Alcácer-Quibir é a localidade em África onde D. Sebastião (1554-1578) desapareceu no confronto com os mouros, quando da sua tentativa de agregá-la ao império ultramarino português em virtude da iminente dificuldade econômica pela queda dos lucros obtidos com as especiarias orientais.
3. Filipe (1527-1598) foi o rei espanhol que em 1580 tomou para si o trono português. Como dissemos na nota 2, com o desaparecimento de D. Sebastião na África em 1578, Portugal foi governado durante dois anos por D. Henrique I, filho de D. Manuel. Dada a sua morte em 1580 e à ausência de herdeiros diretos de D. Sebastião e D. Henrique I, Portugal sucumbiu ao domínio espanhol, concretizado nos Filipes I, II e III. A essa condição ficou sujeito até a Restauração da Independência em 1640, quando ascendeu ao trono o duque de Bragança, rei D. João IV, iniciando a dinastia bragantina. Mantivemos em "Hespanha" a ortografia original tendo em vista o arcaísmo e a ancestralidade pretendidas pelo poeta.
4. A atitude de consultar o "Bruxo" ou o "velho" com o intuito de saber "que mais viria" ou de ter, por um encanto, algo positivo, representa a inquinação da religiosidade, a deterioração dos dogmas do catolicismo muitas vezes referidas no poema através do apelo às crendices e *adivinhações* – o que é notório desde o *Só*. Em "Meu Cachimbo", por

❖ Despedidas ❖

exemplo, Nobre escreveu: "Hoje, delícias do abandono! / Vivo na Paz, vivo no limbo:", contrastando o paganismo evidente nesses versos com a religiosidade de passagens como: "E eu ia às novenas, em tardes de Maio, / Pedir ao Senhor". No poema "Purinha", a crendice, de cunho popular, manifestada nos versos "Rogarei aos Espíritos remédio / E um bom Espírito virá tratar do Doente", igualmente ilustra as nódoas que acompanham as afirmações religiosas patentes na poesia nobriana.

5. Nascido em 510 em Tarso, capital da Cilícia, Paulo chamava-se Saulo de nascimento. Como israelita e fariseu fervoroso, perseguiu os cristãos, mas, depois que Cristo apareceu a ele durante uma viagem a Damasco, confiando-lhe a missão apostólica, converteu-se ao cristianismo e, tornado discípulo, evangelizou a Ásia Menor, Grécia, Creta, Roma e Espanha. Pregando o Evangelho em Jerusalém, foi preso e após ser julgado em Roma foi decapitado em 567.

6. Esse verso é tradução e transcrição *ipsis litteris* da passagem "*Stela matutina, ora pro nobis*", da Ladainha da Nossa Senhora (cf. Frei Manuel das Cinco Chagas, *Monte de Mirra e Outeiro de Incenso*, Braga, 1950, pp. 598-600). Para o estudo da intertextualidade entre a poesia de Antônio Nobre e a referida ladainha, seja através de citações literais, seja pela composição de poemas segundo a estrutura da litania, consultar Maria Helena de Paiva Correia, "A Ladainha de Nossa Senhora na Poesia de Antônio Nobre", *Românica*, Revista de Literatura da Faculdade de Letras da Universidade de Lisboa, Ed. Cosmos, números 1-2, 1992-1993, pp. 217-228.

7. O Cabo da Esperança está localizado no extremo sul do continente africano. Em *Os Lusíadas* é o local onde o gigante Adamastor aparece aos marinheiros portugueses capitaneados por Vasco da Gama como símbolo do perigo do desconhecido – desconhecidos, na altura da primeira viagem por mar à Índia, eram o Oceano Índico e o Mar Arábico.

8. Na poesia de Antônio Nobre é recorrente o emprego do vocábulo "mais" como conjunção coordenada aditiva "e". Por ser conectivo típico da oralidade, é indicativo do caráter oral que o poeta intencionalmente deseja presente em suas composições.

9. A ideia expressa nessa passagem repete-se no soneto 3 (*Despedidas*), como demonstram os versos: "Depois, ao separarmo-nos no Tejo, / Disse-me (com que voz e com que modos!) / 'Deus o faça feliz, ao seu desejo!' / / Mas não fez, minha Mãe! Talvez no céu... / Porque afinal os homens quase todos / Têm sido e são muito mais maus do que eu...".

❖ Antônio Nobre ❖

10. Referindo-se ao naufrágio da nau de D. Paulo de Lima em 1589, ao regressar da Índia carregada de especiarias, Oliveira Martins escreveu: "[...] e os mares que, no século XV, nós vencemos com tamanha audácia, vingavam-se, no XVI, do nosso atrevimento. [...] A natureza ofendida punia-nos com a morte; e o destino implacável retribuía-nos todos os males com que tínhamos flagelado o próximo" (*História de Portugal*, Lisboa, Guimarães Editora, p. 230). Na mesma obra, ao olhar, a partir do século XIX, retrospectivamente para a história nacional, afirmou: "A longa história de quase três séculos fora a história de uma decomposição, semeada de incidentes, mas nunca interrompida, nem dominada. [...] Contundido, miserável, roto, faminto, Portugal fora tombando, de baldão em baldão, até o fundo de um abismo de loucura vertiginosa, de abjeção torpe, onde agora se debatia arruinado de corpo e alma" (p. 421). É a concepção de que a decadência portuguesa, sobretudo no século XIX, é punição pela colonização predatória, como o demonstram esse versos de Nobre.
11. A afirmação de que "os poetas descendem dos astros" evidencia o caráter de eleição deles, como nos mostram esses outros versos, extraídos do poema "Memória" (*Só*): "Oh mães dos Poetas! sorrindo em seu quarto, / Que são virgens antes e depois do parto!".
12. Esvelteza é o mesmo que esbelteza. Explica-se pela troca da plosiva /b/ pela fricativa /v/ comum no Norte de Portugal e decorrente da influência do latim.
13. *Livro de Horas* era o devocionário utilizado na Idade Média pelos leigos e continha o calendário litúrgico, os sete salmos penitenciais, o ofício menor ("horas" de Nossa Senhora), entre outros. As "folhas vermelhas" que caracterizam o "Livro de Horas" da amada de Anrique talvez reportem aos *Livros de Horas* com iluminuras, pertencentes às famílias reais e aos grandes expoentes da nobreza – dentre os quais o de D. Manuel é considerado o melhor.
14. Nesses versos, o poeta revela, como raras vezes ocorre no Simbolismo, a sua concepção sobre a Arte, sobre a criação poética: para Nobre, o poeta é o ser excepcional ao qual são conferidos os dons supremos do "Gênio", que em "Males de Anto" (*Só*) o fez dizer ter sentido "instantes de Camões", ao mesmo tempo em que lhe cabe um destino funesto, dorido.
15. Lethes deriva do grego *Lethe*, que significa esquecimento. Segundo a mitologia, as almas bebiam as águas do *Lethe* quando estavam prestes a reencarnar, pois, assim, esqueciam a sua existência anterior. Essa imagem

das almas bebendo no *Lethe* é narrada por Vírgilio – uma das fontes de referência na obra nobriana –, na *Eneida* (VI, 703 e ss.).

16. Ao mesmo tempo em que as referidas barbas completariam a constituição de Anrique como mendigo e ilustrariam seu envelhecimento interior, o manteriam, ainda, relacionado ao tempo ancestral e modelar dos avós navegadores, por aproximá-lo de D. João, que pode nos remeter tanto ao Rei D. João III (1502-1557) quanto ao vice-rei D. João de Castro. Historicamente, parece mais provável que se trate do segundo e não do primeiro, haja vista D. João de Castro ter sido enviado, juntamente com seus comandados, em 1546 para Diu para reforçar a defesa daquela cidade contra os turcos que tentavam recuperá-la.
17. Diu é uma pequena cidade indiana situada numa ilha separada da costa sul da península de Guzerate. Foi cedida a Portugal em 1535 pelo auxílio dos portugueses contra os invasores mongóis.
18. Ao ser "transformado" no mendigo Manoel dos Sofrimentos, percebemos que Anrique é caracterizado como o "Varão das Dores", a exemplo de Jesus Cristo. E, enquanto o herói menino é símbolo de Portugal, trata-se, igualmente, da constituição desse país como mártir.
19. Na estátua de D. João I, erguida no Rossio em Lisboa, há a inscrição: "Rei de Portugal pela Graça de Deus e Firmeza de Nun'Álvares". Na obra *Paráfrase e Concordância de Algumas Profecias de Bandarra* (1603), de D. Antônio, Prior do Crato, aparece igualmente a expressão "por graça de Deus Rei de Portugal" em referência a D. Sebastião.

– Quem é, Teresa, que bate à porta?
Quem vem a esta hora quebrar meu sono?
– Ninguém é, meu Senhor, a noite é morta,
São folhas a cair, que é já Outono...

"Quando eu era moça e menina,
A-i-ó-ái!
Um velho, um dia, leu-me a sina.
Há que tempos que isso lá vai!
A-i-ó-ái"
(O vento continua uivando.)

– Quem é, Teresa, que ouço clamores,
Vai ver à porta, vai num instante!
– Sossegue, durma, são os lavradores
Que passam para a feira d'Amarante...[1]

E vá de roda! e vá de roda!
Olé!
E vira e vira e já virou:
E na tarde da minha boda

❖ Despedidas ❖

> Houve baile, houve baile, olé!
> Tomou parte a aldeia toda,
> E vá de roda! e vá de roda!
> Olé!
> (O vento uiva sempre.)²

– Quem é, Teresa? quem é, Teresa?
Quem é, Teresa, que bate à porta?
– Olhe a Fortuna não é com certeza,
Por isso... durma, durma, que lhe importa?

> (O vento uiva, uiva.)

– Não ouves, Teresa, três pancadinhas?
Vai ver: é a D. Felicidade.
– Mas as Senhoras não saem sozinhas
Numa aldeia, nem mesmo na cidade...

> Durma menino, a dormir
> Não sofre tanta paixão,
> Os sonhos que lhe hão de vir
> Afasto-os eu, com a mão.

> Durma menino, a dormir
> Não ouve o seu coração,
> E pra o ajudar a dormir
> Eu canto-lhe uma canção:

Era uma vez, num Paço sobre o Tejo,
Um moço Rey... de lindos olhos verdes;
(Senhor! se a luz dos vossos, perderdes,
Tereis os dele que sempre abertos vejo.)

❖ Antônio Nobre ❖

Andava o moço Rey com seu gibão
De prata branca, reluzente d'ouros.
Tinha em anéis os seus cabelos louros,
No céu era anjo e cá... Sebastião.

(O vento geme, geme sempre.)

– Quem é, Teresa? quem é, Teresa?
Não ouves passos, que vão pela serra
Não ouves gritos, quem é, Teresa?
– É D. Sebastião que vai para a guerra.
....
....

Notas

1. Amarante é uma localidade ao norte de Portugal, próxima a Lixa, e está situada entre os rios Douro e Minho, região tão cara a Antônio Nobre.
2. Nessas duas primeiras estrofes (localizadas à margem da página), o poeta insere trechos de cantigas populares, numa explícita valorização da cultura popular, como quiseram os românticos e, depois, os modernos.

Por uma tarde de chuvinha miúda e vento,
Destas tardes, meu Deus! que fogem os paquetes,
E a chuva tomba sem parar um só momento,
A chuva que parece de pontas de alfinetes,

Por uma tarde triste assim, é que Anrique
Partiu. De novo abandonou o seu solar.
Da sua aldeia os pobres pedem-lhe que fique,
E Teresa bem faz também pelo guardar.

Por uma tarde de chuvinha miúda e vento,
Anrique foi bater à porta dum convento.
Bateu à porta, um Frade veio-lhe falar.
"Que desejais, Irmão?" e respondeu: "Entrar".

Frades! meus Frades! ai abri-me a porta!
Abri-me a porta, que eu pretendo entrar[1].
Eu trago a alma toda ferida, morta,
Só vós, Fradinhos, ma podeis curar!

Há quantos anos vós estais fechados
Nestas muralhas de granito e cal!

Ah se soubésseis, Frades corcovados!
O que vai lá por fora em Portugal!
....[2]

Notas

1. Esse verso remete a estes outros, do poema "Antônio" (*Só*): "Frades do Monte de Crestelo! / Abri-me as portas! quero entrar...". Na poesia simbolista, a entrada no convento é ansiada porque significa o afastamento do sujeito poético do mundo que o decepciona; o convento isola o indivíduo, enquanto ele espera a pacificação final, possível com a morte.
2. As três últimas estrofes desse extrato aparecem sob o título "Regresso do Moço Anrique" no autógrafo anotado em um dos cadernos do poeta pertencente ao espólio de Antônio Nobre na Biblioteca Municipal de Matosinhos.

Anrique, até que enfim cedes às mágoas!
Até que enfim eu vejo-te chorar!
Chorai, chorai, ó longos fios de águas!
Ó olhos grandes como os globos do Ar!

Ah chora Anrique, chora nos meus braços
O moço Poeta que te está a cantar!
Choremos entre beijos, entre abraços,
Também eu choro por te ver chorar!

Ah chora Anrique, chora, não te escondas!
Tens pudor que te venham encontrar?
Choram os canaviais, choram as ondas,
Só os cínicos não podem chorar!...

Ah chora Anrique, chora no meu peito,
Assim baixinho, lento, devagar!
Custa-te muito? não estás afeito!
Chora, meu filho, que é tão bom chorar!

Anrique ouve-me bem, minha criança!
Nem tudo se perdeu com o teu Lar.

❖ Antônio Nobre ❖

Ainda tens na vida uma esperança...
Meu pobre Anrique, és tão lindo a chorar!

Teu coração está morto, bem morto.
Nada no mundo o poderá salvar.
Ah! moço que tu és, que desconforto!
Tens razão, oh se tens! para chorar!

Tens razão, Anrique; mas no entanto,
Quem sofreu como tu sem descansar,
Anrique, ou dá num cínico ou num santo:
Não és cínico, não, sabes chorar[1].

Ouve-me, Anrique: nesses céus existe
Um homem, Pai da Terra e mais do Mar,
Que fez o Mundo (por sinal tão triste)
E os olhos, não pra o ver, mas pra chorar.

Vá! oferece-lhe a tua mocidade.
Vá! vai sofrer por ele e trabalhar.
Ah bem sei que custa tanto nessa idade...
Mas que hás de tu fazer? Chorar? Chorar?

Não tens na vida uma alma amiga
(Tu bem no sabes) para te amparar.
Só eu, embora curvo de fadiga,
Tenho paciência pra te ouvir chorar!

Todos os mais, malvados e egoístas,
(Que tudo a Deus, um dia, hão de pagar)
Não te poriam nem sequer a vista,
Fugiriam, ao verem-te chorar!

❖ Despedidas ❖

A adversidade é uma maravilha
Que certas almas sabem respeitar,
Mas aos olhos dos mais a dor humilha...
Ah quanto é grande ver um rei chorar!

Ah pensa, pensa bem na tua sorte,
Cautela, Anrique, nada de brincar.
Há outros males piores do que a morte,
Cautela, Anrique, vamos trabalhar.

Vai trabalhar por Deus. – "Mas como e aonde?
Não vos disse que morto é Portugal?
Pr'o trabalho quem antes era conde!" –
– Ai meu Anrique, não te fica mal!

Não me dizes que lá por Portugal
Andam as almas todas quebrantadas?
Vai, meu filho: vai para Portugal
Vai levantar as flores, já tão quebradas.

Anda, meu filho: vai dizer baixinho
A esse povo do Mar[2], que é teu irmão,
Que não fraqueje nunca no caminho,
Que espere em pé o seu D. Sebastião.

Anrique, vai gritar por essa rua
– Virá um dia o "Sempre-Desejado"!
Deu a vida por vós, Tu, dá-lhe a tua,
Esquece nele todo o teu passado.

Procura bem Anrique, em Portugal;
Procura-o na flor das primaveras,

Procura-o na sombra do olival;
Procura à luz de todas as quimeras...

....

....

Notas

1. O sujeito poético representa-se, aqui, como "santo", como o faz nestes versos do poema "Antônio" (*Só*): "Santinho como ia, santinho voltava: / Pecados? Nem um! / E a instâncias do padre dizia (e chorava): / 'Não tenho nenhum...'".
2. Nesse verso está indicado que Portugal é o "povo do Mar" assim como o mar seria dos portugueses, como aparece nos versos: "Ó Mar antigo dos Portugueses, / Ó Mar antigo dos Portugueses, / Ó Mar antigo dos meus Avós!" (cf. "Adeus", em *Só*).

Bibliografia Básica

AMARAL, Fernando Pinto do. "A Poesia como Doença de Alma. Uma Abordagem do 'spleen' no *Só*", *Colóquio / Letras*, número 127--128, pp. 77-86, janeiro-junho de 1993.

BUESCU, Helena Carvalhão. "Metrópolis, ou mais uma Visita do Sr. Scrooge (A Poesia de António Nobre)". *Philosophica* (Revista do Departamento de Filosofia da Faculdade de Letras de Lisboa), número 4, pp. 59-67, 1994.

CASTILHO, Guilherme de. *Presença do Espírito*. Lisboa, Imprensa Nacional / Casa da Moeda, 1989.

_____. *António Nobre*. Lisboa, Presença, 1988. Coleção "Poetas".

_____. *Vida e Obra de António Nobre*. 3. ed. Lisboa, Livraria Bertrand, 1980.

CINTRA, Luís Filipe Lindley. *O Ritmo na Poesia de António Nobre*. (Dissertação de licenciatura em Filologia Românica). Faculdade de Letras, Lisboa, 1946.

CLÁUDIO, Mário. *Páginas Nobrianas*. Porto, Edições Caixotim, 2003.

_____. "António Nobre: a Rainha e a Torre". Prefácio a *António Nobre – Correspondência com Cândida Ramos*. Manuscritos inéditos da Biblioteca Pública Municipal do Porto. II Série. Porto, 1981, pp. 19-40.

Delille, Maria Manuela Gouveia. "A Figura da 'femme fragile' e o Mito de Ofélia na Lírica Juvenil e no *Só* de António Nobre", *Colóquio / Letras*, número 127-128, pp. 117-134, janeiro-junho de 1993.

Fernandes, Annie Gisele. "As Inovações Estético-formais do *Só* de António Nobre". *Estudos Portugueses e Africanos (EPA)*. Campinas, número 39, pp. 53-66, janeiro-junho de 2002.

———. "António Nobre: Neogarrettismo e Messianismo Literário em Fins de Oitocentos". In: *António Nobre em Contexto* (Actas do Colóquio realizado em 13 e 14 de dezembro de 2000. Paula Morão (org.)). Lisboa, Colibri, 2001, pp. 19-30.

Garcez, Maria Helena Nery. "O Jogo da Berlinda". *Voz Lusíada*, número 15, pp. 7-16, 2º semestre de 2000.

———. "Singularidades de um Simbolista Português". *Colóquio/ Letras*, número 127-128, pp. 53-64, janeiro-junho de 1993.

Guimarães, Fernando. "Para uma Leitura de António Nobre". *Linguagem e Ideologia*. Porto, Editorial Inova, 1972, pp. 93-109.

Lopes, Óscar. "António Nobre e o Neogarrettismo de Alberto de Oliveira". *Entre Fialho e Nemésio*. Lisboa, Imprensa Nacional / Casa da Moeda, 1987, pp. 67-84.

———. "A Oralidade de António Nobre". *Modo de Ler* (Crítica e interpretação literária 2). 2. ed. Porto, Editorial Inova, 1972, pp. 263-275.

Martins, Fernando Cabral. "Notas sobre a Imagem do Poeta em António Nobre e Mário de Sá-Carneiro". *Colóquio/Letras*, número 127-128, pp. 157-167, janeiro-junho de 1993.

Morão, Paula. *Retratos com Sombra*. Porto, Caixotim, 2004.

———. *O Só de António Nobre: Uma Leitura do Nome*. Lisboa, Caminho, 1991.

Neves, João Alves das. "A Influência de António Nobre na Poesia Brasileira". *Nova Renascença*. Porto, Edições Nova Renascença, vol. IX, número 35-38, pp. 287-303, julho de 1989-julho de 1990.

PEREIRA, José Carlos Seabra. *O Essencial sobre Antônio Nobre*. Lisboa, Imprensa Nacional / Casa da Moeda, 2001.

_____. "A Dúplice Exemplaridade do *Só*", *Colóquio/Letras*, número 127-128, pp. 27-44, janeiro-junho de 1993.

PESSOA, Fernando. "À Memória de António Nobre". *A Galéra*. Coimbra, 1°Anno, números 5-6, Fevereiro de 1915. (Reproduzido em *Obras em Prosa*, Rio de Janeiro, Nova Aguilar, 2000).

SEABRA, José Augusto. "Entre Dois Exílios: de António Nobre a Mário de Sá-Carneiro". *Nova Renascença*. Porto, Edições Nova Renascença, vol. IX, número 35-38, pp. 179-189, julho de 1989--julho de 1990.

SERRÃO, Joel. "O Tédio de António Nobre e a Génese de 'O Desejado'". *Temas Oitocentistas*, vol. II. Lisboa, Livros Horizonte, 1978, pp. 173-198.

SIMÕES, João Gaspar. *António Nobre. Precursor da Poesia Moderna*. Lisboa, Inquérito, 1939.

VOUGA, Vera Lúcia. "António Nobre: Os Versos Radicais. (Gênese do Soneto 'Ao Alberto')". *Colóquio / Letras*, número 127-128, pp. 87-116, janeiro-junho de 1993.

Vocabulário Auxiliar

Abjeta: desprezível, imunda.
Abrolhos: nome comum de várias plantas rasteiras e também de plantas marítimas, mas significa também dificuldades, desgostos, o que é mais adequado ao contexto do poema.
Acoite: de acoitar, dar abrigo, proteção, amparo.
Adarves: do árabe; caminho cercado por muralhas; ruela por cima do muro de fortaleza.
Adro: pátio externo de uma igreja; átrio.
Alaúde: antigo instrumento de cordas de origem oriental.
Alcova: quarto de dormir.
Alfenim: tipo de doce da cozinha árabe.
Algibebe: vendedor de roupas.
Almadia: pequeno barco; batel. Embarcações africanas e asiáticas, muito compridas e estreitas, geralmente feitas de um só pau escavado.
Aloquete: pequeno artefato provido de fecho; cadeado.
Aluir: desmoronar, abalar, minar.
Amerciar-se: apiedar-se.
Andor: estrutura, em geral de madeira, utilizada para carregar uma imagem sacra numa procissão; geralmente muito ornamentada e bem maior que a própria imagem carregada.
Anelo: anseio; desejo veemente.

❖ Só ❖

Apanhar: em Portugal esse verbo é muito empregado no sentido de tornar-se – "mal se apanham doutores" tem o sentido de "mal se tornam doutores".

Apreçar: perguntar ou discutir o preço; avaliar; estimar, apreciar, prezar.

Aprestar: aprontar, preparar rapidamente.

Aquando: quando, por ocasião de.

Aragem: vento calmo, brisa.

Arrabalde: subúrbio.

Arraial: lugar de festas populares em pequenos povoados.

Arraiar: mesmo que raiar.

Arrecada: brinco de ouro.

Arrefecer: sinônimo de esfriar, perder o fervor.

Arrolar: listar, relacionar.

Aspergir: orvalhar, borrifar, respingar.

Áulico: cortesão, palaciano.

Avatar: nome dado às reencarnações de Vixnu, na Índia – aqui significa que Antônio seria a reencarnação de Jó, da Bíblia.

Ave-Marias ("tocar Ave-Marias"): ver Trindades.

Averter: evitar, esquivar-se, apartar, roubar; mas, no presente contexto, pode funcionar apenas como uma corruptela popular de "verter", isto é, derramar, entornar, transbordar.

Baixamar ou baixa-mar: maré baixa; o momento que se segue à vazante.

Baixel: navio ou barco de pequeno porte.

Banza: tipo de viola portuguesa.

Bardo: poeta, trovador, vate.

Batota: casa de jogos.

Benedito ou benedictus: designa dois cantos de ação de graças do catolicismo; tanto o de Zacarias, no Evangelho de São Lucas, quanto a segunda parte do *Sanctus*, na missa.

Berlinda: jogo infantil em que o participante que está na berlinda é alvo de comentários anônimos. Ao escolher um, faz com que o autor do comentário tome o seu lugar.

Bibe: avental que as crianças usavam para proteger a roupa.

❖ Vocabulário Auxiliar ❖

Bilha: o mesmo que moringa. Pequena vasilha bojuda e de gargalo estreito usada, normalmente, para conter água.
Boieiras: mulheres que cuidam do gado.
Bole, do verbo "bulir": agitar, mover, mexer.
Botica: farmácia.
Botoeira: fenda na lapela de um casaco utilizada para colocar uma flor, uma condecoração.
Bouças: terreno baldio onde crescem plantas agrestes; pinhal.
Boulevard: palavra francesa que designa ruas largas com árvores floríferas plantadas às suas margens.
Boy: em inglês significa menino, garoto, mas em Portugal é um nome muito comum dado aos cães.
Braça: antiga medida equivalente à extensão que vai de uma mão à outra com os braços abertos e estendidos.
Braseira: o mesmo que braseiro, recipiente com brasas utilizado para aquecimento.
Breu: betume artificial composto de sebo, pez, resina e outros ingredientes, utilizado para tapar as frestas entre as madeiras de um barco.
Brigue: embarcação a vela com dois mastros.
Bujarrona: vela triangular içada entre o mastro de vante e o gurupés ou a proa da embarcação à vela.
Burel: tecido grosseiro de lá, geralmente escuro, usado na vestimenta dos monges.
Buxo: planta originária da Europa e Ásia, do gênero das buxáceas, com arbustos e pequenas árvores.
Calafetar: fechar as frestas de um barco com piche.
Caleiro: aquele que caia, que pinta as paredes com cal.
Cântaro: jarro.
Capinha: capa com que o toureiro distrai o touro; por isso, nomeia, também, o toureiro que capeia o touro.
Carmes: versos.
Carpir: além do sentido de "cortar o mato", também pode designar chorar.
Carvalha: o mesmo que carvalheira, aglomerado de carvalhos.

Casal: lugarejo de poucas casas.
Casais: plural de Casal.
Cavaco: conversa, bate-papo; "perder-se em cavaco" – ficar conversando despreocupadamente.
Ceifeiro: nome dado aquele que abate com foice cereais no campo, atividade bastante comum nas províncias portuguesas.
Celular: refere-se à cela de prisão, em especial, à solitária.
Charrua: aparato de tração animal ou mecânica utilizada para lavrar a terra, abrindo-lhe sulcos.
Choca: vaca mansa, que usa sino no pescoço.
Choco: relacionado a chocar; portanto "estar no choco" significa estar deitado; estar de cama; estar no ninho.
Choupal: floresta (as) de álamos.
Choupo: álamo; árvore, geralmente alta, de tronco reto e folhas ovais.
Círio: grande vela de cera.
Cismar: ficar absorto em pensamentos. Aparece recorrentemente nas composições nobrianas e representa a possibilidade de total afastamento do mundo real, presente.
Coimbrice: neologismo que designa, de forma depreciativa, algo que se refere a Coimbra, no caso a futilidade presente naquela localidade.
Colmo: caule das gramíneas, palha; casa de colmo, isto é, casa de palha, choupana.
Comboio: trem.
Constipar-se: ficar resfriado; ter gripe.
Corcovado: pessoa que tem a coluna vertebral arqueada, corcunda.
Cosmorama: conjunto de paisagens e vistas dos diversos países, ampliados por instrumentos óticos; local em que tais vistas são expostas; instrumento com o qual se observa tais vistas.
Covilhete: pequeno prato ou pequena tigela.
Cravina: pé de cravo.
Dandy: palavra de origem inglesa; indivíduo que se veste com elegância, requinte, mas também com extravagância e excentricidade.

❖ Vocabulário Auxiliar ❖

Debruado: guarnecido com debrum; é a feitura da barra de um tecido, para que ele não desfie.
Deitará: futuro do presente do verbo deitar. Aqui, pode significar estar colocada, estar posta em posição horizontal.
Desaterrar: escavar, desenterrar.
Descamisas: Descamisar: ato de desfolhar o milho. "Serões das descamisas" faz referência ao trabalho além do expediente para desfolhar o milho.
Descantar: cantar.
Destraçar: desfazer o traçado de; descruzar.
Dianho: formal de diabo.
Digitális: espécie de flor de uso ornamental ou medicinal na Europa.
Dóis-dóis: o mesmo que "dodói": machucado.
Dorido: em que há dor (adv.: Doridamente: com dor, dolorosamente, doloridamente).
Ebúrneo: branco e liso como o marfim.
Eflorações: eflorescência; formação e aparecimento da flor.
Egrégio: nobre, ilustre, distinto.
Eira: pode ter vários significados que sempre giram em torno da ideia de uma superfície plana utilizada para alguma atividade, podendo designar, por exemplo, um campo de terra batido, ou uma horta ou ainda uma praça.
Embuste: armadilha; mentira artificiosa; ardil.
Enfrascado: embalado em frasco.
Engelhas: rugas.
Entrudo: carnaval.
Ermida: pequena igreja ou capela em lugar ermo, isto é, afastada de povoados ou cidades.
Escangalhado: arrebentado, desconjuntado.
Escota: cabo para governar as vela dos navios.
Escuar: variação oitocentista de escrita do verbo escoar.
Esfarpelar: vestir roupas em frangalhos.
Espada(s): nome dado ao toureiro que deve matar o touro com a espada.

❖ Só ❖

Estirpe: origem, linhagem, raça.
Estorcer: imprimir fortes movimentos de torção.
Estriga: estrige, feiticeira, bruxa.
Estrumam, de estrumar: adubar a terra.
Evolar-se: desvanecer-se, evaporar-se, exalar-se.
Fado: destino, fatalidade; mas é ainda a designação de um tipo tradicional de música portuguesa, caracterizada por uma melodia triste, melancólica, que teve em Amália Rodrigues seu maior expoente.
Faina: trabalho árduo, ativo.
Fateixa: gancho ou arpão com que se tiram objetos do fundo da água. Pedra que serve de âncora no barco dos pescadores.
Fato: em Portugal distingue-se "fato" (casaco para homem, terno) e "facto" (acontecimento).
Fezes: dores, aflições enormes, preocupações.
Flandres: folha-de-flandres, lata, lâmina de ferro recoberta de estanho; originalmente designa um condado medieval situado no atual território da Bélgica, incluindo também as áreas que fazem fronteira com a França e a Holanda.
Flato: ventosidade, flatulência.
Florente: florescente; cheio de flores.
Frágua: forja; fornalha. No sentido figurado (que é o do poema), significa ardor, amargura, aflição.
Funâmbulo: equilibrista que anda na corda bamba, no arame; bailarino, dançador de corda.
Função: santinho de festa que os homens punham na fita do chapéu.
Fuso: instrumento de madeira, arredondado, mais grosso no centro e pontiagudo nas extremidades, usado para fiar, torcer e enrolar o fio na roca.
Gabão: capote antigo, com capuz.
Gabo: substantivo de gabar-se; lisonja, elogio, louvor.
Gajeiro: nas embarcações, homem que fica no alto do mastro, no mastaréu, para anunciar a proximidade da terra. Marinheiro a quem se atribui o trabalho de cuidar de um mastro, suas velas e

❖ Vocabulário Auxiliar ❖

de seus respectivos apetrechos; também designa aquele que tem destreza para subir nos mastros.

Galeão: antigo navio de guerra, com quatro mastros, popa arredondada e formas finas.

Galera: também galé ou galeota; antigo navio a vela, com três mastros e remos.

Gávea: mastaréu que espiga logo acima do mastro grande de um barco.

Gazear: sinônimo de gazetear: faltar às aulas, ao trabalho, para vadiar.

Gibão: usada por homens, é vestimenta antiga que cobria desde o pescoço até à cintura.

Girândola: roda ou travessa em que se arrumam os foguetes.

Goivo: flor do goiveiro.

Guias: rédeas.

Harto: forte, robusto, farto; ou muito, assaz, bastante.

Hausto: trago, gole.

Hera: planta trepadeira da família das araliáceas.

Herpético: aquele que sofre de herpes.

Hirto: sem flexibilidade, rígido, duro.

Ilusionante: que causa ilusão; que ilude.

Ladainha: é um tipo de oração composta por uma série de invocações breves seguidas de respostas repetidas (ver nota com maiores informações no poema "Ladainha da Suíça", na seção "Outras Poesias", de *Despedidas*).

Lampreia: espécie de peixe ciclóstomo muito saboroso.

Lanceto: primeira pessoa do verbo lancetar; eu lanceto (cortar ou abrir com lanceta).

Lancha: em Portugal designa os barcos simples de pescadores, e não embarcações modernas e velozes, como a palavra é empregada no Brasil.

Lareira é, também, sinônimo de lar.

Latina: refere-se a um tipo de vela de navegação utilizada pelos romanos. Esta referência náutica, juntamente com São Cristóvão, no verso seguinte, faz menção a uma passagem da vida do santo, que transportou Cristo, ainda menino, de uma margem a outra de um rio.

Lavandisca e tentilhão: dois tipos de pássaros; o primeiro é também chamado de alvéloa, tem cauda longa, dorso e garganta negros, barriga e faces brancas; o segundo é também conhecido como pintassilgo.

Lente: professor, mestre.

Longada: ir de longada, ir para longe, ir de viagem.

Mail: acompanhado de "a", "o", "as", "os", com ou sem hífen, significa "mais" "a", "o", "as", "os", respectivamente – forma oriunda da tradição oral e popular, empregada no Norte de Portugal, à qual Antônio Nobre recorre diversas vezes em vários poemas do livro.

Mala-posta: era uma espécie de diligência que transportava passageiros e as malas do correio.

Mareante: marinheiro.

Mármor: mármore.

Mastaréu: peça linear de madeira que completa para cima o mastro principal.

Mealheiro: pequeno cofre em que há uma fenda pela qual se colocam as moedas dentro dele.

Missal: livro que contém as orações da missa.

Moleiro: aquele que usa o moinho de água para moer cereal.

Morgado: nome dado ao filho primogênito ou herdeiro de quem possui bens vinculados.

Murta: arbusto ou árvore pequena da família das mirtáceas, da qual se extrai tanino.

Nevrose: o mesmo que neurose.

Ocaso: o sol poente; morte; decadência; acidente.

Ogiva: típica das abóbadas góticas, é formada pelo cruzamento de dois arcos iguais que cortam um ao outro superiormente.

Olival: plantação de oliveiras.

Opa: vestimenta dos mesários da Misericórdia, tradicional instituição cristã ainda hoje existente em Portugal.

❖ Vocabulário Auxiliar ❖

Orçar: no presente contexto, significa voltar a proa da embarcação para a linha do vento.

Ortigas: o mesmo que Urtigas: planta cujas folhas são cobertas por pêlos finos que, em contato com a pele, causam irritação, ardência e coceira.

Ougar (prov.): mesmo que aguar. Criar água ou saliva na boca ao ver algum alimento.

Pálio: manto que, sustentado por varas, cobre a figura homenageada (no caso, a imagem de Nossa Senhora das Dores) numa procissão.

Pandeireta: certo tipo de pandeiro, porém menor e geralmente com fitas coloridas penduradas à volta do aro.

Paquete: embarcação pequena, normalmente usada para transmitir ordens e transportar correspondência.

Passal: terreno cultivado e pertencente à residência de um padre.

Pelote [em]: sem roupa, nu, despido.

Perpassando: na segunda edição, a de 1898, referência para esta, aparece "prepassando", que não é um verbo dicionarizado, supondo-se aqui, portanto, um erro tipográfico da edição de referência.

Perrexil: casta de uva branca cultiva em Portugal.

Perscrutar: examinar, procurar, com atenção, com cuidado.

Pongo: espécie de barco de pesca; mas também pode se referir a trecho de rio que se estreita entre montes escarpados; ou ainda pode significar chimpanzé.

Porcela: o mesmo que procela; tempestade.

Porfia (à): em competição, em disputa.

Postigo: aqui parece ter o sentido das vigias e gateiras das embarcações. Porém também pode significar a parte de trás, os fundos de que qualquer edificação.

Poveirinhos: designação dada aos pescadores da Póvoa do Varzim.

Poveiro: habitante de Póvoa do Varzim.

Preamar: maré cheia; o ponto mais alto da maré.

Pregão: apregoação; proclamação pública.

Presigo: tudo que se come com pão e sem prato.

Procela: tempestade, tormenta, borrasca.

❖ Só ❖

Quebrantada: abatida, arrasada, enfraquecida. Segundo a superstição popular, pode significar também aquela em que há quebranto, mau-olhado.
Quinzena: casaco masculino largo e curto.
Rabugem: rabugice, mau humor.
Rainúnculos: espécie de erva que produz flores amarelas, brancas ou vermelhas.
Ramela: freguesia do município e província da Guarda, norte de Portugal, no interior do continente.
Rebolo: certa pedra que serve para afiar instrumentos cortantes.
Repto: desafio.
Repuxo: chafariz em lago ou fonte.
Ridente: do latim *ridente*: que ri, alegre.
Romagem: o mesmo que romaria.
Rubim: espécie de erva que produz flores violáceas.
Sabugueiro: sabugo; é a parte interna e pouco resistente dos chifres dos animais.
Sachola: pequena enxada de boca larga usada para escavar ou afofar a terra.
Saloba: com gosto de sal. É o nome que se dá à água com salinidade inferior ao habitual, o que a torna de sabor desagradável.
Salutífero: saudável, bom para a saúde.
Sequioso: com sede, sedento.
Sestro: que está do lado esquerdo; agourento.
Spleen: palavra inglesa que se refere ao baço, órgão que se acreditava ser o causador da melancolia, do tédio, do enfado; designa, portanto, tal estado de alma, que foi muito explorado pelo Romantismo.
Sumaúma: refere-se à paina da árvore sumaúma, semelhante à da paineira e à do algodão.
Tapada: terreno murado, muitas vezes com bosques, campos e água corrente em seu interior.
Tasca: é uma espécie de bar-restaurante simples e barato, sendo a Tasca das Camelas uma das mais famosas de Coimbra no período que Antônio Nobre lá estudara.

❖ Vocabulário Auxiliar ❖

Toillete: palavra francesa, empregada no português como sinônimo de "banheiro", mas no sentido de traje, vestimenta.
Torcida: mecha de candeeiro, feita de fios; pavio.
Torsionante: que causa torção, contração, por desespero, por dor.
Toutinegra: designação de várias espécies de pássaros de bico dentado.
Transunto: cópia, traslado.
Trasbordar: o mesmo que transbordar.
Trigueiro: é a cor do trigo maduro; metaforicamente quer dizer moreno.
Trindade: hora em que se executa o *Ângelus*, isto é, a saudação à Virgem Maria – que se rezava ao amanhecer, ao meio-dia e ao entardecer.
Troveiro: aquele que faz trovas. Nobre o emprega também no sentido de trovadores.
Trovoada: lugarejo na região norte de Portugal.
Ulular: uivar; soltar em voz alta um lamento triste.
Unção: dar a unção; por aludir ao sacramento católico Unção dos Enfermos, indica sentimento de piedade religiosa.
Vadrulhar: do verbo em francês *vadrouiller*; galicismo que significa passear.
Vagalhões: grandes ondas; grande agitação.
Vagão: a expressão "vagão dum bote" parece se referir a ideia de um bote que navega feito um vagão de trem num "túnel d'água e de arvoredo".
Val: forma arcaica da palavra "vale", intencionalmente empregada pelo poeta, como já ocorrera no poema "Antônio".
Vaza ou Maré-Vaza: o mesmo que vazante, maré mazente.
Verdilhão: ave de pequeno porte, verde e amarela, que vive nos campos e nos jardins.
Verga: peça de madeira ou metal colocada transversalmente em um mastro, na qual se prende a vela.
Viandante: é sinônimo de viajante, caminheiro.
Vide: videira.
Vidrilho: miçanga de vidro utilizada no bordado de tecidos.

Título	Só – Seguido de Despedidas
Autor	Antônio Nobre
Apresentação e notas	Annie Gisele Fernandes
	Helder Garmes
Editor	Plinio Martins Filho
Produção editorial	Aline Sato
Ilustrações	Marcelo Salum
Capa	Tomás Martins
Revisão	Geraldo Gerson de Souza
Editoração eletrônica	Aline Sato
	Tomás Martins
Formato	12 x 18 cm
Tipologia	Times New Roman
Papel	Pólen Soft 70 g/m^2 (miolo)
	Cartão Super 6 250 g/m^2 (capa)
Número de páginas	464
Impressão e acabamento	Gráfica Vida e Consciência